毕业就当系列丛书

·监理员系列·

理论实际相联·快速适应职场的葵花宝典

**理论+经验 → 基础+实务**

以专家的高度·给您面对面的指导和帮助

# 毕业就当监理员
# 市政工程

主编 姜彦立

哈尔滨工业大学出版社

## 内容简介

本书依据现行市政工程施工及验收规范和质量检验评定标准编写，首先介绍了监理员应该掌握的基础知识，然后根据实际工作需要进行详细的讲解，介绍了监理巡视、监理验收等内容。全书主要内容包括概述、土方工程质量监理、道路工程质量监理、桥涵工程质量监理、市政管网工程质量监理、构筑物工程质量监理和监理文件资料管理。

本书适用于初涉监理员岗位的人员，以及初涉建筑施工领域的大学毕业生使用。

**图书在版编目(CIP)数据**

毕业就当监理员：市政工程/姜彦立主编. —哈尔滨：哈尔滨工业大学出版社，2011.5

（毕业就当系列丛书·监理员系列）

ISBN 978 - 7 - 5603 - 3265 - 9

Ⅰ.①市… Ⅱ.①姜… Ⅲ.①市政工程 - 工程施工 - 施工监理 Ⅳ.①TU712

中国版本图书馆 CIP 数据核字(2011)第 063255 号

| | |
|---|---|
| 责任编辑 | 郝庆多 |
| 封面设计 | 刘长友 |
| 出版发行 | 哈尔滨工业大学出版社 |
| 社　　址 | 哈尔滨市南岗区复华四道街10号　邮编150006 |
| 传　　真 | 0451 - 86414749 |
| 网　　址 | http://hitpress.hit.edu.cn |
| 印　　刷 | 哈尔滨市石桥印务有限公司 |
| 开　　本 | 787mm×1092mm　1/16　印张 13.25　字数 320 千字 |
| 版　　次 | 2011年5月第1版　2011年5月第1次印刷 |
| 书　　号 | ISBN 978 - 7 - 5603 - 3265 - 9 |
| 定　　价 | 25.00 元 |

（如因印装质量问题影响阅读，我社负责调换）

# 编委会

**主　编**　姜彦立

**编　委**　高菲菲　张祎　荣星　王　帅
　　　　　单　超　董世武　战　薇　黄金凤
　　　　　黄慧锦　孟　莹　杨杰　王悦舒
　　　　　白雅君

# 前 言

市政工程建设是城市经济发展、社会进步和居民生活的物质基础，其质量不仅关系到市政工程的使用期限，而且影响着国民经济的持续快速发展，甚至危及人民的生命、财产安全。因此，对市政工程建设的质量进行监督、管理是十分必要的。

虽然高等教育机构每年向社会输送大量的学生，但大学毕业生就业后都不能够很好地胜任工作。究其原因，大学生对实际工程的监理缺乏经验，对实际工作没有深入的了解。因此，为了提高初涉监理岗位人员的专业知识和业务能力，我们依据现行市政工程施工及验收规范和质量检验评定标准，组织编写了本书，旨在帮助广大初涉建筑施工领域的人员掌握市政工程质量监理的知识，提高工程质量管理水平。

在我国建筑行业飞速发展的年代，由于作者的经验和学识有限，内容难免有疏漏或未尽之处，敬请专家和读者批评指正。

编 者

2011.3

# 目 录

第1章 概 述 ……………………………………………………………………… 1
  1.1 监理员的基本素质与上岗条件 ………………………………………… 1
  1.2 监理员的职业道德、工作纪律与工作职责 …………………………… 2
第2章 土方工程质量监理 ………………………………………………………… 4
  2.1 土方开挖 …………………………………………………………………… 4
  2.2 土方回填 …………………………………………………………………… 5
第3章 道路工程质量监理 ………………………………………………………… 9
  3.1 路基工程 …………………………………………………………………… 9
  3.2 道路基层 ………………………………………………………………… 23
  3.3 沥青面层 ………………………………………………………………… 35
  3.4 水泥混凝土面层 ………………………………………………………… 58
  3.5 铺砌式面层 ……………………………………………………………… 70
  3.6 挡土墙 …………………………………………………………………… 74
第4章 桥涵工程质量监理 ……………………………………………………… 83
  4.1 桥梁基础 ………………………………………………………………… 83
  4.2 桥梁墩台 ………………………………………………………………… 100
  4.3 桥梁支座 ………………………………………………………………… 108
  4.4 混凝土梁（板） …………………………………………………………… 110
  4.5 顶进箱涵 ………………………………………………………………… 119
第5章 市政管网工程质量监理 ………………………………………………… 123
  5.1 市政给水排水管道安装工程 …………………………………………… 123
  5.2 市政给水排水管沟及井室安装工程 …………………………………… 149
  5.3 市政给水排水消防水泵接气器及室外消火栓安装工程 ……………… 151
  5.4 市政供热管网工程 ……………………………………………………… 153
第6章 构筑物工程质量监理 …………………………………………………… 163
  6.1 市政道路工程附属构筑物 ……………………………………………… 163
  6.2 市政给水排水工程构筑物 ……………………………………………… 176
第7章 监理文件资料管理 ……………………………………………………… 195
  7.1 监理记录 ………………………………………………………………… 195
  7.2 监理资料 ………………………………………………………………… 198
参考文献 …………………………………………………………………………… 201

# 第1章 概 述

## 1.1 监理员的基本素质与上岗条件

### 【基 础】

◆ **监理员**

监理员是指具有相应资格,由总监理工程师授权并在专业监理工程师指导下,从事具体监理工作的监理人员。

◆ **监理员的基本素质**

(1)应当具有丰富的工程建设实践经验。
(2)应当具有良好的品德。
1)高度的责任心,良好的敬业精神,诚信的职业道德。
2)廉洁、正直、自信、自重。
3)拥有科学的工作态度。
4)能够听取不同的意见,拥有良好的包容性。
(3)应当具有健康的体魄和充沛的精力。
1)身体健康,精力充沛。
2)吃苦耐劳,现场旁站,巡视监督。
3)做到"脑勤、眼勤、嘴勤、手勤、腿勤"。
(4)具有同类工程相关专业知识,熟悉本专业的施工规范(工艺)及质量验收标准,了解质量控制要点和质量通病。

### 【实 务】

◆ **监理员的上岗条件**

监理员必须具备下列条件之一,方可上岗。
(1)具有相关专业中专以上学历、1年以上相关专业工作经历,经过监理业务培训并经省级建设行政主管部门认可。
(2)具有相关专业技师职称、10年以上相关专业工作经历,经过监理业务培训并经省级建设行政主管部门认可。

## 1.2　监理员的职业道德、工作纪律与工作职责

# 【基　础】

◆ **监理员的职业道德**

(1)维护国家的荣誉和利益,按照"守法、诚信、公正、科学"的准则执业。

(2)执行有关工程建设的法律、法规、规范、标准与制度,履行监理合同规定的义务与职责。

(3)努力学习专业技术和建设监理知识,不断提高业务能力与监理水平。

(4)不以个人名义承揽监理业务。

(5)不得同时在两个或两个以上监理单位注册和从事监理活动,不在政府部门和施工、材料设备的生产供应等单位兼职。

(6)不为所监理项目指定承建商、建筑构配件、设备、材料和施工方法。

(7)不收受被监理单位的任何礼金。

(8)不泄露所监理工程各方认为需要保密的事项。

(9)坚持独立自主地开展工作。

◆ **监理员的工作纪律**

(1)不得同时在两个以上工程监理单位任职。

(2)不得以个人名义承接工程监理业务。

(3)不得在被监理工程的施工单位及建筑材料、建筑构配件和设备供应单位兼职,或者与其有其他利害关系。

(4)不得伪造、涂改、出借或者转让工程监理人员资格证书或者岗位证书。

# 【实　务】

◆ **监理员的工作职责**

(1)在专业监理工程师的指导下,开展现场监理工作。

(2)检查承包单位投入工程项目的人力、材料、主要设备及其使用、运行状况,并做好检查记录。

(3)复核或从施工现场直接获取工程计量的有关数据并签署原始凭证。

(4)按设计图及有关标准,对承包单位的工艺过程或施工工序进行检查和记录,对加工制作及工序施工质量检查结果进行记录。

(5)担任旁站工作,发现问题及时指出,并向专业监理工程师报告。

(6) 做好监理日记和有关的监理记录。

(7) 当发现施工活动危害工程质量和安全时,监理员有权制止并及时报告总监理工程师。

# 第2章 土方工程质量监理

## 2.1 土方开挖

### 【基 础】

◆ **土方开挖一般规定**

(1) 土方工程施工前,应进行挖、填方的平衡计算,综合考虑土方运距最短、运程合理与各个工程项目的合理施工程序等,做好土方平衡调配,减少重复挖运。

(2) 定位桩的控制。根据规划红线或建筑方格网,按照设计总平面图规定,复核建筑物或构筑物的定位桩,采用经纬仪及标准钢卷尺进行检查。

(3) 按照设计单位工程基础平面图,对柱基、基坑和管沟的灰线进行轴线和几何尺寸的复核,并核查单位工程放线后的方位是否符合图纸的朝向。

(4) 在挖土前,应预先设置轴线控制桩及水准点桩,并应定期进行复测和校验控制桩的位置和水准点标高,从而利于施工中不出差错。

(5) 当土方工程挖方较深时,施工单位应当采取措施,防止基坑底部土的隆起并避免危害周边环境。

(6) 在挖方前,应当做好地面排水和降低地下水位工作。

### 【实 务】

◆ **土方开挖监理巡视**

(1) 应检查基底的土质情况,特别是土质与承载力是否与设计相符。

(2) 通过施工变形监测,检查基底围护结构是否基本稳定。

(3) 当基底为砂或软黏土时,应督促施工单位按设计要求,及时铺碎石、卵石,其厚度不小于20 cm,对下沉尚未稳定的沉井,其刃脚下还应密垫块石。

(4) 若遇有局部超挖时,不能允许施工单位用素土回填,一般应用封底的混凝土加厚填平。

(5) 若发现基底土体仍有松土或有水井、古河、古湖、橡皮土或局部硬土(硬物)等,应与施工单位、设计单位共同协商,根据具体情况,采用相应的处理措施。

◆ **土方开挖监理验收**

土方开挖的质量验收标准应符合表 2.1 的规定。

表 2.1 土方开挖的质量验收标准

| 项目 | 检查内容 | 允许偏差或允许值/mm ||||| 检查方法 | 检查数量 |
|---|---|---|---|---|---|---|---|---|
| | | 柱基基坑基槽 | 挖方场地平整 || 管沟 | 地(路)面基层 | | |
| | | | 人工 | 机械 | | | | |
| 主控项目 | 标高 | -50 | ±30 | ±50 | -50 | -50 | 水准仪 | 柱基按总数抽查10%,但不少于5个,每个不少于2点;基坑每20 m² 取1点,每坑不少于2点;基槽、管沟、排水沟、路面基层每20 m 取1点,但不少于5点;挖方每30~50 m² 取1点,但不少于5点 |
| | 长度、宽度(由设计中心线向两边量) | +200<br>-50 | +300<br>-100 | +500<br>-150 | +100 | — | 经纬仪,用钢尺量 | 每20 m 取1点,每边不少于1点 |
| | 边坡 | 设计要求 |||||| 用坡度尺检查 | |
| 一般项目 | 表面平整度 | 20 | 20 | 50 | 20 | 20 | 用2 m 靠尺和楔形塞尺检查 | 每30~50 m² 取1点 |
| | 基底土性 | 设计要求 |||||| 观察或土样分析 | |

注:地(路)面基层的偏差只适用于直接在挖、填方上做地(路)面的基层。

## 2.2 土方回填

### 【基　础】

◆ **土方回填一般规定**

填方土料应当符合设计要求,保证填方的强度和稳定性,若设计无要求,应符合以下规定。

(1)质地坚硬的碎石和爆破石碴,粒径不大于每层铺厚的2/3,可用于表层下的填料。

(2)砂土应当采用质地坚硬的中粗砂,粒径为 0.25~0.5 mm,可用于表层下的填料。当采用细、粉砂时,应取得设计单位的同意。

(3)黏性土(粉质黏土、粉土),土块颗粒不应大于5 cm,碎块草皮和有机质含量不大于8%。在回填压实时,应控制土的最佳含水率。

(4)淤泥和淤泥质土通常不能用作填料。但是,在软土和沼泽地区,经过处理含水量符合压实要求后,可用于填方的次要部位。碎块草皮与有机质含量大于8%的土,仅用于无压实要求的填方。

## 【实 务】

### ◆填方边坡监理巡视

(1)填方的边坡坡度应根据填方高度、土的种类和其重要性在设计中加以规定,当设计无规定时,可按表2.2和表2.3采用。

(2)对使用时间较长的临时性填方边坡坡度,当填方高度小于10 m时,可采用1:1.5;超过10 m,可做成折线形,上部采用1:1.5,下部采用1:1.75。

表2.2 填土的边坡控制

| 项次 | 土的种类 | 填方高度/m | 边坡坡度 |
|---|---|---|---|
| 1 | 黏土类土、黄土、类黄土 | 6 | 1:1.50 |
| 2 | 粉质黏土、泥灰岩土 | 6~7 | 1:1.50 |
| 3 | 中砂和粗砂 | 10 | 1:1.50 |
| 4 | 砾石和碎石土 | 10~12 | 1:1.50 |
| 5 | 易风化的岩土 | 12 | 1:1.50 |
| 6 | 轻微风化、尺寸在25 cm内的石料 | 6以内<br>6~12 | 1:1.33<br>1:1.50 |
| 7 | 轻微风化、尺寸大于25 cm的石料,边坡用最大石块、分排整齐铺砌 | 12以内 | 1:1.50~1:0.75 |
| 8 | 轻微风化、尺寸大于4 cm的石料,其边坡分排整齐 | 5以内<br>5~10<br>>10 | 1:0.50<br>1:0.65<br>1:1.00 |

注:1.当填方高度超过本表规定限值时,其边坡可做成折线形,填方下部的边坡坡度应为1:1.75~1:2.00。
2.凡永久性填方,土的种类未列入本表者,其边坡坡度不得大于$\varphi + 22.5°$,$\varphi$为土的自然倾斜角。

表2.3 压实填土的边坡允许值

| 填料类别 | 压实系数/$\lambda_c$ | 边坡允许值(高宽比) | | | |
|---|---|---|---|---|---|
| | | 填料厚度 $H$/m | | | |
| | | $H \leq 5$ | $5 < H \leq 10$ | $5 < H \leq 10$ | $15 < H \leq 20$ |
| 碎石、卵石 | 0.94~0.97 | 1:1.25 | 1:1.50 | 1:1.75 | 1:2.00 |
| 砂夹石(其中碎石、卵石占全重30%~50%) | | 1:1.25 | 1:1.50 | 1:1.75 | 1:2.00 |

续表 2.3

| 填料类别 | 压实系数/$\lambda_c$ | 边坡允许值(高宽比) 填料厚度 $H$/m | | | |
|---|---|---|---|---|---|
| | | $H \leq 5$ | $5 < H \leq 10$ | $5 < H \leq 10$ | $15 < H \leq 20$ |
| 土夹石(其中碎石、卵石占全重 30%~50%) | 0.94~0.97 | 1:1.25 | 1:1.50 | 1:1.75 | 1:2.00 |
| 粉质黏土、粘粒含量中≥10%的粉土 | | 1:1.25 | 1:1.75 | 1:2.00 | 1:2.25 |

注：当压实填土厚度大于 20 m 时，可设计成台阶进行压实填土的施工。

## ◆填方密实度监理巡视

填方的密实度要求及质量指标通常以压实系数 $\lambda_c$ 表示。压实系数为土的控制(实际)干土密度 $\rho_d$ 与最大干土密度 $\rho_{dmax}$ 的比值，最大干土密度 $\rho_{dmax}$ 是当最优含水量时，通过标准的击实方法确定的。密实度要求通常由设计根据工程结构性质、使用要求以及土的性质确定，若未做规定，可参考表 2.4 数值。

表 2.4 压实填土的质量控制

| 结构类型 | 填土部位 | 压实系数/$\lambda_c$ | 控制含水量% |
|---|---|---|---|
| 砌体承重结构和框架结构 | 在地基主要受力层范围内 | ≥0.97 | $\omega op \pm 2$ |
| | 在地基主要受力层范围以下 | ≥0.95 | |
| 排架结构 | 在地基主要受力层范围内 | ≥0.96 | $\omega op \pm 2$ |
| | 在地基主要受力层范围以下 | ≥0.94 | |

注：1. 压实系数 $\lambda_c$ 为压实填土的控制干密度 $\rho_d$ 与最大干密度 $\rho_{dmax}$ 的比值，$\omega op$ 为最优水量。
2. 地坪垫层以下及基础底面标高以上的压实填土，压实系数不应小于 0.94。

## ◆压实排水监理巡视

(1)若填土层有地下水或滞水时，应在四周设置排水沟和集水井，将水位降低。
(2)已填好的土如遭水浸，应把稀泥铲除后，方能进行下一道工序。
(3)填土区应保持一定横坡，或中间稍高两边稍低，从而利于排水。当天填土，应在当天压实。

## ◆土方回填监理验收

土方回填质量验收标准应符合表 2.5 的规定。

表 2.5　土方回填质量验收标准

| 项目 | 检查内容 | 允许偏差或允许值/mm ||||| 检查方法 | 检查数量 |
| --- | --- | --- | --- | --- | --- | --- | --- | --- |
| ^ | ^ | 柱基基坑基槽 | 挖方场地平整 || 管沟 | 地(路)面基层 | ^ | ^ |
| ^ | ^ | ^ | 人工 | 机械 | ^ | ^ | ^ | ^ |
| 主控项目 | 标高 | −50 | ±30 | ±50 | −50 | −50 | 水准仪 | 柱基按总数抽查10%,但不少于5个,每个不少于2点;基坑每20 m² 取1点,每坑不少于2点;基槽、管沟、排水沟、路面基层每20 m 取1点,但不少于5点;场地平整每100~400 m² 取1点,但不少于10点。用水准仪检查 |
| 主控项目 | 分层压实系数 | 设计要求 |||||  按规定方法 | 密实度控制基坑和室内填土,每层按100~500 m² 取样一组;场地平整填方,每层按400~900 m² 取样一组;基坑和管沟回填每20~50 m² 取样一组,但每层均不得少于一组,取样部位在每层压实后的下半部 |
| 一般项目 | 回填土料 | 设计要求 ||||| 取样检查或直观鉴别 | 同一土场不少于1组 |
| 一般项目 | 分层厚度及含水量 | 设计要求 ||||| 水准仪及抽样检查 | 分层铺土厚度检查每10~20 mm 或100~200 m² 设置一处。回填料实测含水量与最佳含水量之差,黏性土控制在 −4%~+2% 范围内,每层填料均应抽样检查一次,由于气候因素使含水量发生较大变化时应再抽样检查 |
| 一般项目 | 表面平整度 | 20 | 20 | 30 | 20 | 20 | 用靠尺或水准仪 | 每30~50 m² 取1点 |

# 第3章 道路工程质量监理

## 3.1 路基工程

### 【基　础】

◆**路基工程一般规定**

(1)施工前,应对道路中线控制桩、边线桩及高程控制桩等进行复核,确认无误后方可施工。

(2)当施工中破坏地面原有排水系统时,应采取有效处理措施。

(3)施工前,应根据现场与周边环境条件、交通状况与道路交通管理部门研究制定交通疏导或导行方案,并实施完毕。施工中影响或阻断既有人行交通时,应在施工前采取措施,保障人行交通畅通、安全。

(4)施工前,应根据工程地质勘察报告,对路基土进行天然含水量、液限、塑限、标准击实、CBR 试验,必要时应做颗粒分析、有机质含量、易溶盐含量、冻膨胀和膨胀量等试验。

(5)施工前,应根据工程规模、环境条件,修筑临时施工道路。临时施工道路应满足施工机械调运和行车安全要求,且不得妨碍施工。

(6)城镇道路施工范围内的新建地下管线、人行地道等地下构筑物宜先行施工。对埋深较浅的既有地下管线,作业中可能受损时,应向建设单位、设计单位提出加固或挪移措施方案,并办理手续后实施。

(7)施工中,发现文物、古迹、不明物应立即停止施工,保护好现场,通知建设单位及有关管理部门到场处理。

◆**路基施工排水一般规定**

(1)施工前,应根据工程地质、水文、气象资料、施工工期和现场环境编制排水与降水方案。在施工期间排水设施应及时维修、清理,保证排水畅通。

(2)施工排水与降水应保证路基土壤天然结构不受扰动,保证附近建筑物和构筑物的安全。

(3)施工排水与降水设施,不得破坏原有地面排水系统,且宜与现况地面排水系统及道路工程永久排水系统相结合。

(4)当采用明沟排水时,排水沟的断面及纵坡应根据地形、土质和排水量确定。当需用排水泵时,应根据施工条件、渗水量、扬程与吸程要求选择。施工排出水,应引向离路基较远的地点。

(5)在细砂、粉砂土中降水时,应采取防止流砂的措施。

(6)在路堑坡顶部外侧设排水沟时,其横断面和纵向坡度,应经水力计算确定,且底宽与沟深均不宜小于 50 cm。排水沟离路堑顶部边缘应有足够的防渗安全距离或采取防渗措施,并在路堑坡顶部筑成倾向排水沟2%的横坡,排水沟应采取防冲刷措施。

## 【实 务】

### ◆土方路基监理巡视

(1)路基施工前,应将现状地面上的积水排除、疏干,将树根坑、井穴、坟坑等进行技术处理,并将地面整平。

(2)路基范围内遇有软土地层或土质不良、边坡易被雨水冲刷的地段,当设计未做处理规定时,应符合《城镇道路工程施工与质量验收规范》(CJJ1—2008)办理变更设计,并据以制定专项施工方案。

(3)人机配合土方作业,必须设专人指挥。机械作业时,配合作业人员严禁处在机械作业和行走范围内。配合人员在机械走行范围内作业时,机械必须停止作业。

(4)路基填、挖接近完成时,应恢复道路中线、路基边线,进行整形,并碾压成活,压实度应符合《城镇道路工程施工与质量验收规范》(CJJ1—2008)有关规定。

(5)当遇有翻浆时,必须采取处理措施。当采用石灰土处理翻浆时,土壤宜就地取材。

(6)使用房渣土、粉砂土等作为填料时,应经试验确定,施工中应符合《城镇道路工程施工与质量验收规范》(CJJ1—2008)有关规定。

(7)路堑、边坡开挖方法应根据地势、环境状况、路堑尺寸及土壤种类确定。

(8)路堑边坡的坡度应符合设计规定,如地质情况与原设计不符或地层中夹有易塌方土壤时,应及时办理设计变更。

(9)土方开挖应根据地面坡度、开挖断面、纵向长度及出土方向等因素结合土方调配,选用安全、经济的开挖方案。

(10)挖方施工应符合下列规定。

1)挖土时应自上向下分层开挖,严禁掏洞开挖。作业中断或作业结束后,开挖面应做成稳定边坡。

2)机械开挖作业时,必须避开构筑物、管线。在距管道边 1 m 范围内应采用人工开挖;在距直埋缆线 2 m 范围内必须采用人工开挖。

3)严禁挖掘机等机械在电力架空线路下作业。需在其一侧作业时,垂直及水平安全距离应符合表 3.1 的规定。

表3.1 挖掘机、起重机(含吊物、载物)等机械与电力架空线路的最小安全距离

| 电压/kV | | <1 | 10 | 35 | 110 | 220 | 330 | 500 |
|---|---|---|---|---|---|---|---|---|
| 安全距离/m | 沿垂直方向 | 1.5 | 3.0 | 4.0 | 5.0 | 6.0 | 7.0 | 8.5 |
| | 沿水平方向 | 1.5 | 2.0 | 3.5 | 4.0 | 6.0 | 7.0 | 8.5 |

(11)弃土、暂存土均不得妨碍各类地下管线等构筑物的正常使用与维护,且应避开建筑物、围墙、架空线等,严禁占压、损坏、掩埋各种检查井、消火栓等设施。

(12)填方施工应符合下列规定。

1)填方前应将地面积水、积雪(冰)和冻土层、生活垃圾等清除干净。

2)填方材料的强度(CBR)值应符合设计要求,其最小强度值应符合表3.2规定。不应使用淤泥、沼泽土、泥炭土、冻土、有机土以及含生活垃圾的土做路基填料。对液限大于50%、塑性指数大于26、可溶盐含量大于5%、700℃有机质烧失量大于8%的土,未经技术处理不得用作路基填料。

表3.2 路基填料强度(CBR)的最小值

| 填方类型 | 路床顶面以下深度/cm | 最小强度/% | |
|---|---|---|---|
| | | 城市快速路、主干路 | 其他等级道路 |
| 路床 | 0~30 | 8.0 | 6.0 |
| 路基 | 30~80 | 5.0 | 4.0 |
| 路基 | 80~150 | 4.0 | 3.0 |
| 路基 | >150 | 3.0 | 2.0 |

3)填方中使用房渣土、工业废渣等需经过试验,确认可靠并经建设单位、设计单位同意后方可使用。

4)路基填方高度应按设计标高增加预沉量值,预沉量应根据工程性质、填方高度、填料种类、压实系数和地基情况与建设单位、监理单位、设计单位共同商定确认。

5)不同性质的土应分类、分层填筑,不得混填,填土中大于10 cm的土块应打碎或剔除。

6)填土应分层进行。下层填土验收合格后,方可进行上层填筑,路基填土宽度每侧应比设计规定宽50 cm。

7)路基填筑中宜做成双向横坡,一般土质填筑横坡宜为2%~3%,透水性小的土类填筑横坡宜为4%。

8)透水性较大的土壤边坡不宜被透水性较小的土壤所覆盖。

9)受潮湿及冻融影响较小的土壤应填在路基的上部。

10)在路基宽度内,每层虚铺厚度应视压实机具的功能确定,人工夯实虚铺厚度应小于20 cm。

11)路基填土中断时,应对已填路基表面土层压实并进行维护。

12)原地面横向坡度在1:10~1:5时,应先翻松表土再进行填土;原地面横向坡度陡

于1:5时应做成台阶形,每级台阶宽度不得小于1 m,台阶顶面应向内倾斜;在沙土地段可不做台阶,但应翻松表层土。

13)压实应符合下列要求。

①路基压实度应符合表3.3的规定。

表3.3 路基压实度标准

| 填挖类型 | 路床顶面以下深度/cm | 道路类别 | 压实度/%（重型击实） | 检验频率 | | 检验方法 |
|---|---|---|---|---|---|---|
| | | | | 范围 | 点数 | |
| 挖方 | 0~30 | 城市快速路、主干路 | ≥95 | | | |
| | | 次干路 | ≥93 | | | |
| | | 支路及其他小路 | ≥90 | | | |
| 填方 | 0~80 | 城市快速路、主干路 | ≥95 | 1 000 $m^2$ | 每层3点 | 环刀法、灌水法或灌砂法 |
| | | 次干路 | ≥93 | | | |
| | | 支路及其他小路 | ≥90 | | | |
| | >80~150 | 城市快速路、主干路 | ≥93 | | | |
| | | 次干路 | ≥90 | | | |
| | | 支路及其他小路 | ≥90 | | | |
| | >150 | 城市快速路、主干路 | ≥90 | | | |
| | | 次干路 | ≥90 | | | |
| | | 支路及其他小路 | ≥87 | | | |

②压实应先轻后重、先慢后快、均匀一致,压路机最快速度不宜超过4 km/h。

③填土的压实遍数应按压实度要求,经现场试验确定。

④压实过程中应采取措施保护地下管线、构筑物安全。

⑤碾压应自路基边缘向中央进行,压路机轮外缘距基边应保持安全距离,压实度应达到要求,且表面应无显著轮迹、翻浆、起皮、波浪等现象。

⑥压实应在土壤含水量接近最佳含水量值时进行,其含水量偏差幅度经试验确定。

⑦当管道位于路基范围内时,其沟槽的回填土压实度应符合现行国家标准《给水排水管道工程施工及验收规范》(GB50268—2008)的有关规定,且管顶以上50 cm范围内不得用压路机压实。当管道结构顶面至路床的覆土厚度不大于50 cm时,应对管道结构进行加固。当管道结构顶面至路床的覆土厚度在50~80 cm时,路基压实过程中应对管道结构采取保护或加固措施。

(13)旧路加宽时,填土宜选用与原路基土壤相同的土壤或透水性较好的土壤。

## ◆土方路基监理验收

土方路基(路床)质量验收应符合表3.4的规定。

## 第3章 道路工程质量监理

表3.4 土方路基(路床)验收标准

| 项目 | 检验内容 | 合格质量标准 | 检查数量 | 检查方法 |
|---|---|---|---|---|
| 主控项目 | 路基压实度 | 应符合表3.3的规定 | 每1 000 m²,每压实层抽检3点 | 环刀法、灌砂法或灌水法 |
| | 弯沉值 | 不用大于设计规定 | 每车道、每20 m测一点 | 弯沉仪检测 |
| 一般项目 | 土路基允许偏差 | | 土路基允许偏差应符合表3.5的规定 | |
| | 路床 | 路床应平整、坚实,无显著轮迹、翻浆、波浪、起皮等现象,路堤边坡应密实、稳定、平顺等 | 全数检查 | 观察 |

表3.5 土路基允许偏差

| 项目 | 允许偏差 | 检查频率 范围/m | 检查频率 点数 | | 检验方法 |
|---|---|---|---|---|---|
| 路床纵断高程/mm | −20 +10 | 20 | 1 | | 用水准仪测量 |
| 路床中心偏差/mm | ≤30 | 100 | 2 | | 用经纬仪、钢尺量取最大值 |
| 路床平整度/m | ≤15 | 20 | 路宽/m <9 | 1 | 用3 m直尺和塞尺连续量两尺,取较大值 |
| | | | 9~15 | 2 | |
| | | | >15 | 3 | |
| 路床宽度/m | 小于设计值 + B | 40 | 1 | | 用钢尺量 |
| 路床横坡/m | ±0.3%且不反坡 | 20 | 路宽/m <9 | 2 | 用水准仪测量 |
| | | | 9~15 | 4 | |
| | | | >15 | 6 | |
| 边坡 | 不陡于设计值 | 20 | 2 | | 用坡度尺量,每侧1点 |

注:B为施工时必要的附加宽度。

### ◆石方路基监理巡视

(1)施工前应根据地质条件、工程作业环境,选定施工机具设备。

(2)开挖路堑发现岩性有突变时,应及时报请设计单位办理变更设计。

(3)采用爆破法施工石方必须符合现行国家标准《爆破安全规程》(GB6722—2003)的有关规定,并应符合下列规定。

1)施工前,应进行爆破设计,编制爆破设计书或说明书,制订专项施工方案,规定相应的安全技术措施,经市、区政府主管部门批准。

2)在市区、居民稠密区,宜使用静音爆破,严禁使用扬弃爆破。

3)爆破工程应按批准的时间进行爆破,在起爆前必须完成对爆破影响区内的房屋、构筑物和设备的安全防护、交通管制与疏导,安全警戒且施爆区内人、畜等已撤至安全地带,指挥与操作系统人员就位。

## ◆石方路基监理验收

石方路基质量验收标准应符合表 3.6 的规定。

表 3.6 石方路基质量验收标准

| 项目 | 检验内容 | 合格质量标准 | 检查数量 | 检查方法 |
|---|---|---|---|---|
| 主控项目 | 挖石方路基(路堑) | 上边坡必须稳定,严禁有松石、险石 | 全数检查 | 观察 |
| | 填石路堤质量 | 压实密度应符合试验路段确定的施工工艺,沉降差不应大于试验路段的沉降差 | 每 1 000 m²,抽检 3 点 | 水准仪测量 |
| 一般项目 | 挖石方路基允许偏差 | 挖石方路基允许偏差应符合表 3.7 的规定 | | |
| | 路床顶面 | 路床顶面应嵌缝牢固,表面均匀、平整、稳定,无推移、浮石 | 全数检查 | 观察 |
| | 边坡 | 边坡应稳定、平顺,无松石 | 全数检查 | 观察 |
| | 填石路堤允许偏差 | 填石路堤允许偏差应符合表 3.8 的规定 | | |

注：$B$ 为施工时必要的附加宽度。

表 3.7 挖石方路基允许偏差

| 项目 | 允许偏差 | 检查频率 | | 检验方法 |
|---|---|---|---|---|
| | | 范围/m | 点数 | |
| 路床纵断面高程/mm | +50<br>-100 | 20 | 1 | 用水准仪测量 |
| 路床中心偏移/mm | ≤30 | 100 | 2 | 用经纬仪、钢尺量取最大值 |
| 路床宽/mm | 不小于设计规定 + $B$ | 40 | 1 | 用钢尺量 |
| 边坡/% | 不陡于设计规定 | 20 | 2 | 用坡度尺量,每侧 1 点 |

注：$B$ 为施工时必要的附加宽度。

表 3.8 填石路堤允许偏差

| 项目 | 允许偏差 | 检查频率 | | 检验方法 |
|---|---|---|---|---|
| | | 范围/m | 点数 | |
| 路床纵断面高程/mm | -20<br>+10 | 20 | 1 | 用水准仪测量 |
| 路床中心偏差/mm | ≤30 | 100 | 2 | 用经纬仪、钢尺量取最大值 |
| 路床平整度/m | ≤20 | 20 | 路宽/m <9 : 1<br>9~15 : 2<br>>15 : 3 | 用 3 m 直尺和塞尺连续量两尺,取较大值 |
| 路床宽度/m | 小于设计值 + $B$ | 40 | 1 | 用钢尺量 |

## 第 3 章 道路工程质量监理

续表 3.8

| 项目 | 允许偏差 | 检查频率 | | | 检验方法 |
|---|---|---|---|---|---|
| | | 范围/m | 点数 | | |
| 路床横坡 | ±0.3%且不反坡 | 20 | 路宽/m | <9　　2<br>9~15　4<br>>15　　6 | 用水准仪测量 |
| 边坡/% | 不陡于设计值 | 20 | 2 | | 用坡度尺量,每侧1点 |

注：B 为施工时必要的附加宽度。

### ◆路肩监理巡视

（1）路肩应与路基、基层、面层等各层同步施工。
（2）路肩应平整、坚实,直线段肩线应直顺,曲线段应顺畅。

### ◆路肩监理验收

路肩验收标准应符合表 3.9 的规定。

表 3.9　路肩验收标准

| 项目 | 检验内容 | 合格质量标准 | 检查数量 | 检查方法 |
|---|---|---|---|---|
| 主控项目 | 肩线 | 顺畅、表面平整,不积水、不阻水 | 全数检查 | 观察 |
| 一般项目 | 压实度 | 压实度应大于或等于90% | 每100m,每侧各抽检1点 | 环刀法、灌砂法或灌水法 |
| | 路肩允许偏差 | 路肩允许偏差应符合表3.10的规定 | | |

表 3.10　路肩允许偏差

| 项目 | 允许偏差 | 检验频率 | | 检验方法 |
|---|---|---|---|---|
| | | 范围/m | 点数 | |
| 宽度/mm | 不小于设计规定 | 40 | 2 | 用钢尺量,每侧1点 |
| 横坡 | ±1%且不反坡 | 40 | 2 | 用水准仪测量,每侧1点 |

注：硬质路肩应结合所用材料,按《城镇道路工程施工与质量验收规范》(CJJ1—2008)的有关规定,补充相应的检查项目。

### ◆软土路基监理巡视

（1）软土路基施工应列入地基固结期。应按设计要求进行预压,预压期内除补填因加固沉降引起的补填土方外,严禁其他作业。
（2）施工前应修筑路基处理试验路段,以获取各种施工参数。

(3)置换土施工应符合下列要求。

1)填筑前,应排除地表水,清除腐殖土、淤泥。

2)填料宜采用透水性土。处于常水位以下部分的填土,不得使用非透水性土壤。

3)填土应由路中心向两侧按要求分层填筑并压实,层厚宜为15 cm。

4)分段填筑时,接茬应按分层做成台阶形状,台阶宽不宜小于2 m。

(4)当软土层厚度小于3.0 m,且位于水下或为含水量极高的淤泥时,可使用抛石挤淤,并应符合下列要求。

1)应使用不易风化石料,石料中尺寸小于30 cm粒径的含量不得超过20%。

2)抛填方向应根据道路横断面下卧软土地层坡度而定。坡度平坦时,自地基中部渐次向两侧扩展;坡度陡为1:10时,自高侧向低侧抛填,并在低侧边部多抛投,使低侧边部约有2 m宽的平台顶面。

3)抛石露出水面或软土面后,应用较小石块填平、碾压密实,再铺设反滤层填土压实。

(5)采用砂垫层置换时,砂垫层应宽出路基边脚0.5~1.0 m,两侧以片石护砌。

(6)采用反压护道时,护道宜与路基同时填筑。当分别填筑时,必须在路基达到临界高度前将反压护道施工完成。压实度应符合设计规定,且不应低于最大干密度的90%。

(7)采用土工材料处理软土路基应符合下列要求。

1)土工材料应由耐高温、耐腐蚀、抗老化、不易断裂的聚合物材料制成,其抗拉强度、顶破强度、负荷延伸率等均应符合设计及有关产品质量标准的要求。

2)土工材料铺设前,应对基面压实整平。宜在原地基上铺设一层30~50 cm厚的砂垫层。铺设土工材料后,运、铺料等施工机具不得在其上直接行走。

3)每压实层的压实度、平整度经检验合格后,方可于其上铺设土工材料。土工材料应完好,发生破损应及时修补或更换。

4)铺设土工材料时,应将其沿垂直于路轴线展开,并视填土层厚度选用符合要求的锚固钉固定、拉直,不得出现扭曲、折皱等现象。土工材料纵向搭接宽度不应小于30 cm,采用锚接时其搭接宽度不得小于15 cm;采用胶结时胶接宽度不得小于5 cm,其胶结强度不得低于土工材料的抗拉强度,相邻土工材料横向搭接宽度不应小于30 cm。

5)路基边坡留置的回卷土工材料,其长度不应小于2 m。

6)土工材料铺设完后,应立即铺筑上层填料,其间隔时间不应超过48 h。

7)双层土工材料上、下层接缝应错开,错缝距离不应小于50 cm。

(8)采用袋装砂井排水应符合下列要求。

1)宜采用含泥量小于3%的粗砂或中砂做填料,砂袋的渗透系数应大于所用砂的渗透系数。

2)砂袋存放使用中不应长期曝晒。

3)砂袋安装应垂直入井,不应扭曲、缩颈、断割或磨损,砂袋在孔口外的长度应能顺直伸入砂垫层不小于30 cm。

4)袋装砂井的井距、井深、井径等应符合设计要求。

(9)采用塑料排水板应符合下列要求。

1)塑料排水板应具有耐腐性、柔韧性,其强度与排水性能应符合设计要求。

2)塑料排水板贮存与使用中不得长期曝晒,并应采取保护滤膜措施。

3)塑料排水板敷设应直顺,深度符合设计规定,超过孔口长度应伸入砂垫层不小于50 cm。

(10)采用砂桩处理软土地基应符合下列要求。

1)砂宜采用含泥量小于3%的粗砂或中砂。

2)应根据成桩方法选定填砂的含水量。

3)砂桩应砂体连续、密实。

4)桩长、桩距、桩径、填砂量应符合设计规定。

(11)采用碎石桩处理软土地基应符合下列要求。

1)宜选用含泥砂量小于10%、粒径19~63 mm的碎石或砾石做桩料。

2)应进行成桩试验,确定控制水压、电流和振冲器的振留时间等参数。

3)应分层加入碎石(砾石)料,观察振实挤密效果,防止断桩、缩颈。

4)桩距、桩长、灌石量等应符合设计规定。

(12)采用粉喷桩加固土桩处理软土地基应符合下列要求。

1)石灰应采用磨细Ⅰ级钙质石灰(最大粒径小于2.36 mm、氧化钙含量大于80%)宜选用$SiO_2$和$Al_2O_3$含量大于70%,烧失量小于10%的粉煤灰、普通或矿渣硅酸盐水泥。

2)工艺性成桩试验桩数不宜少于5根,以获取钻进速度、提升速度、搅拌、喷气压力与单位时间喷入量等参数。

3)柱距、桩长、桩径、承载力等应符合设计规定。

(13)施工中,施工单位应按设计与施工方案要求记录各项控制观测数值,并与设计单位、监理单位及时沟通反馈有关工程信息以指导施工。路堤完工后,应观测沉降值与位移至符合设计规定并稳定后,方可进行后续施工。

◆ 软土路基监理验收

(1)换填土处理软土路基质量检验应符合《城镇道路工程施工与质量验收规范》(CJJ1—2008)第6.8.1条的有关规定。

(2)软土路基施工质量检验标准应符合表3.11的规定。

表3.11 软土路基施工质量检验标准

| 项目 | 检验内容 | 合格质量标准 | 检查数量 | 检查方法 |
|---|---|---|---|---|
| 主控项目 | 砂垫层处理软土路基 材料质量 | 砂垫层的材料质量应符合设计要求 | 按不同材料进场批次,每批检查1次 | 查检验报告 |
| | 压实度 | 砂垫层的压实度应大于等于90% | 每1 000 m²、每压实层抽检3点 | 灌砂法 |
| | 反压护道的压实度 | 反压护道的压实度不应小于90% | 每压实层、每200 m检查3点 | 环刀法、灌砂法或灌水法 |

续表 3.11

| 项目 | | 检验内容 | 合格质量标准 | 检查数量 | 检查方法 |
|---|---|---|---|---|---|
| 主控项目 | 土工材料处理软土路基 | 土工材料的技术质量指标 | 土工材料的技术质量指标应符合设计要求 | 按进场批次,每批次按5%抽检 | 查出厂检验报告,进场复检 |
| | | 土工合成材料敷设、胶接、锚固和回卷长度 | 土工合成材料敷设、胶接、锚固和回卷长度应符合设计要求 | 全数检查 | 用尺量 |
| | 袋装砂井 | 砂的规格和质量、砂袋织物质量 | 砂的规格和质量、砂袋织物质量必须符合设计要求 | 按不同材料进场批次,每批检查1次 | 查检验报告 |
| | | 砂袋下沉 | 砂袋下沉时不得出现扭结、断裂等现象 | 全数检查 | 观察并记录 |
| | | 井深的设计要求 | 井深不小于设计要求,砂袋在井口外应伸入砂垫层30 cm以上 | 全数检查 | 钢尺测量 |
| | 塑料排水板 | 材料质量 | 塑料排水板质量必须符合设计要求 | 按不同材料进场批次,每批检查1次 | 查检验报告 |
| | | 下沉要求 | 塑料排水板下沉时不得出现扭结、断裂等现象 | 全数检查 | 观察 |
| | | 板深的设计要求 | 板深不小于设计要求,排水板在井口外应伸入砂垫层50 cm以上 | 全数检查 | 查施工记录 |
| | 砂桩处理软土路基 | 砂桩材料 | 砂桩材料应符合设计规定 | 按不同材料进场批次,每批检查一次 | 查检验报告 |
| | | 复合地基承载力 | 复合地基承载力不应小于设计规定值 | 按总桩数的1%进行抽检,且不少于3处 | 查复合地基承载力检验报告 |
| | | 桩长 | 桩长不小于设计规定 | 全数检查 | 查施工记录 |
| | 碎石桩处理软土路基 | 材料要求 | 碎石桩材料应符合设计规定 | 按不同材料进场批次,每批检查1次 | 查检验报告 |
| | | 复合地基承载力 | 复合地基承载力不应小于设计规定值 | 按总桩数的1%进行抽检,且不少于3处 | 查复合地基承载力检验报告 |
| | | 桩长 | 桩长不应小于设计规定 | 全数检查 | 查施工记录 |
| | 粉喷桩处理软土路基 | 水泥的品种、级别及石灰、粉煤灰的性能指标 | 水泥的品种、级别及石灰、粉煤灰的性能指标应符合设计要求 | 按不同材料进场批次,每批检查1次 | 查检验报告 |
| | | 桩长 | 桩长不应小于设计规定 | 全数检查 | 查施工记录 |
| | | 复合地基承载力 | 复合地基承载力应不小于设计规定值 | 按总桩数的1%进行抽检,且不少于3处 | 查复合地基承载力检验报告 |

**续表 3.11**

| 项目 | 检验内容 | 合格质量标准 | 检查数量 | 检查方法 |
|---|---|---|---|---|
| 一般项目 | 砂垫层允许偏差 | 砂垫层允许偏差应符合表 3.12 的规定 | | |
| | 反压护道的宽度、高度 | 宽度、高度应符合设计要求 | 全数检查 | 观察,用尺量 |
| | 土工材料处理软土路基下承层面 | 下承层面不得有突刺、尖角 | 全数检查 | 观察 |
| | 土工合成材料铺设允许偏差 | 土工合成材料铺设允许偏差应符合表 3.13 的规定 | | |
| | 袋装砂井允许偏差 | 袋装砂井允许偏差应符合表 3.14 的规定 | | |
| | 塑料排水板设置允许偏差 | 塑料排水板设置允许偏差应符合表 3.15 的规定 | | |
| | 砂桩、碎石桩成桩质量允许偏差 | 砂桩、碎石桩成桩质量允许偏差应符合表 3.16 的规定 | | |
| | 粉喷桩成桩允许偏差 | 粉喷桩成桩允许偏差应符合表 3.17 的规定 | | |

**表 3.12 砂垫层允许偏差**

| 项目 | 允许偏差/mm | 检查频率 | | | 检查方法 |
|---|---|---|---|---|---|
| | | 范围/m | 点数 | | |
| 宽度 | 不小于设计规定 + B | 40 | 1 | | 用钢尺量 |
| 厚度 | 不小于设计规定 | 200 | 路宽/m | <9 | 2 | 用钢尺量 |
| | | | | 9~15 | 4 | |
| | | | | >15 | 6 | |

注:B 为必要的附加宽度。

**表 3.13 土工合成材料铺设允许偏差**

| 项目 | 允许偏差/mm | 检查频率 | | | | 检查方法 |
|---|---|---|---|---|---|---|
| | | 范围/m | 点数 | | | |
| 下层面平整度/mm | ≤15 | 20 | 路宽/m | <9 | 1 | 用 3 m 直尺和塞尺连续量两尺,取较大值 |
| | | | | 9~15 | 2 | |
| | | | | >15 | 3 | |
| 下承面拱度 | ±1% | 20 | 路宽/m | <9 | 2 | 用水准仪测量 |
| | | | | 9~15 | 4 | |
| | | | | >15 | 6 | |

**表 3.14 袋装砂井允许偏差**

| 项目 | 允许偏差 | 检查频率 | | 检验方法 |
|---|---|---|---|---|
| | | 范围 | 点数 | |
| 井间距/mm | ±150 | 全部 | 抽查 2% 且不少于 5 处 | 两井间,用钢尺量 |
| 砂井直径/mm | +10 / 0 | | | 查施工记录 |
| 井竖直度 | ≤1.5% H | | | 查施工记录 |
| 砂井灌砂量 | -5% G | | | 查施工记录 |

注:H 为桩长或孔深,G 为灌砂量。

表 3.15 塑料排水板设置允许偏差

| 项目 | 允许偏差 | 检查频率 | | 检验方法 |
| --- | --- | --- | --- | --- |
| | | 范围 | 点数 | |
| 板间距/mm | ±150 | 全部 | 抽查 2% 且不少于 5 处 | 两板间,用钢尺量 |
| 板竖直度 | ≤1.5% H | | | 查施工记录 |

注:H 为桩长或孔深。

表 3.16 砂桩、碎石桩成桩质量允许偏差

| 项目 | 允许偏差 | 检查频率 | | 检验方法 |
| --- | --- | --- | --- | --- |
| | | 范围 | 点数 | |
| 桩距/mm | ±150 | 全部 | 抽查 2%,且不少于 2 根 | 两桩间,用钢尺量,查施工记录 |
| 桩径/mm | ≥设计值 | | | |
| 竖直度 | ≤1.5% H | | | |

注:H 为桩长或孔深。

表 3.17 粉喷桩成桩允许偏差

| 项目 | 允许偏差 | 检查频率 | | 检验方法 |
| --- | --- | --- | --- | --- |
| | | 范围 | 点数 | |
| 强度/MPa | 不小于设计值 | 全部 | 抽查 5% | 切取检测 |
| 桩距/mm | ±100 | 全部 | 抽查 2%,且不少于 2 根 | 两桩间,用钢尺量,查施工记录 |
| 桩径/mm | 不小于设计值 | | | |
| 竖直度 | ≤1.5% H | | | |

注:H 为桩长或孔深。

## ◆湿陷性黄土路基监理巡视

(1)施工前应做好施工期拦截、排除地表水的措施,且宜与设计规定的拦截、排除、防止地表水下渗的设施结合。

(2)路基内的地下排水构筑物与地面排水沟渠必须采取防渗措施。

(3)施工中应详探道路范围内的陷穴,当发现设计有遗漏时,应及时报建设单位、设计单位,进行补充设计。

(4)用换填法处理路基时应符合下列要求。

1)换填材料可选用黄土、其他黏性土或石灰土,其填筑压实要求同土方路基。采用石灰土换填时,消石灰与土的质量配合比,宜为石灰:土为 9:91(二八灰土)或 12:88(三七灰土),石灰应符合《城镇道路工程施工与质量验收规范》(CJJ1—2008)有关规定。

2)换填宽度应宽出路基坡脚 0.5~1.0 m。

3)填筑用土中大于 10 cm 的土块必须打碎,并应在接近土的最佳含水量时碾压密实。

(5)强夯处理路基时应符合下列要求。

1)夯实施工前,必须查明场地范围内的地下管线等构筑物的位置及标高,严禁在其上方采用强夯施工,靠近其施工必须采取保护措施。

2)施工前应按设计要求在现场选点进行试夯,通过试夯确定施工参数,如夯锤质量、落距、夯点布置、夯击次数和夯击遍数等。

3)地基处理范围不宜小于路基坡脚外 3 m。

### ◆湿陷性黄土路基监理验收

湿陷性黄土路基强夯处理质量检验应符合表 3.18 规定。

表 3.18 湿陷性黄土路基强夯处理质量检验

| 项目 | 检验内容 | 合格质量标准 | 检查数量 | 检查方法 |
|---|---|---|---|---|
| 主控项目 | 路基土的压实度 | 路基土的压实度应符合设计规定和表 3.3 规定 | 每 1 000 m²、每压实层,抽检 3 点 | 环刀法、灌砂法或灌水法 |
| 一般项目 | 湿陷性黄土夯实质量 | 湿陷性黄土夯实质量应符合表 3.19 的规定 | | |

表 3.19 湿陷性黄土夯实质量检验标准

| 项目 | 检验标准 | 检验频率 | | 检验方法 |
|---|---|---|---|---|
| | | 范围/m | 点数 | |
| 夯点累计夯沉量 | 不小于试夯时确定夯沉量的 95% | 200 | <9 → 2<br>路宽/m 9~15 → 4<br>>15 → 6 | 查施工记录 |
| 湿陷系数 | 符合设计要求 | | <9 → 2<br>路宽/m 9~15 → 4<br>>15 → 6 | 见注 |

注:隔 7~10 d,在设计有效加固深度内,每隔 50~100 cm 取图样测定图的压实度、湿陷系数等指标。

### ◆盐渍土路基监理巡视

(1)过盐渍土、强盐渍土不应做路基填料。弱盐渍土可用于城市快速路、主干路路床 1.5 m 以下范围填土,也可用于次干路及其他道路路床 0.8 m 以下填土。

(2)施工中应对填料的含盐量及其均匀性加强监控,路床以下每 1 000 m³ 填料、路床部分每 500 m³ 填料至少应做一组试件(每组取 3 个土样),不足上列数量时,也应做一组试件。

(3)用石膏土作填料时,应先破坏其蜂窝状结构。石膏含量可不限制,但应控制压实度。

(4)地表为过盐渍土、强盐渍土时,路基填筑前应按设计要求将其挖除,土层过厚时,应设隔离层,并宜设在距路床下 0.8 m 处。

(5)盐渍土路基应分层填筑、夯实,每层虚铺厚度不宜大于 20 cm。

(6)盐渍土路堤施工前应测定其基底(包括护坡道)表土的含盐量、含水量和地下水位,分别按设计规定进行处理。

### ◆膨胀土路基监理巡视

(1)施工应避开雨期,且保持良好的路基排水条件。

(2)应采取分段施工。各道工序应紧密衔接,连续施工,逐段完成。

(3)路堑开挖应符合下列要求。

1)边坡应预留 30~50 cm 厚土层,路堑挖完后应立即按设计要求进行削坡与封闭边坡。

2)路床应比设计标高超挖 30 cm,并应及时采用粒料或非膨胀土等换填、压实。

(4)路基填方应符合下列要求。

1)施工前应按规定做试验段。

2)路床顶面 30 cm 范围内应换填非膨胀土或经改性处理的膨胀土。当填方路基填土高度小于 1 m 时,应对原地表 30 cm 内的膨胀土挖除,进行换填。

3)强膨胀土不得做路基填料。中等膨胀土应经改性处理方可使用,但膨胀总率不得超过 0.7%。

4)施工中应根据膨胀土自由膨胀率,选用适宜的碾压机具,碾压时应保持最佳含水量;压实土层松铺厚度不得大于 30 cm;土块粒径不得大于 5 cm,且粒径大于 2.5 cm 的土块量应小于 40%。

(5)在路堤与路堑交界地段,应采用台阶方式搭接,每阶宽度不得小于 2 m,并碾压密实,压实度标准应符合表 3.3 的规定。

(6)路基完成施工后应及时进行基层施工。

### ◆冻土路基监理巡视

(1)路基范围内的各种地下管线基础应设置于冻土层以下。

(2)填方地段路堤应预留沉降量,在修筑路面结构之前,路基沉降应已基本稳定。

(3)路基受冰冻影响部位,应选用水稳定性和抗冻稳定性均较好的粗粒土,碾压时的含水量偏差应控制在最佳含水量允许偏差范围内。

(4)当路基位于永久冻土的富冰冻土、饱冰冻土或含冰层地段时,必须保持路基及周围的冻土处于冻结状态,且应避免施工时破坏土基热流平衡,排水沟与路基坡脚距离不应小于 2 m。

(5)冻土区土层为冻融活动层,设计无地基处理要求时,应报请设计部门进行补充设计。

### ◆盐渍土路基、膨胀土路基、冻土路基监理验收

盐渍土路基、膨胀土路基、冻土路基的质量检验请参照"土方路基监理验收"中的相关内容。

## 3.2 道路基层

## 【基 础】

### ◆道路基层一般规定

(1)石灰稳定土类材料宜在冬期开始前30~45 d完成施工,水泥稳定土类材料宜在冬期开始前15~30 d完成施工。

(2)高填土路基与软土路基,应在沉降值符合设计规定且沉降稳定后,方可施工道路基层。

(3)稳定土类道路基层材料配合比中,石灰、水泥等稳定剂计量应以稳定剂质量占全部土(粒料)的干质量百分率表示。

(4)基层材料的摊铺宽度应为设计宽度两侧加施工必要附加宽度。

(5)基层施工中严禁用贴薄层方法整平修补表面。

(6)用沥青混合料、沥青贯入式、水泥混凝土做道路基层时,其施工应符合《城镇道路工程施工与质量验收规范》(CJJ1—2008)的有关规定。

### ◆水泥稳定土类基层原材料质量要求

**1. 水泥**

(1)应选用初凝时间大于3 h、终凝时间不小于6 h的32.5级、42.5级普通硅酸盐、矿渣硅酸盐、火山灰硅酸盐水泥。水泥应有出厂合格证与生产日期,复验合格方可使用。

(2)水泥贮存期超过3个月或受潮,应进行性能试验,合格后方可使用。

**2. 土**

(1)土的均匀系数不应小于5,宜大于10,塑性指数宜为10~17。

(2)土中小于0.6 mm颗粒的含量应小于30%。

(3)宜选用粗粒土、中粒土。

**3. 粒料**

(1)级配碎石、砂砾、未筛分碎石、碎石土、砾石和煤矸石、粒状矿渣等材料均可作粒料原材。

(2)当做基层时,粒料最大粒径不宜超过37.5 mm。

(3)当做底基层时,粒料最大粒径:对城市快速路、主干路不应超过37.5 mm;对次干路及以下道路不应超过53 mm。

(4)各种粒料,应按其自然级配状况,经人工调整使其符合表3.20的规定。

表3.20 水泥稳定土类的颗粒范围及技术指标

| 项目 | | 通过质量百分率/% | | | |
|---|---|---|---|---|---|
| | | 底基层 | | 基层 | |
| | | 次干路 | 城市快速路、主干路 | 次干路 | 城市快速路、主干路 |
| 筛孔尺寸/mm | 53 | 100 | — | — | — |
| | 37.5 | — | 100 | 100 | 90~100 |
| | 31.5 | — | 900~100 | — | 100 |
| | 26.5 | — | — | 66~100 | 90~100 |
| | 19 | — | — | 67~90 | 54~100 | 72~89 |
| 筛孔尺寸/mm | 9.5 | — | — | 45~68 | 39~100 | 47~67 |
| | 4.75 | 50~100 | 50~100 | 29~50 | 28~84 | 29~49 |
| | 2.36 | — | — | 18~38 | 20~70 | 17~35 |
| | 1.18 | — | — | — | 14~57 | — |
| | 0.60 | 17~100 | 17~100 | 8~22 | 8~47 | 8~22 |
| | 0.075 | 0~50 | 0~30① | 0~7 | 0~30 | 0~7② |
| | 0.002 | 0~30 | — | — | — | — |
| 液限/% | | — | — | — | — | <28 |
| 塑性指数 | | — | — | — | — | <9 |

注：①集料中0.5 mm以下细粒土有塑性指数时，小于0.075 mm的颗粒含量不得超过5%；细粒土无塑性指数时，小0.075 mm的颗粒含量不得超过7%。
②当用中粒土、粗粒土做城市快速路、主干路底基层时，颗粒组成范围宜采用做次干路基层的组成。

(5)碎石、砾石、煤矸石等的压碎值：对城市快速路、主干路基层与底基层不应大于30%；对其他道路基层不应大于30%，对底基层不应大于35%。

(6)集料中有机质含量不应超过2%。

(7)集料中硫酸盐含量不应超过0.25%。

**4. 钢渣**

钢渣破碎后堆存时间不应少于半年，且达到稳定状态，游离氧化钙(fCaO)含量应小于3%；粉化率不得超过5%。钢渣最大粒径不应大于37.5 mm，压碎值不应大于30%，且应清洁，不含废镁砖及其他有害物质；钢渣质量密度应以实际测试值为准，钢渣颗粒组成应符合表3.21的规定。

表3.21 钢渣混合料中钢渣颗粒组成

| 通过下列方孔筛/mm的质量百分数/% | | | | | | | | |
|---|---|---|---|---|---|---|---|---|
| 37.5 | 26.5 | 16 | 9.5 | 4.75 | 2.36 | 1.18 | 0.60 | 0.075 |
| 100 | 95~100 | 60~85 | 50~70 | 40~60 | 27~47 | 20~40 | 10~30 | 0~15 |

## 5. 水

水应符合国家现行标准《混凝土用水标准》(JGJ63—2006)的规定，宜使用饮用水及不含油类等杂质的清洁中性水，pH 值宜为 6~8。

## ◆石灰稳定土类基层原材料质量要求

### 1. 土

(1) 宜采用塑性指数 10~15 的粉质黏土、黏土。

(2) 土中的有机物含量宜小于 10%。

(3) 使用旧路的级配砾石、砂石或杂填土等应先进行试验。级配砾石、砂石等材料的最大粒径不宜超过分层厚度的 60%，且不应大于 10 cm。土中欲掺入碎砖等粒料时，粒料掺入含量应经试验确定。

### 2. 石灰

(1) 宜用 1~3 级的新灰，石灰的技术指标应符合表 3.22 的规定。

表 3.22 石灰技术指标

| 类别 | 钙质生石灰 | | | 镁质生石灰 | | | 钙质消石灰 | | | 镁质消石灰 | | |
|---|---|---|---|---|---|---|---|---|---|---|---|---|
| 项目 \ 等级 | Ⅰ | Ⅱ | Ⅲ | Ⅰ | Ⅱ | Ⅲ | Ⅰ | Ⅱ | Ⅲ | Ⅰ | Ⅱ | Ⅲ |
| 有效钙加氧化镁含量/% | ≥85 | ≥80 | ≥70 | ≥80 | ≥75 | ≥65 | ≥65 | ≥60 | ≥55 | ≥60 | ≥55 | ≥50 |
| 未消化残渣含量 5 mm 圆孔筛的筛余/% | ≤7 | ≤11 | ≤17 | ≤10 | ≤14 | ≤20 | — | — | — | — | — | — |
| 含水量/% | — | — | — | — | — | — | ≤4 | ≤4 | ≤4 | ≤4 | ≤4 | ≤4 |
| 细度 0.71 mm 方孔筛的筛余/% | — | — | — | — | — | — | 0 | ≤1 | ≤1 | 0 | ≤1 | ≤1 |
| 细度 0.125 mm 方孔筛的筛余/% | — | — | — | — | — | — | ≤13 | ≤20 | — | ≤13 | ≤20 | — |
| 钙镁石灰的分类界限，氧化镁含量/% | ≤5 | | | >4 | | | ≤4 | | | >4 | | |

注：硅、铝、镁氧化物含量之和大于 5% 的生石灰，有效钙加氧化镁含量指标，Ⅰ等≥75%，Ⅱ等≥70%，Ⅲ等≥60%；未消化残渣含量指标均与镁质生石灰指标相同。

(2) 磨细生石灰，可不经消解直接使用；块灰应在使用前 2~3 d 完成消解，未能消解的生石灰块应筛除，消解石灰的粒径不得大于 10 mm。

### 3. 水

水应符合国家现行标准《混凝土用水标准》(JGJ63—2006)的规定。宜使用饮用水及不含油类等杂质的清洁中性水，pH 值宜为 6~8。

## ◆石灰、粉煤灰稳定砂砾基层原材料质量要求

### 1. 石灰
石灰的质量要求请参照"石灰稳定土类基层原材料质量要求"中的相关内容。

### 2. 粉煤灰
(1) 粉煤灰中的 $SiO_2$、$Al_2O_3$ 和 $Fe_2O_3$ 总量宜大于70%;在温度为700 ℃时的烧失量宜小于或等于10%。

(2) 当烧失量大于10%时,应经试验确认混合料强度符合要求时,方可采用。

(3) 细度应满足90%通过0.3 mm 筛孔,70%通过0.075 mm 筛孔,比表面积宜大于2 500 cm²/g。

### 3. 砂砾
砂砾应经破碎、筛分,级配宜符合表3.23的规定,破碎砂砾中最大粒径不应大于37.5 mm。

### 4. 水
水的质量要求请参照"水泥稳定土类基层原材料质量要求"中的相关内容。

**表 3.23 砂砾、碎石级配**

| 筛孔尺寸 /mm | 通过质量百分率/% | | | |
|---|---|---|---|---|
| | 级配砂砾 | | 级配碎石 | |
| | 次干路及以下道路 | 城市快速路、主干路 | 次干路及以下道路 | 城市快速路、主干路 |
| 37.5 | 100 | — | 100 | — |
| 31.5 | 85~100 | 100 | 90~100 | 100 |
| 19.0 | 65~85 | 85~100 | 72~90 | 81~98 |
| 9.50 | 50~70 | 55~75 | 48~68 | 52~70 |
| 4.75 | 35~55 | 39~59 | 30~50 | 30~50 |
| 2.36 | 25~45 | 27~47 | 18~38 | 18~38 |
| 1.18 | 17~35 | 17~35 | 10~27 | 10~27 |
| 0.60 | 10~27 | 10~25 | 6~20 | 8~20 |
| 0.075 | 0~15 | 0~10 | 0~7 | 0~7 |

## ◆石灰、粉煤灰、钢渣稳定土类基层原材料质量要求

### 1. 石灰
石灰的质量要求请参照"石灰稳定土类基层原材料质量要求"中的相关内容。

### 2. 粉煤灰
粉煤灰的质量要求请参照"石灰、粉煤灰稳定砂砾基层原材料质量要求"中的相关内容。

### 3. 钢渣

钢渣破碎后堆存时间不应少于半年,且达到稳定状态,游离氧化钙(fCaO)含量应小于3%,粉化率不得超过5%。钢渣最大粒径不应大于37.5 mm,压碎值不应大于30%,且应清洁,不含废镁砖及其他有害物质。钢渣质量密度应以实际测试值为准,钢渣颗粒组成应符合表3.21的规定。

### 4. 土

土应符合下列要求。

(1)当采用石灰粉煤灰稳定土时,土的塑性指数宜为12~20。

(2)当采用石灰与钢渣稳定土时,土的塑性指数不应小于6,且不应大于30,宜为7~17。

### 5. 水

水的质量要求请参照"水泥稳定土类基层原材料质量要求"中的相关内容。

## ◆级配砂砾及级配砾石基层原材料质量要求

(1)天然砂砾应质地坚硬,含泥量不应大于砂质量(粒径小于5 mm)的10%,砾石颗粒中细长及扁平颗粒的含量不应超过20%。

(2)级配砾石做次干路及其以下道路底基层时,级配中最大粒径宜小于53 mm,做基层时最大粒径不应大于37.5 mm。

(3)级配砂砾及级配砾石的颗粒范围和技术指标宜符合表3.24的规定。

表3.24 级配砂砾及级配砾石的颗粒范围及技术指标

| 项 目 | | 通过质量百分率/% | | |
|---|---|---|---|---|
| | | 基层 | 底基层 | |
| | | 砾石 | 砾石 | 砂砾 |
| 筛孔尺寸/mm | 53 | — | 100 | 100 |
| | 37.5 | 100 | 90~100 | 80~100 |
| | 31.5 | 90~100 | 81~94 | — |
| | 19.0 | 73~88 | 63~81 | — |
| | 9.5 | 49~69 | 45~66 | 40~100 |
| | 4.75 | 29~54 | 27~51 | 25~85 |
| | 2.36 | 17~37 | 16~35 | — |
| | 0.6 | 8~20 | 8~20 | 8~45 |
| | 0.075 | 0~7② | 0~7② | 0~15 |
| 液限/% | | <28 | <28 | <28 |
| 塑性指数 | | <6(或9①) | <6(或9①) | <9 |

注:①潮湿多雨地区塑性指数宜小于6,其他地区塑性指数宜小于9。

②对于无塑性的混合料,小于0.075 mm的颗粒含量接近高限。

(4)集料压碎值应符合3.25的规定。

表3.25 集料压碎值

| 项目 | 压碎值/% | |
| --- | --- | --- |
| | 基层 | 底基层 |
| 城市快速路、主干路 | <26 | <30 |
| 次干路 | <30 | <35 |
| 次干路以下道路 | <35 | <40 |

### ◆级配碎石及级配碎砾石基层原材料质量要求

(1)轧制碎石的材料可为各种类型的岩石(软质岩石除外)、砾石,轧制碎石的砾石粒径应为碎石最大粒径的3倍以上,碎石中不应有黏土块、植物根叶、腐殖质等有害物质。

(2)碎石中针片状颗粒的总含量不应超过20%。

(3)级配碎石及级配碎砾石颗粒范围和技术指标应符合表3.26的规定。

表3.26 级配碎石及级配碎砾石的颗粒范围及技术指标

| 项目 | | 通过质量百分率/% | | | |
| --- | --- | --- | --- | --- | --- |
| | | 基层 | | 底基层③ | |
| | | 次干路及以下道路 | 城市快速路、主干路 | 次干路及以下道路 | 城市快速路、主干路 |
| 筛孔尺寸/mm | 53 | — | — | 100 | — |
| | 37.5 | 100 | — | 85~100 | 100 |
| | 31.5 | 90~100 | 100 | 69~88 | 83~100 |
| | 19.0 | 73~88 | 85~100 | 40~65 | 54~84 |
| | 9.5 | 49~69 | 52~74 | 19~43 | 29~59 |
| | 4.75 | 29~54 | 29~54 | 10~30 | 17~45 |
| | 2.36 | 17~37 | 17~37 | 8~25 | 11~35 |
| | 0.6 | 8~20 | 8~20 | 6~18 | 6~21 |
| | 0.075 | 0~7② | 0~7② | 0~10 | 0~10 |
| 液限/% | | <28 | <28 | <28 | <28 |
| 塑性指数 | | <6(或9①) | <6(或9①) | <6(或9①) | <6(或9①) |

注:①潮湿多雨地区塑性指数宜小于6,其他地区塑性指数宜小于9。
②对于无塑性的混合料,小于0.075 mm的颗粒含量接近高限。
③底基层所列为未筛分碎石颗粒组成范围。

(4)级配碎石及级配碎砾石石料的压碎值应符合表3.25的规定。

(5)碎石或碎砾石应为多棱角块体,软弱颗粒含量应小于5%,扁平细长碎石含量应小于20%。

# 【实 务】

## ◆水泥稳定土类基层监理巡视

(1)城镇道路中使用水泥稳定土类材料,宜采用搅拌厂集中拌制。

(2)集中搅拌水泥稳定土类材料应符合下列规定。

1)集料应过筛,级配应符合设计要求。

2)混合料配合比应符合要求,计量准确;含水量应符合施工要求,并搅拌均匀。

3)搅拌厂应向现场提供产品合格证及水泥用量、粒料级配、混合料配合比、R7 强度标准值。

4)水泥稳定土类材料运输时,应采取措施防止水分损失。

(3)摊铺应符合下列规定。

1)施工前应通过试验确定压实系数。水泥土的压实系数宜为 1.53~1.58;水泥稳定砂砾的压实系数宜为 1.30~1.35。

2)宜采用专用摊铺机械摊铺。

3)水泥稳定土类材料自搅拌至摊铺完成,不应超过 3 h,应按当班施工长度计算用料量。

4)分层摊铺时,应在下层养护 7 d 后,方可摊铺上层材料。

(4)碾压应符合下列规定。

1)应在含水量等于或略大于最佳含水量时进行。碾压找平应符合《城镇道路工程施工与质量验收规范》(CJJ1—2008)第7.2.7条的有关规定。

2)宜采用 12~18 t 压路机进行初步稳定碾压,混合料初步稳定后用大于 18 t 的压路机碾压,压至表面平整、无明显轮迹,且达到要求的压实度。

3)水泥稳定土类材料,宜在水泥初凝前碾压成活。

4)当使用振动压路机时,应符合环境保护和周围建筑物及地下管线、构筑物的安全要求。

(5)接缝应符合《城镇道路工程施工与质量验收规范》(CJJ1—2008)第7.2.8条的有关规定。

(6)养护应符合下列规定。

1)基层宜采用洒水养护,保持湿润。采用乳化沥青养护,应在其上撒布适量石屑。

2)养护期间应封闭交通。

3)常温下成活后应经 7 d 养护,方可在其上铺筑面层。

## ◆水泥稳定土类基层监理验收

水泥稳定土类基层施工质量检验标准应符合表 3.27 的规定。

表3.27 水泥稳定土类基层施工质量检验标准

| 项目 | 检验内容 | 合格质量要求 | 检查数量 | 检验方法 |
|---|---|---|---|---|
| 主控项目 | 压实度 | (1)城市快速路、主干路基层≥97%；底基层≥95%<br>(2)其他等级道路基层≥95%；底基层≥93% | 每1 000 m²，每压实层抽查1点 | 灌砂法或灌水法 |
| 主控项目 | 抗压强度 | 基层、底基层7 d的无侧限抗压强度应符合设计要求 | 每2 000 m²抽检1组(6块) | 现场取样试验 |
| 一般项目 | 表面质量 | 表面应平整、坚实、接缝平顺，无明显粗、细料集中现象，无推移、裂缝、贴皮、松散、浮料 | — | — |
| 一般项目 | 允许偏差 | 基层及底基层的允许偏差应符合表3.28的规定 | | |

表3.28 基层及底基层允许偏差

| 项目 | | 允许偏差 | 检验频率 | | 检验方法 |
|---|---|---|---|---|---|
| | | | 范围 | 点数 | |
| 中线偏位/mm | | ≤20 | 100 m | 1 | 用经纬仪测量 |
| 纵段高程/mm | 基层 | ±15 | 20 m | 1 | 用水准仪测量 |
| | 底基层 | ±20 | | | |
| 平整度/mm | 基层 | ≤10 | 20 m | 路宽/m <9: 1; 9~15: 2; >15: 3 | 用3 m直尺和塞尺连续量两尺，去较大值 |
| | 底基层 | ≤15 | | | |
| 宽度/mm | | 不小于设计规定+B | 40 m | 1 | 用钢尺量 |
| 横坡 | | ±0.3%且不反坡 | 20 m | 路宽/m <9: 2; 9~15: 4; >15: 6 | 用水准仪测量 |
| 厚度/mm | | ±10 | 1 000 m² | 1 | 用钢尺量 |

注：B为必要的附加宽度。

## ◆石灰稳定土类基层监理巡视

(1)在城镇人口密集区，应使用厂拌石灰土，不得使用路拌石灰土。

(2)厂拌石灰土应符合下列规定。

1)石灰土搅拌前，应先筛除集料中不符合要求的颗粒，使集料的级配和最大粒径符合要求。

2)宜采用强制式搅拌机进行搅拌。配合比应准确，搅拌应均匀；含水量宜略大于最佳值；石灰土应过筛(20 mm方孔)。

3)应根据土和石灰的含水量变化、集料的颗粒组成变化，及时调整搅拌用水量。

4)拌成的石灰土应及时运送到铺筑现场。运输中应采取防止水分蒸发和防扬尘措施。

5)搅拌厂应向现场提供石灰土配合比、R7强度标准值及石灰中活性氧化物含量的资料。

(3)采用人工搅拌石灰土应符合下列规定。

1)所用土应预先打碎、过筛(20 mm方孔),集中堆放、集中拌和。

2)应按需要量将土和石灰按配合比要求,进行掺配。掺配时土应保持适宜的含水量,掺配后过筛(20 mm方孔)至颜色均匀一致为止。

3)作业人员应佩戴劳动保护用品,现场应采取防扬尘措施。

(4)厂拌石灰土摊铺应符合下列规定。

1)路床应湿润。

2)压实系数应经试验确定。现场人工摊铺时,压实系数宜为1.65~1.70。

3)石灰土宜采用机械摊铺,每次摊铺长度宜为一个碾压段。

4)摊铺掺有粗集料的石灰土时,粗集料应均匀。

(5)碾压应符合下列规定。

1)铺好的石灰土应当天碾压成活。

2)碾压时的含水量宜在最佳含水量的允许偏差范围内。

3)直线和不设超高的平曲线段,应由两侧向中心碾压;设超高的平曲线段,应由内侧向外侧碾压。

4)初压时,碾速宜为20~30 m/min;灰土初步稳定后,碾速宜为30~40 m/min。

5)人工摊铺时,宜先用6~8 t压路机碾压,灰土初步稳定,找补整形后,方可用重型压路机碾压。

6)当采用碎石嵌丁封层时,嵌丁石料应在石灰土底层压实度达到85%时撒铺,然后继续碾压,使其嵌入底层,并保持表面有棱角外露。

(6)纵、横接缝均应设直茬,接缝应符合下列规定。

1)纵向接缝宜设在路中线处。接缝应做成阶梯形,梯级宽不应小于1/2层厚。

2)横向接缝应尽量减少。

(7)石灰土养护应符合下列规定。

1)石灰土成活后应立即洒水(或覆盖)养护,保持湿润,直至上层结构施工为止。

2)石灰土碾压成活后可采取喷洒沥青透层油养护,并宜在其含水量为10%左右时进行。

3)石灰土养护期应封闭交通。

## ◆石灰、粉煤灰稳定砂砾基层监理巡视

(1)宜采用强制式搅拌机拌制,并应符合下列要求。

1)搅拌时应先将石灰、粉煤灰搅拌均匀,再加入砂砾(碎石)和水搅拌均匀,混合料含水量宜略大于最佳含水量。

2)拌制石灰、粉煤灰砂砾均应做延迟时间试验,以确定混合料在贮存场存放时间及现场完成作业时间。

3)混合料含水量应视气候条件适当调整。

(2)搅拌厂应向现场提供产品合格证及石灰活性氧化物含量、粒料级配、混合料配合比及 R7 强度标准值的资料。

(3)运送混合料应覆盖,防止遗撒、扬尘。

(4)摊铺除遵守《城镇道路工程施工与质量验收规范》(CJJ1—2008)第7.2.6条的有关规定外,尚应符合下列规定。

1)混合料在摊铺前其含水量宜在最佳含水量的允许偏差范围内。

2)混合料每层最大压实厚度应为 20 cm,且不宜小于 10 cm。

3)摊铺中发生粗、细集料离析时,应及时翻拌均匀。

(5)碾压应符合《城镇道路工程施工与质量验收规范》(CJJ1—2008)第7.2.7条的有关规定。

(6)养护应符合下列规定。

1)混合料基层,应在潮湿状态下养护。养护期视季节而定,常温下不宜少于 7 d。

2)采用洒水养护时,应及时洒水,保持混合料湿润;采用喷洒沥青乳液养护时,应及时在乳液面撒嵌丁料。

3)养护期间宜封闭交通。需通行的机动车辆应限速,严禁履带车辆通行。

## ◆石灰、粉煤灰、钢渣稳定土类基层监理巡视

(1)混合料应由搅拌厂集中拌制,且应符合《城镇道路工程施工与质量验收规范》(CJJ1—2008)第7.3节的有关规定。

(2)混合料摊铺、碾压、养护应符合《城镇道路工程施工与质量验收规范》(CJJ1—2008)第7.3节的有关规定。

## ◆石灰稳定土类基层,石灰、粉煤灰稳定砂砾基层,石灰、粉煤灰、钢渣稳定土类基层监理验收

石灰稳定土类基层施工质量检验标准应符合表 3.29 的规定。

表3.29 石灰稳定土类基层施工质量检验标准

| 项目 | 检验内容 | 合格质量要求 | 检查数量 | 检验方法 |
| --- | --- | --- | --- | --- |
| 主控项目 | 压实度 | 城市快速路、主干路基层大于或等于97%;底基层大于或等于95%;其他等级道路基层大于或等于95%;底基层大于或等于93% | 每 1 000 m²、每压实层抽查1点 | 环刀法、灌砂法或灌水法 |
| | 抗压强度 | 基层、底基层7 d 的无侧限抗压强度应符合设计要求 | 每 2 000 m² 抽检1组(6块) | 现场取样试验 |
| 一般项目 | 表面质量 | 表面应平整、坚实、无粗、细料集中现象,无明显轮迹、推移、裂缝,接茬平顺、无贴皮、散料 | — | — |
| | 允许偏差 | 基层及底基层的允许偏差应符合表3.28的规定 | | |

## ◆级配砂砾及级配砾石基层监理巡视

(1)摊铺应符合下列规定。

1)压实系数应通过试验段确定,每层摊铺虚厚不宜超过30 cm。

2)砂砾应摊铺均匀一致,发生粗、细骨料集中或离析现象时,应及时翻拌均匀。

3)摊铺长度至少为一个碾压段30~50 m。

(2)碾压成活应符合下列规定。

1)碾压前应洒水,洒水量应使全部砂砾湿润,且不导致其层下翻浆。

2)碾压过程中应保持砂砾湿润。

3)碾压时应自路边向路中倒轴碾压。采用12 t以上压路机进行,初始碾速宜为25~30 m/min;砂砾初步稳定后,碾速宜控制在30~40 m/min。碾压至轮迹不应大于5 mm,砂石表面应平整、坚实,无松散和粗、细集料集中等现象。

(3)上层铺筑前,不得开放交通。

## ◆级配砂砾及级配砾石基层监理验收

级配砂砾及级配砾石基层施工质量检验标准应符合表3.30的规定。

表3.30 级配砂砾及级配砾石施工质量检验标准

| 项目 | 检验内容 | 合格质量标准 | 检查数量 | 检验方法 |
|---|---|---|---|---|
| 主控项目 | 集料质量、级配 | 集料质量及级配应符合《城镇道路工程施工与质量验收规范》(CJJ1—2008)中第7.6.2条的有关规定 | 按砂石材料的进场批次,每批抽检1次 | 查检验报告 |
| | 压实度 | 基层压实度≥97%;底基层压实度≥95% | 每压实层、每1 000 m² 抽检1点 | 灌砂法或灌水法 |
| | 弯沉值 | 弯沉值,不应大于设计规定 | 设计规定时每车道、每20 m测1点 | 弯沉仪检测 |
| 一般项目 | 表面质量 | 表面应平整、坚实,无松散和粗、细集料集中现象 | 全数检查 | 观察 |
| | 允许偏差 | 级配砂砾及级配砂砾基层和底基层允许偏差应符合表3.31的规定 | | |

表3.31 级配砂砾及级配砾石基层和底基层允许偏差

| 项目 | | 允许偏差 | 检验频率 | | 检验方法 |
|---|---|---|---|---|---|
| | | | 范围 | 点数 | |
| 中线偏位/mm | | ≤20 | 100 m | 1 | 用经纬仪测量 |
| 纵断高程 /mm | 基层 | ±15 | 20 m | 1 | 用水准仪测量 |
| | 底基层 | ±20 | | | |

续表 3.31

| 项目 | 允许偏差 | | 检验频率 | | | 检验方法 |
|---|---|---|---|---|---|---|
| | | | 范围 | 点数 | | |
| 平整度 /mm | 基层 | ≤10 | 20 m | 路宽 /m | <9 → 1 | 3 m 直尺和塞尺连续量两尺,取较大值 |
| | 底基层 | ≤15 | | | 9~15 → 2 | |
| | | | | | >15 → 3 | |
| 宽度/mm | 不小于设计规定 + B | | 40 m | 1 | | 用钢尺量 |
| 横坡 | ±0.3% 且不反坡 | | 20 m | 路宽 /m | <9 → 2 | 用水准仪测量 |
| | | | | | 9~15 → 4 | |
| | | | | | >15 → 6 | |
| 厚度/mm | 砂石 | +20 −10 | 1 000 m² | 1 | | 用钢尺量 |
| | 砾石 | +20 −10%层厚 | | | | |

## ◆级配碎石及级配碎砾石基层监理巡视

(1)摊铺应符合下列规定。

1)宜采用机械摊铺符合级配要求的厂拌级配碎石或级配碎砾石。

2)压实系数应通过试验段确定,人工摊铺宜为 1.40~1.50,机械摊铺宜为 1.25~1.35。

3)摊铺碎石每层应按虚厚一次铺齐,颗粒分布应均匀,厚度一致,不得多次找补。

4)已摊平的碎石,碾压前应断绝交通,保持摊铺层清洁。

(2)碾压除应遵守《城镇道路工程施工与质量验收规范》(CJJ1—2008)第 7.2 节的有关规定外,尚应符合下列规定。

1)碾压前和碾压中应适量洒水。

2)碾压中对有过碾现象的部位,应进行换填处理。

(3)成活应符合下列规定。

1)碎石压实后及成活中应适量洒水。

2)视压实碎石的缝隙情况撒布嵌缝料。

3)宜采用 12 t 以上的压路机碾压成活,碾压至缝隙嵌挤应密实,稳定坚实,表面平整,轮迹小于 5 mm。

4)未铺装上层前,对已成活的碎石基层应保持养护,不得开放交通。

## ◆级配碎石及级配碎石砾石基层监理验收

级配碎石及级配碎石砾石基层施工质量检验应符合表 3.32 的规定。

第3章 道路工程质量监理

表3.32 级配碎石及级配碎石砾石基层施工质量检验

| 项目 | 检验内容 | 质量合格标准 | 检查数量 | 检验方法 |
|---|---|---|---|---|
| 主控项目 | 材料质量 | 碎石与嵌缝料质量及级配应符合《城镇道路工程施工与质量验收规范》(CJJ1—2008)中第7.7.1条的有关规定 | 按不同材料进场批次,每批次抽检不应少于1次 | 查检验报告 |
| | 压实度 | 级配碎石压实度,基层不得小于97%,底基层不应小于95% | 每1 000 m² 抽检1点 | 灌砂法或灌水法 |
| | 弯沉值 | 弯沉值,不应大于设计规定 | 设计规定时每车道、每20 m,测1点 | 弯沉仪检测 |
| 一般项目 | 外观质量 | 表面应平整、坚实,无推移、松散、浮石现象,全数检查 | 观察 | |
| | 允许偏差 | 级配碎石及级配碎石砾石基层和底基层的偏差应符合表3.31的有关规定 | | |

## 3.3 沥青面层

## 【基 础】

### ◆沥青混合料面层一般规定

(1)施工中应根据面层厚度和沥青混合料的种类、组成、施工季节,确定铺筑层次及各分层厚度。

(2)沥青混合料面层不得在雨、雪天气及环境最高温度低于5 ℃时施工。

(3)城镇道路不宜使用煤沥青。如需使用时,应制定保护施工人员防止吸入煤沥青蒸气或皮肤直接接触煤沥青的措施。

(4)当采用旧沥青路面作为基层加铺沥青混合料面层时,应对原有路面进行处理、整平或补强,符合设计要求,并应符合下列规定。

1)符合设计强度、基本无损坏的旧沥青路面经整平后可作基层使用。

2)旧路面有明显损坏,但强度能达到设计要求的,应对损坏部分进行处理。

3)填补旧沥青路面,凹坑应按高程控制,分层铺筑,每层最大厚度不宜超过10 cm。

(5)旧路面整治处理中刨除与铣刨产生的废旧沥青混合料应集中回收,再生利用。

(6)当旧水泥混凝土路面作为基层加铺沥青混合料面层时,应对原水泥混凝土路面进行处理,整平或补强,符合设计要求,并应符合下列规定。

1)对原混凝土路面应作弯沉试验,符合设计要求,经表面处理后,可作基层使用。

2)对原混凝土路面层与基层间的空隙,应填充处理。

3)对局部破损的原混凝土面层应剔除,并修补完好。

4)对混凝土面层的胀缝、缩缝、裂缝应清理干净,并应采取防反射裂缝措施。

## ◆热拌沥青混合料一般规定

(1)热拌沥青混合料(HMA)适用于各种等级道路的面层。其种类应按集料公称最大粒径、矿料级配、空隙率划分,并应符合表 3.33 的要求,按工程要求选择适宜的混合料规格、品种。

表 3.33 热拌沥青混合料种类

| 混合料类型 | 密级配 | | | 开级配 | | 半开级配 | 公称最大粒径/mm | 最大粒径/mm |
| --- | --- | --- | --- | --- | --- | --- | --- | --- |
| | 连续级配 | | 间断级配 | 间断级配 | | | | |
| | 沥青混凝土 | 沥青稳定碎石 | 沥青玛琦脂碎石 | 排水式沥青磨耗层 | 排水式沥青碎石基层 | 沥青碎石 | | |
| 特粗式 | — | ATB-40 | — | — | ATPB-40 | — | 37.5 | 53.0 |
| 粗粒式 | — | ATB-30 | — | — | ATPB-30 | — | 31.5 | 37.5 |
| | AC-25 | ATB-25 | — | — | ATPB-25 | — | 26.5 | 31.5 |
| 中粒式 | AC-20 | — | SMA-20 | — | — | AM-20 | 19.0 | 26.5 |
| | AC-20 | — | SMA-16 | OGFC-16 | — | AM-16 | 16.0 | 19.0 |
| 细粒式 | AC-13 | — | SMA-13 | OGFC-13 | — | AM-13 | 13.2 | 16.0 |
| | AC-10 | — | SMA-10 | OGFC-10 | — | AM-10 | 9.5 | 13.2 |
| 砂粒式 | AC-5 | — | — | — | — | — | 4.75 | 9.5 |
| 设计空隙率/% | 3~5 | 3~6 | 3~4 | >18 | >18 | 6~12 | — | — |

注:设计空隙率可按配合比设计要求适当调整。

(2)沥青混合料面层集料的最大粒径应与分层压实层厚度相匹配。密级配沥青混合料,每层的压实厚度不宜小于集料公称最大粒径的 2.5~3 倍;对 SMA 和 OGFC 等嵌挤型混合料不宜小于公称最大粒径的 2~2.5 倍。

(3)各层沥青混合料应满足所在层位的功能性要求,便于施工,不得离析,各层应连续施工并连接成一体。

(4)热拌沥青混合料铺筑前,应复查基层和附属构筑物质量,确认符合要求,并对施工机具设备进行检查,确认处于良好状态。

(5)沥青混合料搅拌及施工温度应根据沥青标号及黏度、气候条件、铺装层的厚度、下卧层温度确定。

1)普通沥青混合料搅拌及压实温度宜通过在 135~175 ℃条件下测定的黏度 - 温度曲线,按表 3.34 确定。当缺乏黏度 - 温度曲线数据时,可按表 3.35 的规定,结合实际情况确定混合料的搅拌及施工温度。

表 3.34　沥青混合料搅拌及压实时适宜温度相应的黏度

| 黏度 | 适宜于搅拌的沥青混合料黏度 | 适宜于压实的沥青混合粒黏度 | 测定方法 |
|---|---|---|---|
| 表观黏度 | $(0.17 \pm 0.02)$ Pa·s | $(0.28 \pm 0.03)$ Pa·s | T0625 |
| 运动黏度 | $(170 \pm 20)$ mm²/s | $(280 \pm 30)$ mm²/s | T0619 |
| 赛波特黏度 | $(85 \pm 10)$ s | $(140 \pm 15)$ s | T0623 |

表 3.35　热拌沥青混合料的搅拌及施工温度　　　　单位：℃

| 施工工序 | | 石油沥青的标号 | | | |
|---|---|---|---|---|---|
| | | 50 号 | 70 号 | 90 号 | 110 号 |
| 沥青加热温度 | | 160~170 | 155~165 | 150~160 | 145~155 |
| 矿料加热温度 | 间隙式搅拌机 | 集料加热温度比沥青温度高 10~30 | | | |
| | 连续式搅拌机 | 矿料加热温度比沥青温度高 5~10 | | | |
| 沥青混合料出料温度① | | 150~170 | 145~165 | 140~160 | 135~155 |
| 混合料贮料仓贮存温度 | | 贮料过程中温度降低不超过 10 | | | |
| 混合料废弃温度,高于 | | 200 | 195 | 190 | 185 |
| 运输到现场温度,不低于① | | 145~165 | 140~155 | 135~145 | 130~140 |
| 混合料摊铺温度,不低于① | | 140~160 | 135~150 | 130~140 | 125~135 |
| 开始碾压的混合料内部温度,不低于① | | 135~150 | 130~145 | 125~135 | 120~130 |
| 碾压终了的表面温度,不低于② | | 80~85 | 70~80 | 65~75 | 60~70 |
| | | 75 | 70 | 60 | 55 |
| 开放交通的路表面温度,不高于 | | 50 | 50 | 50 | 45 |

注：1. 沥青混合料的施工温度采用具有金属探测针的插入式数显温度计测量。表面温度可采用表面接触式温度计测定,当用红外线温度计测量表面温度时,应进行标定。

2. 表中未列入的 130 号、160 号及 30 号沥青的施工温度由试验确定。

3. ①常温下宜用低值,低温下宜用高值。

4. ②视压路机类型而定。轮胎压路机取高值,振动压路机取低值。

2）聚合物改性沥青混合料搅拌及施工温度应根据实践经验经试验确定,通常宜较普通沥青混合料温度提高 10~20 ℃。

3）SMA 混合料的施工温度应经试验确定。

(6)热拌沥青混合料宜由有资质的沥青混合料集中搅拌站供应。

(7)自行设置集中搅拌站应符合下列规定。

1）搅拌站的设置必须符合国家有关环境保护、消防、安全等规定。

2）搅拌站与工地现场距离应满足混合料运抵现场时,施工对温度的要求,且混合料不离析。

3）搅拌站贮料场及场内道路应做硬化处理,具有完备的排水设施。

4）各种集料(含外掺剂、混合料成品)必须分仓贮存,并有防雨设施。

5)搅拌机必须设二级除尘装置,矿粉料仓应配置振动卸料装置。

6)采用连续式搅拌机搅拌时,使用的集料料源应稳定不变。

7)采用间歇式搅拌机搅拌时,搅拌能力应满足施工进度要求。冷料仓的数量应满足配合比需要,通常不宜少于5~6个。

8)沥青混合料搅拌设备的各种传感器必须按规定周期检定。

9)集料与沥青混合料取样应符合现行试验规程的要求。

(8)搅拌机应配备计算机控制系统。生产过程中应逐盘采集材料用量和沥青混合料搅拌量、搅拌温度等各种参数指导生产。

(9)沥青混合料搅拌时间应经试拌确定,以沥青均匀裹覆集料为度。间歇式搅拌机每盘的搅拌周期不宜少于45 s,其中干拌时间不宜少于5~10 s。改性沥青和SMA混合料的搅拌时间应适当延长。

(10)用成品仓贮存沥青混合料,贮存期混合料降温不得大于10 ℃。贮存时间普通沥青混合料不得超过72 h;改性沥青混合料不得超过24 h;SMA混合料应当日使用;OG-FC应随拌随用。

(11)生产添加纤维的沥青混合料时,搅拌机应配备同步添加投料装置,搅拌时间宜延长5 s以上。

(12)沥青混合料出厂时,应逐车检测沥青混合料的质量和温度,并附带载有出厂时间的运料单,不合格品不得出厂。

(13)热拌沥青混合料的运输应符合下列规定。

1)热拌沥青混合料宜采用与摊铺机匹配的自卸汽车运输。

2)运料车装料时,应防止粗细集料离析。

3)运料车应具有保温、防雨、防混合料遗撒与沥青滴漏等功能。

4)沥青混合料运输车辆的总运力应比搅拌能力或摊铺能力有所富余。

5)沥青混合料运至摊铺地点,应对搅拌质量与温度进行检查,合格后方可使用。

## ◆冷拌沥青混合料一般规定

(1)冷拌沥青混合料适用于支路及其以下道路的面层、支路的表面层,以及各级道路沥青路面的基层、连接层或整平层,冷拌改性沥青混合料可用于沥青路面的坑槽冷补。

(2)冷拌沥青混合料宜采用乳化沥青或液体沥青拌制,也可采用改性乳化沥青。各原材料类型及规格应符合《城镇道路工程施工与质量验收规范》(CJJ1—2008)第8.1节的有关规定。

(3)冷拌沥青混合料宜采用密级配,当采用半开级配的冷拌沥青碎石混合料路面时,应铺筑上封层。

(4)冷拌沥青混合料宜采用厂拌,施工时,应采取防止混合料离析的措施。

(5)当采用阳离子乳化沥青搅拌时,宜先用水湿润集料。

## ◆沥青贯入式与沥青表面处治面层一般规定

(1)施工前应将基层清扫干净,并对路缘石、检查井等采取防止喷洒沥青污染的措施。

(2)各工序应紧密衔接,当日的作业段宜当日完成。

(3)沥青贯入式与沥青表面处治面层,宜在干燥和较热的季节施工,并宜在日最高温度低于15 ℃到来以前半个月结束。

(4)各层集料必须保持干燥、洁净,喷洒沥青宜在3级(含)风以下进行。

(5)沥青贯入式面层与表面处治面层碾压定形后,应通过有序开放交通,并控制车速碾压成型。开放交通后发现泛油时,应撒嵌缝料处理。

## ◆沥青混合料面层原材料——沥青质量要求

(1)宜优先采用A级沥青作为道路面层使用。B级沥青可作为次干路及其以下道路面层使用。当缺乏所需标号的沥青时,可采用不同标号沥青掺配,掺配比应经试验确定。道路石油沥青的主要技术要求应符合表3.36的规定。

**表3.36 道路石油沥青的主要技术要求**

| 指　标 | 单位 | 等级 | 沥青标号 | | | | | | | 试验方法① |
|---|---|---|---|---|---|---|---|---|---|---|
| | | | 160① | 130② | 110 | 90 | 70③ | 50④ | 30④ | |
| 针入度<br>(25 ℃,5 s,100 g) | 0.1mm | — | 140~200 | 120~140 | 100~120 | 80~100 | 60~80 | 40~60 | 20~40 | T0604 |
| 适用的<br>气候分区① | — | — | 注① | 注① | 2-1 2-2 2-3 | 1-1 1-2 1-3 2-2 2-3 | 1-3 1-4 2-2 2-3 2-4 | 1-4 | 注① | 附录A<br>注⑥ |
| 针入度指数<br>PI② | — | A | -1.5~+1.0 | | | | | | | T0604 |
| | | B | -1.8~+1.0 | | | | | | | |
| 软化点<br>(R&B),≥ | ℃ | A | 38 | 40 | 43 | 45 | 44 | 46 | 45 | 49 | 55 | T0606 |
| | | B | 36 | 39 | 42 | 43 | 42 | 44 | 43 | 46 | 53 | |
| | | C | 35 | 37 | 41 | 42 | | 43 | | 45 | 50 | |
| 60 ℃动力黏度<br>系数①,≥ | Pa·S | A | — | 60 | 120 | 160 | 140 | 180 | 160 | 200 | 260 | T0620 |
| 10 ℃延度②,≥ | cm | A | 50 | 50 | 40 | 45 | 30 | 20 | 31 | 20 | 20 | 15 | 25 | 20 | 15 | 15 | 10 | T0605 |
| | | B | 30 | 30 | 30 | 30 | 20 | 15 | 20 | 15 | 15 | 10 | 20 | 15 | 10 | 10 | 8 | |
| 15 ℃延度,≥ | cm | A、B | 100 | | | | | | | 80 | 50 | T0605 |
| | | C | 80 | 80 | 60 | 50 | | 40 | | 30 | 20 | |
| 蜡含量<br>(蒸馏法),≤ | % | A | 2.2 | | | | | | | | T0615 |
| | | B | 3.0 | | | | | | | | |
| | | C | 4.5 | | | | | | | | |
| 闪点,≥ | ℃ | | 230 | | | 245 | | 260 | | T0611 |
| 溶解度,≥ | % | | 99.5 | | | | | | | T0607 |
| 密度(15 ℃) | g/m³ | | 实测记录 | | | | | | | T0603 |
| TFOT(或RTFOT)后① | | | | | | | | | | |
| 质量变化,≤ | % | | ±0.8 | | | | | | | T0610或<br>T0609 |
| 残留针入度比<br>(25 ℃),≥ | % | A | 48 | 54 | 55 | 57 | 61 | 63 | 65 | T0604 |
| | | B | 45 | 50 | 52 | 54 | 58 | 60 | 62 | |
| | | C | 40 | 45 | 48 | 50 | 54 | 58 | 60 | |
| 残留延度<br>(10 ℃),≥ | cm | A | 12 | 12 | 10 | 8 | 6 | 4 | — | T0605 |
| | | B | 10 | 10 | 8 | 6 | 4 | 2 | — | |
| 残留延度<br>(15 ℃),≥ | cm | C | 40 | 35 | 30 | 20 | 15 | 10 | — | T0605 |

注:①按照国家现行标准《公路工程沥青及沥青混合料试验规程》(JTJ052—2000)规定的方法执行,用于仲裁试验标求取PI时的5个温度的针入度关系的相关系数不得小于0.997。
②经建设单位同意,表中PI值、60 ℃动力黏度、10 ℃延度可作为选择性指标,也可不作为施工质量检验指标。
③70号沥青可根据需要要求供应商提供针入度范围为60~70或70~80的沥青,50号沥青可要求提供针入度范围为40~50或50~60的沥青。

④30号沥青仅适用于沥青稳定基层。130号和160号沥青除寒冷地区可直接在次干路以下道路上直接应用外,通常用作乳化沥青、稀释沥青、改性沥青的基质沥青。

⑤老化试验以 TFOT 为准,也可以 RTFOT 代替。

⑥系指《公路沥青路面施工技术规范》(JTJF40—2004)附录 A 沥青路面使用性能气候分区。

(2)乳化沥青的质量应符合表3.37的规定。在高温条件下宜采用黏度较大的乳化沥青,寒冷条件下宜使用黏度较小的乳化沥青。

**表3.37 道路用乳化沥青技术要求**

| 试验项目 | | 单位 | 品 种 代 号 | | | | | | | | | | 试验方法 |
|---|---|---|---|---|---|---|---|---|---|---|---|---|---|
| | | | 阳离子 | | | | 阴离子 | | | | 非离子 | | |
| | | | 喷洒用 | | | 搅拌用 | 喷洒用 | | | 搅拌用 | 喷洒用 | 搅拌用 | |
| | | | PC-1 | PC-2 | PC-3 | BC-1 | PA-1 | PA-2 | PA-3 | BA-1 | PN-2 | BN-1 | |
| 破乳速度 | | — | 快裂 | 慢裂 | 快裂或慢裂 | 慢裂或中裂 | 快裂 | 慢裂 | 快裂或慢裂 | 慢裂或中裂 | 快裂 | 慢裂 | T0658 |
| 粒子电荷 | | — | 阳离子(+) | | | | 阴离子(-) | | | | 非离子 | | T0653 |
| 筛上残留物(1.18 mm筛),≤ | | % | 0.1 | | | | 0.1 | | | | 0.1 | | T0652 |
| 黏度 | 恩格拉黏度计 $E_{25}$ | — | 2~10 | 1~6 | 1~6 | 2~30 | 2~10 | 1~6 | 1~6 | 2~30 | 1~6 | 2~30 | T0622 |
| | 沥青标准黏度计 $C_{25,3}$ | s | 10~25 | 8~20 | 8~20 | 10~60 | 10~25 | 8~20 | 8~20 | 10~60 | 8~20 | 10~60 | T0621 |
| 蒸发残留物 | 残留分含量,≥ | % | 50 | 50 | 50 | 55 | 50 | 50 | 50 | 55 | 50 | 55 | T0651 |
| | 溶解度,≥ | % | 97.5 | | | | 97.5 | | | | 97.5 | | T0607 |
| | 针入度(25℃) | 0.1 mm | 50~200 | 50~300 | 45~150 | 50~300 | 50~200 | 50~300 | 45~150 | 50~300 | 50~300 | 60~300 | T0604 |
| | 延度(15℃)≥ | cm | 40 | | | | 40 | | | | 40 | | T0605 |
| 与粗集料的粘附性表附面积,≥ | | — | 2/3 | | | — | 2/3 | | | — | 2/3 | — | T0654 |
| 与粗、细粒式集料搅拌试验 | | — | | | | 均匀 | | | | 均匀 | | | T0659 |
| 水泥搅拌试验的筛上剩余,≤ | | % | — | | | | | | | | | 3 | T0657 |
| 常温贮存稳定性: 1 d,≤<br>                 5 d,≤ | | % | 1<br>5 | | | | 1<br>5 | | | | 1<br>5 | | T0655 |

注:1. P 为喷洒型,B 为搅拌型,C、A、N 分别表示阳离子、阴离子、非离子乳化沥青。

2. 黏度可选用恩格拉黏度计或沥青标准黏度计之一测定。

3. 表中的破乳速度与集料的粘附性、搅拌试验的要求、所使用的石料品种有关,质量检验时应采用工程上实际的石料进行试验,仅进行乳化沥青产品质量评定时可不要求此三项指标。

4. 贮存稳定性根据施工实际情况选用试验时间,通常采用5 d,乳液生产后能在当天使用时,也可用1 d 的稳定性。

5. 当乳化沥青需要在低温冰冻条件下贮存或使用时,尚需按国家现行标准《公路工程沥青及沥青混合料试验规程》(JTJ052—2000)进行-5℃低温贮存稳定性试验,要求无粗颗粒、不结块。

6. 如果乳化沥青是将高浓度产品运到现场经稀释后使用时,表中的蒸发残留物等各项指标指稀释前乳化沥青的要求。

(3)用于透层、粘层、封层及拌制冷拌沥青混合料的液体石油沥青的技术要求应符合表3.38 的规定。

表 3.38 道路用液体石油沥青技术要求

| 试验项目 | | 单位 | 快凝 | | 中凝 | | | | | | 慢凝 | | | | | | 试验方法 |
|---|---|---|---|---|---|---|---|---|---|---|---|---|---|---|---|---|---|
| | | | AL(R)-1 | AL(R)-2 | AL(M)-1 | AL(M)-2 | AL(M)-3 | AL(M)-4 | AL(M)-5 | AL(M)-6 | AL(S)-1 | AL(S)-2 | AL(S)-3 | AL(S)-4 | AL(S)-5 | AL(S)-6 | |
| 黏度 | $C_{25,5}$ | s | <20 | — | <20 | — | — | — | — | — | <20 | — | — | — | — | — | T0621 |
| | $C_{40,5}$ | s | — | 5~15 | — | 5~15 | 16~25 | 26~40 | 41~100 | 101~200 | — | 5~15 | 16~25 | 26~40 | 41~100 | 101~200 | |
| 蒸馏体积 | 225 ℃ | % | >20 | >15 | <10 | <3 | <2 | 0 | 0 | — | — | — | — | — | — | — | T0632 |
| | 315 ℃ | % | >35 | >30 | <35 | <25 | <17 | <14 | <8 | <5 | — | — | — | — | — | — | |
| | 360 ℃ | % | >45 | >35 | <50 | <35 | <30 | <25 | <20 | <15 | <40 | <35 | <25 | <20 | <15 | <5 | |
| 蒸馏后残留物 | 针入度(25 ℃) | 0.1 mm | 60~200 | 60~200 | 100~300 | 100~300 | 100~300 | 100~300 | 100~300 | 100~300 | — | — | — | — | — | — | T0604 |
| | 延度(25 ℃) | m | >60 | >60 | >60 | >60 | >60 | >60 | >60 | >60 | — | — | — | — | — | — | T0605 |
| | 浮漂度(5 ℃) | S | — | — | — | — | — | — | — | — | <20 | >20 | >30 | >40 | >45 | >50 | T0631 |
| 闪点(TOC法) | | ℃ | >30 | >30 | >65 | >65 | >65 | >65 | >65 | >65 | >70 | >70 | >100 | >100 | >120 | >120 | T0633 |
| 含水量≤ | | % | 0.2 | 0.2 | 0.2 | 0.2 | 0.2 | 0.2 | 0.2 | 0.2 | 2.0 | 2.0 | 2.0 | 2.0 | 2.0 | 2.0 | T0612 |

(4)当使用改性沥青时,改性沥青的基质沥青应与改性剂有良好的配伍性,聚合物改性沥青主要技术要求应符合表 3.39 的规定。

表 3.39 聚合物改性沥青技术要求

| 指标 | 单位 | SBS类(I) | | | | SBR类(II类) | | | EVA,PE类(III类) | | | | 试验方法 |
|---|---|---|---|---|---|---|---|---|---|---|---|---|---|
| | | I-A | I-B | I-C | I-D | II-A | II-B | II-C | III-A | III-B | III-C | III-D | |
| 针入度 25 ℃,100 g,5 s | 0.1 mm | >100 | 80~100 | 60~80 | 60~60 | >100 | 80~100 | 60~80 | >80 | 60~80 | 40~60 | 30~40 | T0604 |
| 针入度指数 $PI$,≥ | — | -1.2 | -0.8 | -0.4 | 0 | -1.0 | -0.8 | -0.6 | -1.0 | -0.8 | -0.6 | -0.4 | T0604 |
| 延度5 ℃,5 cm/min,≥ | cm | 50 | 40 | 30 | 20 | 60 | 50 | 40 | | | | | T0605 |
| 运动粘度[①] 135 ℃,≤ | Pa·S | 3 | | | | | | | | | | | T0625 T0619 |
| 闪点,≥ | ℃ | 230 | | | | 230 | | | 230 | | | | T0611 |
| 溶解度,≥ | % | 99 | | | | 99 | | | | | | | T0607 |
| 弹性恢复 25 ℃,≥ | % | 55 | 60 | 65 | 75 | | | | | | | | T0662 |
| 粘韧性,≥ | N·m | — | | | | 5 | | | — | | | | T0624 |
| 韧性,≥ | N·m | — | | | | 2.5 | | | — | | | | T0624 |
| 贮存稳定性[②]离析,48 h,软化点差,≤ | ℃ | 2.5 | | | | — | | | 无改性剂明显析出、凝聚 | | | | T0661 |
| TFOT(或RTFOT)后残留物 | | | | | | | | | | | | | |
| 质量变化允许范围 | % | ±1.0 | | | | | | | | | | | T0610 或 T0609 |
| 针入度比 25 ℃,≥ | % | 50 | 55 | 60 | 65 | 50 | 55 | 60 | 50 | 55 | 58 | 60 | T0604 |
| 延度5 ℃,≥ | cm | 30 | 25 | 20 | 15 | 30 | 20 | 10 | | | | | T0605 |

注:①表中 135 ℃运动黏度可采用国家现行标准《公路工程沥青及沥青混合料试验规程》(JTJ052—2000)中的"沥青布氏旋转黏度试验方法(布洛克菲尔德黏度计法)"进行测定。若在不改变改性沥青物理力学性质并符合安全条件的温度下易于泵送和

搅拌,或经证明适当提高泵送和搅拌温度时能保证改性沥青的质量,容易施工,可不要求测定。

②贮存稳定性指标适用于工厂生产的成品改性沥青。现场制作的改性沥青对贮存稳定性指标可不作要求,但必须在制作后,保持不间断地搅拌或泵送循环,保证使用前没有明显的离析。

(5)改性乳化沥青技术要求应符合表3.40的规定。

表3.40  改性乳化沥青技术要求

| 试验项目 | | 单位 | 品种及代号 | | 试验方法 |
|---|---|---|---|---|---|
| | | | PCR | BCR | |
| 破乳速度 | | — | 快裂或中裂 | 慢裂 | T0658 |
| 粒子电荷 | | — | 阳离子(+) | 阳离子(+) | T0653 |
| 筛上剩余量(1.18 mm),≤ | | % | 0.1 | 0.1 | T0652 |
| 黏度 | 恩格拉黏度 $E_{25}$ | — | 1~10 | 3~30 | T0622 |
| | 沥青标准黏度 $C_{25,3}$ | s | 8~25 | 12~60 | T0621 |
| 蒸发残留物 | 含量,≥ | % | 50 | 60 | T0651 |
| | 针入度(100 g,25 ℃,5 s) | 0.1 mm | 40~120 | 40~100 | T0604 |
| | 软化点,≥ | ℃ | 50 | 53 | T0606 |
| | 延度(5 ℃),≥ | cm | 20 | 20 | T0605 |
| | 溶解度(三氯乙烯),≥ | % | 97.5 | 97.5 | T0607 |
| 与矿料的粘附性,裹覆面积,≥ | | — | 2/3 | — | T0654 |
| 贮存稳定性 | 1 d,≥ | % | 1 | 1 | T0655 |
| | 5 d,≥ | % | 5 | 5 | T0655 |

注:1.破乳速度与集料粘附性、搅拌试验、所使用的石料品种有关。工程上施工质量检验时应采用实际的石料试验,仅进行产品质量评定时可不对这些指标提出要求。

2.当用于填补车辙时,BCR蒸发残留物的软化点宜提高至不低于55%。

3.贮存稳定性根据施工实际情况选择试验天数,通常采用5 d,乳液生产后能在第二天使用完时也可选用1 d。个别情况下改性乳化沥青5 d的贮存稳定性难以满足要求,如果经搅拌后能达到均匀一致并不影响正常使用,此时要求改性乳化沥青运至工地后存放在附有搅拌装置的贮存罐内,并不断地进行搅拌,否则不准使用。

4.当改性乳化沥青或特种改性乳化沥青需要在低温冰冻条件下贮存或使用时,尚需按国家现行标准《公路工程沥青及沥青混合料试验规程》(JTJ052—2000)进行 -5 ℃低温贮存稳定性试验,要求无粗颗粒、不结块。

## ◆沥青混合料面层原材料——集料质量要求

**1.粗集料质量要求**

(1)粗集料应符合工程设计规定的级配范围。

(2)集料对沥青的粘附性,城市快速路、主干路应大于或等于4级;次干路及以下道路应大于或等于3级。集料具有一定的破碎面颗粒含量,具有1个破碎面宜大于90%,2个及以上的宜大于80%。

(3)粗集料的质量技术要求应符合表 3.41 的规定。

表 3.41 粗集料的质量技术要求

| 指　　标 | 单位 | 城市快速路、主干路 | | 其他等级道路 | 试验方法 |
|---|---|---|---|---|---|
| | | 表面层 | 其他层次 | | |
| 石料压碎值,≤ | % | 26 | 28 | 30 | T0316 |
| 洛杉矶磨耗损失,≤ | % | 28 | 30 | 35 | T0317 |
| 表现相对密度,≥ | — | 3.60 | 2.5 | 2.45 | T0304 |
| 吸水率,≤ | % | 2.0 | 3.0 | 3.0 | T0304 |
| 坚固性,≤ | % | 12 | 12 | — | T0314 |
| 针片状颗粒含量(混合料),≤ | % | 15 | 18 | 20 | T0312 |
| 其中粒径大于 9.5 mm,≤ | % | 12 | 15 | — | |
| 其中粒径小于 9.0 mm,≤ | % | 18 | 20 | — | |
| 水洗法 <0.075 mm 颗粒含量,≤ | % | 1 | 1 | 1 | T0310 |
| 软石含量,≤ | % | 3 | 5 | 5 | T0320 |

注:1. 坚固性试验可根据需要进行。

2. 用于城市快速路、主干路时,多孔玄武岩的视密度可放宽至 2.45 t/m³,吸水率可放宽至 3%,但必须得到建设单位的批准,且不得用于 SMA 路面。

3. 对 S14 即 3～5 规格的粗集料,针片状颗粒含量可不予要求,小于 0.075 mm 含量可放宽到 3%。

(4)粗集料的粒径规格应按表 3.42 的规定生产和使用。

表 3.42 粗集料的粒径规格

| 规格名称 | 公称粒径/mm | 通过下列筛孔/mm 的质量百分数/% | | | | | | | | | | | |
|---|---|---|---|---|---|---|---|---|---|---|---|---|---|
| | | 106 | 75 | 63 | 53 | 37.5 | 31.5 | 26.5 | 19.0 | 13.2 | 9.5 | 4.75 | 2.36 | 0.6 |
| S1 | 40～75 | 100 | 90～100 | — | — | 0～15 | — | 0～5 | | | | | | |
| S2 | 40～60 | | 100 | 90～100 | — | 0～15 | — | 0～5 | | | | | | |
| S3 | 30～60 | | 100 | 90～100 | — | — | 0～15 | — | 0～5 | | | | | |
| S4 | 25～50 | | | 100 | 90～100 | — | — | 0～15 | — | 0～5 | | | | |
| S5 | 20～40 | | | | 100 | 90～100 | — | — | 0～15 | — | 0～5 | | | |
| S6 | 15～30 | | | | | 100 | 90～100 | — | — | 0～15 | — | 0～5 | | |
| S7 | 10～30 | | | | | 100 | 90～100 | — | — | — | 0～15 | 0～5 | | |
| S8 | 10～25 | | | | | | 100 | 90～100 | — | — | 0～15 | 0～5 | | |
| S9 | 10～20 | | | | | | | 100 | 90～100 | — | 0～15 | 0～5 | | |
| S10 | 10～15 | | | | | | | | 100 | 90～100 | 0～15 | 0～5 | | |

续表 3.42

| 规格名称 | 公称粒径/mm | 通过下列筛孔的质量百分数/% | | | | | | | | | | | | |
|---|---|---|---|---|---|---|---|---|---|---|---|---|---|---|
| | | 106 | 75 | 63 | 53 | 37.5 | 31.5 | 26.5 | 19.0 | 13.2 | 9.5 | 4.75 | 2.36 | 0.6 |
| S11 | 5~15 | | | | | | | | 100 | 90~100 | 40~70 | 0~15 | 0~5 | |
| S12 | 5~10 | | | | | | | | | 100 | 90~100 | 0~15 | 0~5 | |
| S13 | 3~10 | | | | | | | | | 100 | 90~100 | 40~70 | 0~20 | 0~5 |
| S14 | 3~5 | | | | | | | | | | 100 | 90~100 | 0~15 | 0~3 |

**2. 细集料质量要求**

(1)细集料应洁净、干燥、无风化、无杂质。

(2)热拌密级配沥青混合料中天然砂的用量不宜超过集料总量的20%,SMA 和 OG-FC 不宜使用天然砂。

(3)细集料的质量要求应符合表3.43 的规定。

表3.43  细集料质量要求

| 项 目 | 单位 | 城市快速路、主干路 | 其他等级道路 | 试验方法 |
|---|---|---|---|---|
| 表现相对密度 | — | ≥2.50 | ≥2.45 | T0328 |
| 坚固性(>0.3 mm 部分) | % | ≥12 | — | T0340 |
| 含泥量(小于0.075 mm 的含量) | % | ≤3 | ≤5 | T0333 |
| 砂当量 | % | ≥60 | ≥50 | T0334 |
| 亚甲蓝值 | g/kg | ≤25 | — | T0346 |
| 棱角性(流动时间) | s | ≥30 | — | T0345 |

注:坚固性试验可根据需要进行。

(4)沥青混合料用天然砂规格应符合表3.44 的要求。

表3.44  沥青混合料用天然砂规格

| 筛孔尺寸/mm | 通过各孔筛的质量百分率/% | | |
|---|---|---|---|
| | 粗砂 | 中砂 | 细砂 |
| 9.5 | 100 | 100 | 100 |
| 4.75 | 90~100 | 90~100 | 90~100 |
| 2.36 | 65~95 | 75~90 | 85~100 |
| 1.18 | 35~65 | 50~90 | 75~100 |
| 0.6 | 15~30 | 30~60 | 60~84 |
| 0.3 | 5~20 | 8~30 | 15~45 |
| 0.15 | 0~10 | 0~10 | 0~10 |
| 0.075 | 0~5 | 0~5 | 0~5 |

(5)沥青混合料用机制砂或石屑规格应符合表 3.45 的规定。

表 3.45 沥青混合料用机制砂或石屑规格

| 规格 | 公称粒径/mm | 水洗法通过各筛孔的质量百分数/% | | | | | | | |
|---|---|---|---|---|---|---|---|---|---|
| | | 9.5 | 4.75 | 2.36 | 1.18 | 0.6 | 0.3 | 0.15 | 0.075 |
| S15 | 0~5 | 100 | 90~100 | 60~90 | 40~75 | 22~55 | 7~40 | 2~20 | 0~10 |
| S16 | 0~3 | — | 100 | 80~100 | 50~80 | 25~60 | 8~45 | 0~25 | 0~15 |

注:当生产石屑采用喷水抑制扬尘工艺时,应特别注意含粉量不得超过表中要求。

## ◆沥青混合料面层原材料——矿粉质量要求

矿粉应用石灰岩等憎水性石料磨制。城市快速路与主干路的沥青面层不宜采用粉煤灰做填料。当次干路及以下道路用粉煤灰作填料时,其用量不应超过填料总量 50%,粉煤灰的烧失量应小于 12%,沥青混合料用矿粉质量要求应符合表 3.46 的规定。

表 3.46 沥青混合料用矿粉质量要求

| 项 目 | 单位 | 城市快速路、主干路 | 其他等级道路 | 试验方法 |
|---|---|---|---|---|
| 表观密度 | t/m³ | ≥2.50 | ≥2.45 | T0352 |
| 含水量 | % | ≥1 | ≥1 | T0103 烘干法 |
| 粒度范围<0.6 mm | % | 100 | 100 | |
| <0.15 mm | % | 90~100 | 90~100 | T0351 |
| <0.075 mm | % | 75~100 | 70~100 | |
| 外观 | — | 无团粒结块 | | |
| 亲水系数 | — | <1 | | T0353 |
| 塑性指数 | % | <4 | | T0354 |
| 加热安定性 | — | 实测记录 | | T0355 |

## ◆沥青混合料面层原材料——纤维稳定剂质量要求

纤维稳定剂应在 250 ℃条件下不变质,不宜使用石棉纤维,木质素纤维技术要求应符合表 3.47 的规定。

表 3.47 木质素纤维技术要求

| 项目 | 单位 | 指标 | 试验方法 |
|---|---|---|---|
| 纤维长度 | mm | ≤6 | 水溶液用显微镜观测 |
| 灰分含量 | % | 18±5 | 高温 590~600 ℃燃烧后测定残留物 |
| pH 值 | — | 7.5±1.0 | 水溶液用 pH 试纸或 pH 计测定 |
| 吸油率 | — | ≥纤维质量的 5 倍 | 用煤油浸泡后放在筛上经振敲后称量 |
| 含水率(以质量计) | % | ≤5 | 105 ℃烘箱烘 2 h 后的冷却称量 |

## ◆沥青贯入式面层原材料质量要求

(1)沥青贯入式面层的原材料应符合下列规定。

1)沥青材料宜选道路用 B 级沥青或由其配制的快裂喷洒型阳离子乳化沥青(PC-1)或阴离子乳化沥青(PA-1)。

2)集料应选择有棱角、嵌挤性好的坚硬石料;当使用破碎砾石时,具有一个破碎面的颗粒应大于80%,两个或两个以上破碎面应大于60%,主集料的最大粒径应与结构层厚相匹配。

(2)沥青贯入式面层材料规格和用量宜符合表3.48的规定。

表 3.48 沥青贯入式面层材料规格和用量

(用料单位:集料,$m^3/1\,000\,m^2$;沥青及乳化沥青,$kg/m^2$)

| 沥青品种 | 石油沥青 | | | | | | | | | | 乳化沥青 | | | |
|---|---|---|---|---|---|---|---|---|---|---|---|---|---|---|
| 厚度/cm | 4 | | 5 | | 6 | | 7 | | 8 | | 4 | | 5 | |
| 规格和用量 | 规格 | 用量 | 规格 | 用量 | 规格 | 用量 | 规格 | 用量 | 规格 | 用量 | 规格 | 用量 | 规格 | 用量 |
| 封层料 | S14 | 3~5 | S14 | 3~5 | S13(14) | 4~6 | S13 | 4~6 | S13(S14) | 4~6 | S13(S14) | 4~6 | S14 | 4~6 |
| 第五遍沥青 | — | | | | | | | | | | | | | 0.8~1.0 |
| 第四遍嵌缝料 | | | | | | | | | | | | | S14 | 5~6 |
| 第四遍沥青 | | | | | | | | | | | | 0.8~1.0 | | 1.2~1.4 |
| 第三遍嵌缝料 | | | | | | | | | | | S14 | 5~6 | S12 | 7~9 |
| 第三遍沥青 | | 1.0~1.2 | | 1.0~1.2 | | 1.0~1.2 | | 1.0~1.2 | | 1.0~1.2 | | 1.4~1.6 | | 1.5~1.7 |
| 第二遍嵌缝料 | S12 | 6~7 | S11(S10) | 10~12 | S11(S10) | 10~12 | S10(S11) | 11~13 | S10(S11) | 11~13 | S12 | 7~8 | S10 | 9~11 |
| 第二遍沥青 | | 1.6~1.8 | | 1.8~2.0 | | 2.0~2.2 | | 2.4~2.6 | | 2.6~2.8 | | 1.6~1.8 | | 1.6~1.8 |
| 第一遍嵌缝料 | S10(S9) | 12~14 | S8 | 12~14 | S8(S6) | 16~18 | S6(S8) | 18~20 | S6(S8) | 20~22 | S9 | 12~14 | S8 | 10~12 |
| 第一遍沥青 | | 1.8~2.1 | | 1.6~1.8 | | 2.8~3.0 | | 3.3~3.5 | | 4.0~4.2 | | 2.2~2.4 | | 2.6~2.8 |
| 主层石粒 | S5 | 45~50 | S4 | 55~60 | S3(S4) | 66~76 | S2 | 80~90 | S1(S2) | 95~100 | S5 | 40~50 | S4 | 50~55 |
| 沥青总用量 | | 4.4~5.1 | | 5.2~5.8 | | 5.8~6.4 | | 6.7~7.3 | | 7.6~8.2 | | 6.0~6.8 | | 7.4~8.5 |

注:1.表中乳化沥青用量是指乳液的用量,并适用于乳液浓度约为60%的情况,如果浓度不同,用量应予换算。

2.在高寒地区及干旱风砂大的地区,可超出高限,再增加 5%~10%。

## ◆沥青表面处治面层原材料质量要求

(1)沥青表面处治面层使用的道路石油沥青、乳化沥青的种类、标号和集料的质量规格应符合设计及规范规定,适应当地环境条件。

(2)沥青表面处治的集料最大粒径应与处治层的厚度相等。

(3)沥青表面处治面层用材料规格与用量宜符合表3.49的规定。

**表3.49 沥青表面处治面层用材料规格与用量**

(用料单位:集料,$m^3/1\,000\,m^2$;沥青及乳化沥青,$kg/m^2$)

| 材料用量 | | | 石油沥青 | | | | | 乳化沥青 | | | | |
|---|---|---|---|---|---|---|---|---|---|---|---|---|
| | | | 第一层 | | 第二层 | | 第三层 | | 第一层 | | 第二层 | | 第三层 | |
| | | | 规格 | 用量 | 规格 | 用量 | 规格 | 用量 | 规格 | 用量 | 规格 | 用量 | 规格 | 用量 |
| 厚度/mm | 单层式 | 5 | — | — | — | — | — | — | ▲$S_{14}$ | 0.9~1.0<br>7~9 | — | — | — | — |
| | | 10 | ·$S_{12}$ | 1.0~1.2<br>7~9 | — | — | — | — | | | | | | |
| | | 15 | ·$S_{10}$ | 1.4~1.6<br>12~14 | — | — | — | — | | | | | | |
| | 双层式 | 10 | — | — | — | — | — | — | ▲$S_{12}$ | 1.8~2.0<br>9~11 | ▲$S_{14}$ | 1.0~1.2<br>4~6 | — | — |
| | | 15 | ·$S_{10}$ | 1.4~1.6<br>12~14 | ·$S_{12}$ | 1.0~1.2<br>7~8 | — | — | | | | | | |
| | | 20 | ·$S_{14}$ | 1.6~1.8<br>16~18 | ·$S_{12}$ | 1.0~1.2<br>7~8 | — | — | | | | | | |
| | | 25 | ·$S_8$ | 1.8~2.0<br>18~20 | ·$S_{12}$ | 1.0~1.2<br>7~8 | — | — | | | | | | |
| | 三层式 | 25 | ·$S_6$ | 1.6~1.8<br>18~20 | ·$S_{10}$ | 1.2~1.4<br>12~14 | ·$S_{12}$ | 1.0~1.2<br>7~8 | | | | | | |
| | | 30 | ·$S_6$ | 1.8~2.0<br>20~22 | ·$S_{10}$ | 1.2~1.4<br>12~14 | ·$S_{10}$ | 1.0~1.2<br>7~8 | ▲$S_6$ | 2.0~2.2<br>20~22 | ▲$S_{10}$ | 1.8~2.0<br>9~11 | ▲$S_{12}$<br>$S_{14}$ | 1.0~1.2<br>4~6<br>3.5~4.5 |

注:1.表中的乳化沥青用量按乳化沥青的蒸发残留物含量60%计算,如沥青含量不同应予以折算。

2.在高寒地区及干旱风沙大的地区,可超出高限5%~10%。

3.·代表石油沥青,▲代表乳化沥青。

4.$S_n$代表级配集料规格。

# 【实　务】

## ◆热拌沥青混合料面层监理巡视

(1)热拌沥青混合料的摊铺应符合下列规定。

1)热拌沥青混合料应采用机械摊铺。摊铺温度应符合《城镇道路工程施工与质量验收规范》(CJJ1—2008)的规定。城市快速路、主干路宜采用两台以上摊铺机联合摊铺,每台机器的摊铺宽度宜小于6 m,表面层宜采用多机全幅摊铺,减少施工接缝。

2)摊铺机应具有自动或半自动方式调节摊铺厚度,有找平的装置、可加热的振动熨平板或初步振动压实装置,摊铺宽度可调整,且受料斗斗容应能保证更换运料车时连续摊铺。

3)采用自动调平摊铺机摊铺最下层沥青混合料时,应使用钢丝或路缘石、平石控制高程与摊铺厚度,以上各层可用导梁引导高程控制,或采用声纳平衡梁控制方式。经摊铺机初步压实的摊铺层应符合平整度、横坡的要求。

4)沥青混合料的最低摊铺温度应根据气温、下卧层表面温度、摊铺层厚度与沥青混合料种类经试验确定,城市快速路、主干路不宜在气温低于10 ℃条件下施工。

5)沥青混合料的松铺系数应根据混合料类型、施工机械和施工工艺等应通过试验段确定,试验段长不宜小于100 m,松铺系数可按照表3.50进行初选。

表3.50　沥青混合料的松铺系数

| 种　类 | 机械摊铺 | 人工摊铺 |
| --- | --- | --- |
| 沥青混凝土混合料 | 1.15~1.35 | 1.25~1.50 |
| 沥青碎石混合料 | 1.15~1.30 | 1.20~1.45 |

6)摊铺沥青混合料应均匀、连续不间断,不得随意变换摊铺速度或中途停顿。摊铺速度宜为2~6 m/min,摊铺时螺旋送料器应不停顿地转动,两侧应保持有不少于送料器高度2/3的混合料,并保证在摊铺机全宽度断面上不发生离析,熨平板按所需厚度固定后不得随意调整。

7)摊铺层发生缺陷应找补,并停机检查,排除故障。

8)路面狭窄部分、平曲线半径过小的匝道小规模工程可采用人工摊铺。

(2)热拌沥青混合料的压实应符合下列规定。

1)应选择合理的压路机组合方式及碾压步骤,以达到最佳碾压结果,沥青混合料压实宜采用钢筒式静态压路机与轮胎压路机或振动压路机组合的方式压实。

2)压实应按初压、复压、终压(包括成形)三个阶段进行。压路机应以慢而均匀的速度碾压,压路机的碾压速度宜符合表3.51的规定。

表3.51 压路机碾压速度/(km·h$^{-1}$)

| 压路机类型 | 初压 | | 复压 | | 终压 | |
|---|---|---|---|---|---|---|
| | 适宜 | 最大 | 适宜 | 最大 | 适宜 | 最大 |
| 钢筒式压路机 | 1.5~2 | 3 | 2.5~3.5 | 5 | 2.5~3.5 | 5 |
| 轮胎压路机 | — | — | 3.5~4.5 | 6 | 4~6 | 8 |
| 振动压路机 | 1.5~2（静压） | 5（静压） | 1.5~2（静压） | 1.5~2（静压） | 2~3（静压） | 5（静压） |

3)初压应符合下列要求。

①初压温度应符合《城镇道路工程施工与质量验收规范》(CJJ1—2008)有关规定,以能稳定混合料,且不产生推移、发裂为度。

②碾压应从外侧向中心碾压,碾速稳定均匀。

③初压应采用轻型钢筒式压路机碾压1~2遍。初压后应检查平整度、路拱,必要时应修整。

4)复压应紧跟初压连续进行,并应符合下列要求。

①复压应连续进行。碾压段长度宜为60~80 m,当采用不同型号的压路机组合碾压时,每一台压路机均应做全幅碾压。

②密级配沥青混凝土宜优先采用重型的轮胎压路机进行碾压,碾压到要求的压实度为止。

③对大粒径沥青稳定碎石类的基层,宜优先采用振动压路机复压。厚度小于30 mm的沥青层不宜采用振动压路机碾压,相邻碾压带重叠宽度宜为10~20 cm。振动压路机折返时应先停止振动。

④采用三轮钢筒式压路机时,总质量不宜小于12 t。

⑤大型压路机难于碾压的部位,宜采用小型压实工具进行压实。

5)终压温度应符合《城镇道路工程施工与质量验收规范》(CJJ1—2008)的有关规定。终压宜选用双轮钢筒式压路机,碾压至无明显轮迹为止。

(3)SMA和OGFC混合料的压实应符合下列规定。

1)SMA混合料宜采用振动压路机或钢筒式压路机碾压。

2)SMA混合料不宜采用轮胎压路机碾压。

3)OGFC混合料宜用12 t以上的钢筒式压路机碾压。

(4)碾压过程中碾压轮应保持清洁,可对钢轮涂刷隔离剂或防粘剂,严禁刷柴油。当采用向碾压轮喷水(可添加少量表面活性剂)方式时,必须严格控制喷水量,应成雾状,不得漫流。

(5)压路机不得在未碾压成型路段上转向、调头、加水或停留。在当天成型的路面上,不得停放各种机械设备或车辆,不得散落矿料、油料等杂物。

(6)接缝应符合下列规定。

1)沥青混合料面层的施工接缝应紧密、平顺。

2)上、下层的纵向热接缝应错开15 cm,冷接缝应错开30~40 cm,相邻两幅及上、下层的横向接缝均应错开 1 m 以上。

3)表面层接缝应采用直茬,以下各层可采用斜接茬,层较厚时也可做阶梯形接茬。

4)对冷接茬施作前,应在茬面涂少量沥青并预热。

(7)热拌沥青混合料路面应待摊铺层自然降温至表面温度低于 50 ℃后,方可开放交通。

(8)沥青混合料面层完成后应加强保护,控制交通,不得在面层上堆土或拌制砂浆。

## ◆热拌沥青混合料面层监理验收

热拌沥青混合料面层质量检验标准应符合表 3.52 的规定。

表 3.52 热拌沥青混合料面层施工质量检验标准

| 项目 | | 检验内容 | 合格要求 | 检查数量 | 检验方法 |
|---|---|---|---|---|---|
| 混合料质量 | | 沥青 | 道路用沥青的品种、标号应符合国家现行有关标准的规定 | 按同一生产厂家、同一品种、同一标号、同一批号连接进场的沥青(石油沥青每100 t 为 1 批,改性沥青每50 t 为 1 批)每批次抽检 1 次 | 查出厂合格证,检验报告并进场复验 |
| | | 其他原材料 | 沥青混合料所选用的粗集料、细集料、矿粉、纤维稳定剂等的质量及规格应符合《城镇道路工程施工与质量验收规范》(CJJ1—2008)中第8.1节的有关规定 | 按不同品种产品进场批次和产品抽样检验方法案确定 | 观察、检查进场检验报告 |
| | | 混合料温度 | 热拌沥青混合料、热拌改性沥青混合料、SMA 混合料,查出厂合格证、检验报告并进场复验,拌合温度、出厂温度应符合《城镇道路工程施工与质量验收规范》(CJJ1—2008)中第8.2.5 条的有关规定 | 全数检查 | 查测温记录,现场检测温度 |
| | | 混合料质量 | 沥青混合料品质应符合马歇尔试验配合比技术要求 | 每日、每品种检查 1 次 | 现场取样试验 |
| 面层质量 | 主控项目 | 压实度 | 沥青混合料面层压实度,对城市快速路、主干路不应小于96%;对次干路及以下道路不应小于95% | 每 1 000 m² 测 1 点 | 查试验记录(马歇尔出实试件密度,试验室标准密度) |
| | | 厚度 | 面层厚度应符合设计规定,允许偏差为 -5 ~ +10 mm | 每 1 000 m² 测 1 点 | 钻孔或侧挖,用钢尺量 |
| | | 变沉值 | 弯沉值,不应大于设计规定 | 每车道、每20 m,测1点 | 弯沉仪检测 |
| | 一般项目 | 外观质量 | 表面应平整、坚实,接缝紧密,无枯焦;不应有明显轮迹、推挤裂缝、脱落、烂边、油斑、掉渣等现象,不得污染其他构筑物。面层与路缘石、平石及其他构筑物应接顺,不得有积水现象。 | 全数检查 | 观察 |
| | | 允许偏差 | 热拌沥青混合料面层允许偏差应符合表 3.53 的规定 | | |

表 3.53 热拌沥青混合面料土层允许偏差

| 项目 | | 允许偏差 | 检验频率 | | 检验方法 |
|---|---|---|---|---|---|
| | | | 范围 | 点数 | |
| 纵断高程/mm | | ±15 | 20 m | 1 | 用水准仪测量 |
| 中线偏位/mm | | ≤20 | 100 m | 1 | 用水准仪测量 |
| 平整度/mm | 标准差 σ 值 | 快速路、主干路 ≤1.5 | 100 m | 路宽/m <9 : 1 ; 9~15 : 2 ; >15 : 2 | 用测平仪检测,见注1 |
| | | 次干路、支路 ≤2.4 | | | |
| | 最大间隙 | 次干路、支路 ≤5 | 20 m | 路宽/m <9 : 1 ; 9~15 : 2 ; >15 : 3 | 用3 m直尺和塞尺连续量取两尺,取最大值 |
| 宽度/mm | | 不小于设计值 | 40 m | 1 | 用钢尺量 |
| 横坡 | | ±0.3%且不反坡 | 20 m | 路宽/m <9 : 2 ; 9~15 : 4 ; >15 : 6 | 用水准仪测量 |
| 井框与路面高差/mm | | ≤5 | 每座 | 1 | 十字法,用直尺、塞尺量取最大值 |
| 抗滑 | 摩擦系数 | 符合设计要求 | 200 m | 1 | 摆式仪 |
| | | | 全线连续 | | 横向力系数车 |
| | 构造深度 | 符合设计要求 | 200 m | 1 | 砂铺法 |
| | | | | | 激光构造深度仪 |

注:1. 测平仪为全线每车道连续检测每100 m计算标准差;无测平仪时可采用3 m直尺检测;表中检验频率点数为测线数。
2. 平整度、抗滑性能也可采用自动检测设备进行检测。
3. 底基层表面、下面层应按设计规定用量洒泼透层油、粘层油。
4. 中面层、底面层仅进行中线偏位、平整度、宽度、横坡的检测。
5. 改性(再生)沥青混凝土路面可采用此表进行检验。
6. 十字法检查井框与路面高差,每座检查井均应检查。十字法检查中,以平行于道路中线、过检查井盖中心的直线做基线,另一条线与基线垂直,构成检查用十字线。

## ◆冷拌沥青混合料面层监理巡视

(1)混合料的搅拌时间应通过试拌确定。机械搅拌时间不宜超过30 s,人工搅拌时间不宜超过60 s。

(2)已拌好的混合料应立即运至现场摊铺,并在乳液破乳前结束。在搅拌与摊铺过程中已破乳的混合料,应予废弃。

(3)冷拌沥青混合料摊铺后宜采用6 t压路机初压初步稳定,再用中型压路机碾压。当乳化沥青开始破乳,混合料由褐色转变成黑色时,应改用12~15 t轮胎压路机复压,将水分挤出后暂停碾压,待水分基本蒸发后继续碾压至轮迹小于 5 mm、表面平整、压实度符合要求为止。

(4)冷拌沥青混合料路面的上封层应在混合料压实成型,且水分完全蒸发后施工。

(5)冷拌沥青混合料路面施工结束后宜封闭交通 2~6 h,并应做好早期养护。开放交通初期车速不得超过 20 km/h,不得在其上刹车或掉头。

### ◆冷拌沥青混合料面层监理验收

冷拌沥青混合料面层质量检验标准应符合表 3.54 的规定。

表 3.54 冷拌沥青混合料面层检验

| 项 目 | 检验内容 | 合格质量标准 | 检查数量 | 检查方法 |
|---|---|---|---|---|
| 主控项目 | 乳化沥青 | 面层所用乳化沥青的品种、性能和集料的规格、质量应符合《城镇道路工程施工与质量验收规范》(CJJ1—2008)中第 8.1 节的有关规定 | 按产品进场批次和产品抽样检验方案确定 | 查进场复查报告 |
| | 压实度 | 冷拌沥青混合料的压实度不应小于 95% | 每 1 000 m³ 测 1 点 | 检查配合比设计资料、复测 |
| | 面层厚度 | 面层厚度应符合设计规定,允许偏差为 −5~+15mm | 每 1 000 m³ 测 1 点 | 钻孔或刨挖,用钢尺量 |
| 一般项目 | 外观质量 | 表面应平整、坚实,接缝紧密,不应有明显轮迹、粗细集料集中、推挤、裂缝、脱落等现象 | 全数检查 | 观察 |
| | 允许偏差 | 冷拌沥青混合料面层允许偏差应符合表 3.55 的规定 | | |

表 3.55 冷拌沥青混合料面层允许偏差

| 项 目 | 允许偏差 | 检验频率 范围 | 检验频率 点 数 | | 检验方法 |
|---|---|---|---|---|---|
| 纵断高程/mm | ±20 | 20 m | 1 | | 用水准仪测量 |
| 中线偏位/mm | ≤20 | 100 m | 1 | | 用经纬仪测量 |
| 平整度/mm | ≤10 | 20 m | 路宽/m | <9<br>9~15<br>>15 | 用 3 m 直尺、塞尺连续量两尺,取最大值 |
| | | | | 1<br>2<br>3 | |
| 宽度/mm | 不小于设计值 | 40 m | 1 | | 用钢尺量 |
| 横坡 | ±0.3%<br>且不反坡 | 20 m | 路宽/m | <9<br>9~15<br>>15 | 用水准仪测量 |
| | | | | 2<br>2<br>6 | |
| 井框与路面高差/mm | ≤5 | 每座 | 1 | | 十字法,用直尺、塞尺量,取最大值 |

续表 3.55

| 项 目 | | 允许偏差 | 检验频率 | | 检验方法 |
|---|---|---|---|---|---|
| | | | 范围 | 点 数 | |
| 抗滑 | 摩擦系数 | 符合设计要求 | 200 m | 1 | 摆式仪 |
| | | | | 全线连续 | 横向力系数车 |
| | 构造深度 | 符合设计要求 | 200 m | 1 | 砂铺法 |
| | | | | | 激光构造深度仪 |

## ◆沥青透层、粘层、封层监理巡视

**1. 透层**

(1)沥青混合料面层的基层表面应喷洒透层油,在透层油完全渗透入基层后方可铺筑面层。

(2)施工中应根据基层类型选择渗透性好的液体沥青、乳化沥青做透层油,透层油的规格应符合表 3.56 的规定。

表 3.56 沥青路面透层材料的规格和用量

| 用 途 | 液体沥青 | | 乳化沥青 | |
|---|---|---|---|---|
| | 规 格 | 用量/(L·m$^{-2}$) | 规 格 | 用量/(L·m$^{-2}$) |
| 无结合料粒料基层 | AL(M)-1、2 或 3<br>AL(S)-1、2 或 3 | 1.0~2.3 | PC-2<br>PA-2 | 1.0~2.0 |
| 半刚性基层 | AL(M)-1 或 2<br>AL(S)-1 或 2 | 0.6~1.5 | PC-2<br>PA-2 | 0.7~1.5 |

注:表中用量是指包括稀释剂和水分等在内的液体沥青、乳化沥青的总量,乳化沥青中的残留物含量是以 50% 为基准。

(3)用作透层油的基质沥青的针入度不宜小于 100,液体沥青的黏度应通过调节稀释剂的品种和掺量经试验确定。

(4)透层油的用量与渗透深度宜通过试洒确定,不宜超出表 3.55 的规定。

(5)用于石灰稳定土类或水泥稳定土类基层的透层油宜紧接在基层碾压成型后表面稍变干燥,但尚未硬化的情况下喷洒,洒布透层油后,应封闭各种交通。

(6)透层油宜采用沥青洒布车或手动沥青洒布机喷洒。洒布设备喷嘴应与透层沥青匹配,喷洒应呈雾状,洒布管高度应使同一地点接受 2~3 个喷油嘴喷洒的沥青。

(7)透层油应洒布均匀,有花白遗漏应人工补洒,喷洒过量的应立即撒布石屑或砂吸油,必要时做适当碾压。

(8)透层油洒布后的养护时间应根据透层油的品种和气候条件由试验确定。液体沥青中的稀释剂全部挥发或乳化沥青水分蒸发后,应及时铺筑沥青混合料面层。

(9)当气温在 10 ℃ 及以下,风力大于 5 级及以上时,不应喷洒透层。

### 2. 粘层施工

(1)双层式或多层式热拌热铺沥青混合料面层之间应喷洒粘层油,或在水泥混凝土路面、沥青稳定碎石基层、旧沥青路面层上加铺沥青混合料层时,应在既有结构和路缘石、检查井等构筑物与沥青混合料层连接面喷洒粘层油。

(2)粘层油宜采用快裂或中裂乳化沥青、改性乳化沥青,也可采用快、中凝液体石油沥青,其规格和用量应符合表3.57的规定,所使用的基质沥青标号宜与主层沥青混合料相同。

表3.57 沥青路面粘层材料的规格和用量

| 下卧层类型 | 液体沥青 | | 乳化沥青 | |
|---|---|---|---|---|
| | 规 格 | 用量/(L·m$^{-2}$) | 规 格 | 用量/(L·m$^{-2}$) |
| 新建沥青层或旧沥青路面 | AL(R)-3~AL(R)-6<br>AL(M)-3~AL(M)-6 | 0.3~0.5 | PC-3<br>PA-3 | 0.3~0.6 |
| 水泥混凝土 | AL(M)-3~AL(M)-6<br>AL(S)-3~AL(S)-6 | 0.2~0.4 | PC-3<br>PA-3 | 0.3~0.5 |

注:表中用量是指包括稀释剂和水分等在内的液体沥青、乳化沥青的总量,乳化沥青中的残留物含量是以50%为基准。

(3)粘层油品种和用量应根据下卧层的类型通过试洒确定,并应符合表3.56的规定。当粘层油上铺筑薄层大孔隙排水路面时,粘层油的用量宜增加到0.6~1.0 L/m$^2$。沥青层间兼做封层的粘层油宜采用改性沥青或改性乳化沥青,其用量不宜少于1.0 L/m$^2$。

(4)粘层油宜在摊铺面层当天洒布。

(5)粘层油喷洒应符合《城镇道路工程施工与质量验收规范》(CJJ1—2008)第8.4.1条的有关规定。

(6)当气温在10 ℃及以下、风力大于5级及以上时,不应喷洒粘层。

### 3. 封层施工

(1)封层油宜采用改性沥青或改性乳化沥青。集料应质地坚硬、耐磨、洁净、粒径级配应符合要求。

(2)用于稀浆封层的混合料其配合比应经设计、试验,符合要求后方可使用。

(3)下封层宜采用层铺法表面处治或稀浆封层法施工,沥青(乳化沥青)和集料用量应根据配合比设计确定。

(4)沥青应洒布均匀、不露白,封层应不透水。

(5)当气温在10 ℃及以下、风力大于5级及以上时,不应喷洒封层油。

## ◆沥青透层、粘层、封层监理验收

透层、粘层与封层施工质量检验应符合表3.58的规定。

表 3.58 透层、粘层与封层施工质量检验

| 项 目 | 检查内容 | 合格质量标准 | 检查范围 | 检查方法 |
|---|---|---|---|---|
| 主控项目 | 沥青 | 透层、粘层、封层所采用沥青的品种、标号和封层粒料质量、规格应符合《城镇道路工程施工与质量验收规范》(CJJ1—2008)中第8.1节的有关规定 | 按进场品种、批次，同品种、同批次检查不应少于1次 | 查产品出厂合格证、出厂检验报告和进场复检报告 |
| 一般项目 | 宽度 | 透层、粘层、封层的宽度不应小于设计规定值 | 每40m抽检1处 | 用尺量 |
| 一般项目 | 油层、粒料洒布 | 封层油层与粒料洒布应均匀，不应有松散、裂缝、油丁、泛油、波浪、花白、漏洒、堆积、污染其他构筑物等现象 | 全数检查 | 观察 |

## ◆沥青贯入式面层监理巡视

(1)主层粒料的摊铺与碾压应符合《城镇道路工程施工与质量验收规范》(CJJ1—2008)第7.7.2、7.7.3条的有关规定。

(2)各层沥青的洒布应符合《城镇道路工程施工与质量验收规范》(CJJ1—2008)第8.4.1条的有关规定。

(3)沥青或乳化沥青的浇洒温度应根据沥青标号及气温情况选择。采用乳化沥青时，应在碾压稳定后的主集料上先撒布一部分嵌缝料，当需要加快破乳速度时，可将乳液加温，乳液温度不得超过60℃。每层沥青完成浇洒后，应立即撒布相应的嵌缝料，嵌缝料应撒布均匀。使用乳化沥青时，嵌缝料撒布应在乳液破乳前完成。

(4)嵌缝料撒布后应立即用8~12t钢筒式压路机碾压，碾压时应随压随扫，使嵌缝料均匀嵌入。至压实度符合设计要求、平整度符合规定为止，压实过程中严禁车辆通行。

(5)终碾后即可开放交通，且应设专人指挥交通，以使面层全部宽度均匀压实。面层完全成型前，车速度不得超过20km/h。

(6)沥青贯入式面层应进行初期养护。泛油时应及时处理。

(7)沥青贯入式结构作道路基层或连接层时，可不撒表面封层料。

## ◆沥青贯入式面层监理验收

沥青贯入式面层施工质量检验标准应符合表3.59的规定。

表3.59 沥青贯入式面层施工质量检验

| 项目 | 检查内容 | 合格质量标准 | 检查数量 | 检查方法 |
|---|---|---|---|---|
| 主控项目 | 材料质量 | 沥青、乳化沥青、集料、嵌缝料的质量应符合设计及《城镇道路工程施工与质量验收规范》（CJJ1—2008）的有关规定 | 按不同材料进场批次，每批次1次 | 查出厂合格证及进场复检报告 |
| 主控项目 | 压实度 | 压实度不应小于95% | 每1 000 m² 抽检1点 | 灌砂法、灌水法、蜡封法 |
| 主控项目 | 弯沉值 | 不得大于设计规定 | 按设计规定 | 每车道、每20 m，测一点 |
| 主控项目 | 面层厚度 | 面层厚度应符合设计规定，允许偏差为 -5~+15 mm | 每1 000 m² 抽检1点 | 钻孔或刨坑，用钢尺量 |
| 一般项目 | 外观质量 | 表面应平整、坚实、石料嵌锁稳定、无明显高低差；嵌缝料、沥青应撒布均匀，无花白、积油、漏浇、浮料等现象，且不应污染其他构筑物 | 全数检查 | 观察 |
| 一般项目 | 允许偏差 | 沥青贯入式面层允许偏差应符合表3.60的规定 | | |

表3.60 沥青贯入式面层允许偏差

| 项目 | 允许偏差 | 检验频率 范围 | 检验频率 点数 | | 检验方法 |
|---|---|---|---|---|---|
| 纵断高程 | ±15 | 20 m | 1 | | 用水准仪测量 |
| 中线偏位/mm | ≤20 | 100m | 1 | | 用经纬仪测量 |
| 平整度/mm | ≤7 | 20 m | 路宽/m | <9 : 1<br>9~15 : 2<br>>15 : 3 | 用3 m直尺、塞尺连续量两尺，取较大值 |
| 宽度/mm | 不小于设计值 | 40 m | 1 | | 用钢尺量 |
| 横坡 | ±0.3%且不反坡 | 20 m | 路宽/m | <9 : 1<br>9~15 : 2<br>>15 : 3 | 用水准仪测量 |
| 井框与路面高差/mm | ≤5 | 每座 | 1 | | 十字法，用直尺、塞尺量，取最大值 |
| 沥青总用量 | ±0.5% | 每工作日、每层 | 1 | | T0982 |

## ◆沥青表面处治面层监理巡视

(1)在清扫干净的碎石或砾石路面上铺筑沥青表面处治面层时,应喷洒透层油。在旧沥青路面、水泥混凝土路面、块石路面上铺筑沥青表面处治面层时,可在第一层沥青用量中增加10%~20%,不再另洒透层油或粘层油。

(2)施工沥青表面处治面层,宜采用沥青洒布车及集料撒布机联合作业。喷洒沥青,应保持稳定速度和喷洒量,洒布宽度范围内喷洒应均匀。

(3)沥青表面处治施工各工序应紧密衔接,撒布各层沥青后均应立即用集料撒布机撒布相应的集料。每个作业段长度应根据施工能力确定,并在当天完成。人工撒布集料时,应等距离划分段落备料。

(4)沥青表面处治面层的沥青洒布温度应根据气温及沥青标号选择,石油沥青宜为130~170 ℃,乳化沥青乳液温度不宜超过60 ℃。洒布车喷洒沥青纵向搭接宽度宜为10~15 cm,洒布各层沥青的搭接缝应错开。

(5)摊铺与碾压应符合《城镇道路工程施工与质量验收规范》(CJJ1—2008)第7.7.2条、7.7.3条的有关规定。嵌缝料应采用轻、中型压路机边碾压、边扫墁,及时追补集料,集料表面不得洒落沥青。

(6)沥青表面处治应在碾压结束后开放交通,初期管理与养护应符合《城镇道路工程施工与质量验收规范》(CJJ1—2008)第9.2节的有关规定。

(7)沥青表面处治施工后,初期养护用料宜为S12(5~10 mm)碎石或S14(3~5 mm)石屑、粗砂或小砾石,用量宜为2~3 $m^3/1\ 000\ m^2$。

## ◆沥青表面处治面层监理验收

沥青表面处治面层施工质量检验标准应符合表3.61的规定。

表3.61 沥青表面处治面层施工质量检验

| 项目 | 检验内容 | 合格质量要求 | 检查数量 | 检验方法 |
|---|---|---|---|---|
| 主控项目 | 材料质量 | 沥青、乳化沥青的品种、指标、规格应符合设计和《城镇道路工程施工与质量验收规范》(CJJ1—2008)的有关规定 | 按进场批次 | 查出厂合格证、出厂检验报告、进场检验报告 |
| 一般项目 | 外观质量 | 集料应压实平整,沥青应洒布均匀、无露白,嵌缝料应撒铺、扫墁均匀,不应有重叠现象 | — | — |
| | 允许偏差 | 沥青表面处治允许偏差应符合表3.62的规定 | | |

表3.62 沥青表面处治允许偏差

| 项 目 | 允许偏差 | 检验频率 | | 检验方法 |
|---|---|---|---|---|
| | | 范围 | 点数 | |
| 纵断高程/mm | ±15 | 20 m | 1 | 用水准仪测量 |

续表 3.62

| 项 目 | 允许偏差 | 检验频率 | | | 检验方法 |
|---|---|---|---|---|---|
| | | 范围 | 点 数 | | |
| 中线偏位/mm | ≤20 | 100 m | 1 | | 用经纬仪测量 |
| 平整度/mm | ≤7 | 20 m | 路宽/m | <9 | 1 | 用3m直尺、塞尺连续量两尺,取较大值 |
| | | | | 9~15 | 2 | |
| | | | | >15 | 3 | |
| 宽度/mm | 不小于设计值 | 40 m | 1 | | 用钢尺量 |
| 横 坡 | ±0.3%且不反坡 | 20 m | 路宽/m | <9 | 2 | 用水准仪测量 |
| | | | | 9~15 | 4 | |
| | | | | >15 | 6 | |
| 厚度/mm | +10,-5 | 1 000 m² | 1 | | 钻孔,用钢尺量 |
| 弯沉值 | 符合设计要求 | 设计要求时 | — | | 弯沉仪测定时 |
| 沥青总用量/(kg·m⁻²) | ±0.5%总用量 | 每工作日、每层 | 1 | | T0982 |

## 3.4 水泥混凝土面层

## 【基 础】

### ◆水泥混凝土面层原材料——水泥质量要求

(1)重交通以上等级道路、城市快速路、主干路应采用42.5级以上的道路硅酸盐水泥或硅酸盐水泥、普通硅酸盐水泥;中、轻交通等级的道路可采用矿渣水泥,其强度等级不宜低于32.5级。水泥应有出厂合格证(含化学成分、物理指标),并经复验合格,方可使用。

(2)不同等级、厂牌、品种、出厂日期的水泥不得混存、混用,出厂期超过3个月或受潮的水泥,必须经过试验,合格后方可使用。

(3)用于不同交通等级道路面层水泥的弯拉强度、抗压强度最小值应符合表3.63的规定。

表 3.63 道路面层水泥的弯拉强度、抗压强度最小值

| 道路等级 | 特重交通 | | 重交通 | | 中、轻交通 | |
|---|---|---|---|---|---|---|
| 龄期/d | 3 | 28 | 3 | 28 | 3 | 28 |
| 抗压强度/MPa | 25.5 | 57.5 | 22.0 | 52.5 | 16.0 | 42.5 |
| 弯拉强度/MPa | 4.5 | 7.5 | 4.0 | 7.0 | 3.5 | 6.5 |

(4)水泥的化学成分、物理指标应符合表 3.64 的规定。

表 3.64　各交通等级路面用水泥的化学成分、物理指标

| 水泥性能 \ 交通等级 | 特重、重交通 | 中、轻交通 |
|---|---|---|
| 铝酸三钙 | 不宜大于 7.0% | 不宜大于 9.0% |
| 铁铝酸四钙 | 不宜小于 15.0% | 不宜小于 12.0% |
| 游离氧化钙 | 不得大于 1.0% | 不得大于 1.5% |
| 氧化镁 | 不得大于 5.0% | 不得大于 6.0% |
| 三氧化硫 | 不得大于 3.5% | 不得大于 4.0% |
| 碱含量（$Na_2O+0.658K_2O$） | ≤0.6% | 怀疑有碱活性集料时，≤0.6%；无碱性活集料时，≤1.0% |
| 混合材种类 | 不得掺窑灰、煤矸石、火山灰和黏土，有抗盐冻要求时不得掺石灰、石粉 | |
| 出磨时安定性 | 雷氏夹或蒸煮法检验必须合格 | 蒸煮法检验必须合格 |
| 标准稠度需水量 | 不宜大于 28% | 不宜大于 30% |
| 烧失量 | 不得大于 3.0% | 不得大于 5.0% |
| 比表面积 | 宜在 300～450 $m^2/kg$ | |
| 细度（80μm） | 筛余量≤10% | |
| 初凝时间 | ≥1.5 h | |
| 终凝时间 | ≤10 h | |
| 28 d 干缩率* | 不得大于 0.09% | 不得大于 0.10% |
| 耐磨性* | ≤3.6 $kg/m^2$ | |

注："*"表示 28 d 干缩率和耐磨性试验方法采用现行国家标准《道路硅酸盐水泥》(GB13693—2005)。

## ◆水泥混凝土面层原材料——集料质量要求

### 1.粗集料

(1)粗集料应采用质地坚硬、耐久、洁净的碎石、砾石、破碎砾石，并应符合表 3.65 的规定。城市快速路、主干路、次干路及有抗(盐)冻要求的次干路、支路混凝土路面使用的粗集料级别不应低于Ⅰ级。Ⅰ级集料吸水率不应大于 1.0%，Ⅱ级集料吸水率不应大于 2.0%。

表 3.65　粗集料技术指标

| 项　目 | 技术要求 | |
|---|---|---|
| | Ⅰ级 | Ⅱ级 |
| 碎石压碎指标/% | <10 | <15 |
| 砾石压碎指标/% | <12 | <14 |
| 坚固性（按质量损失计）/% | <5 | <8 |
| 针片状颗粒含量（按质量计）/% | <5 | <15 |

续表 3.65

| 项目 | 技术要求 | |
|---|---|---|
| | I级 | II级 |
| 含泥量(按质量计)/% | <0.5 | <1.0 |
| 泥块含量(按质量计)/% | <0 | <0.2 |
| 有机物含量(比色法) | 合格 | 合格 |
| 硫化物及硫酸盐(按$SO_3$质量计)/% | <0.5 | <1.0 |
| 空隙率 | <47% | |
| 碱集料反应 | 经碱集料反应试验后,无裂缝、酥裂、胶体外溢等现象,在规定试验龄期的膨胀率小于0.10% | |
| 抗压强度/MPa | 火成岩,≥100;变质岩,≥80;水成岩,≥60 | |

(2)粗集料宜采用人工级配,其级配范围宜符合表3.66的规定。

表 3.66 人工合成级配范围

| 粒径\级配 | 方筛孔尺寸/mm | | | | | | | |
|---|---|---|---|---|---|---|---|---|
| | 2.36 | 4.75 | 9.50 | 16.0 | 19.0 | 26.5 | 31.5 | 37.5 |
| | 累计筛余(以质量计)/% | | | | | | | |
| 4.75~16 | 95~100 | 85~100 | 40~60 | 0~10 | — | — | — | — |
| 4.75~19 | 85~95 | 60~75 | 30~45 | 0~5 | 0 | — | — | — |
| 4.75~26.5 | 95~100 | 90~100 | 70~90 | 50~75 | 25~40 | 0~5 | 0 | — |
| 4.75~31.5 | 95~100 | 90~100 | 75~90 | 60~75 | 40~60 | 20~35 | 0~5 | 0 |

(3)粗集料的最大公称粒径,碎砾石不应大于26.5 mm,碎石不应大于31.5 mm,砾石不宜大于19.0 mm;钢纤维混凝土粗集料最大粒径不宜大于19.0 mm。

## 2.细集料

(1)宜采用质地坚硬、细度模数在2.5以上、符合级配规定的洁净粗砂、中砂。
(2)砂的技术要求应符合表3.67的规定。

表 3.67 砂的技术要求

| 项目 | | | 技术要求 | | | | | |
|---|---|---|---|---|---|---|---|---|
| | | | 粒径 | | | | | |
| | 筛孔尺寸/mm | | 0.15 | 0.30 | 0.60 | 1.18 | 2.36 | 4.75 |
| 颗粒级配 | 累计筛余量/% | 粗砂 | 90~100 | 80~95 | 71~85 | 35~65 | 5~35 | 0~10 |
| | | 中砂 | 90~100 | 70~92 | 41~70 | 10~50 | 0~25 | 0~10 |
| | | 细砂 | 90~100 | 55~85 | 16~40 | 10~25 | 0~15 | 0~10 |
| 泥土杂物含量(冲洗法)/% | | | 一级 | | 二级 | | 三级 | |
| | | | <1 | | <2 | | <3 | |

续表 3.67

| 项 目 | 技术要求 | | |
|---|---|---|---|
| 硫化物和硫酸盐含量(折算为 $SO_3$)/% | <0.5 | | |
| 氯化物(按氯离子质量计)/% | ≤0.01 | ≤0.02 | ≤0.06 |
| 有机物含量(比色法) | 颜色不应深于标准溶液的颜色 | | |
| 其他杂物 | 不得混有石灰、煤渣、草根等其他杂物 | | |

(3)使用机制砂时,应检验砂磨光值,其值宜大于 35,不宜使用抗磨性较差的水成岩类机制砂。

(4)城市快速路、主干路宜采用一级砂和二级砂。

(5)海砂不得直接用于混凝土面层。淡化海砂不应用于城市快速路、主干路、次干路,可用于支路。

## ◆水泥混凝土面层原材料——水质量要求

水应符合国家现行标准《混凝土用水标准》(JGJ63—2006)的规定。宜使用饮用水及不含油类等杂质的清洁中性水,pH 值为 6~8。

## ◆水泥混凝土面层原材料——外加剂质量要求

(1)外加剂宜使用无氯盐类的防冻剂、引气剂、减水剂等。

(2)外加剂应符合现行国家标准《混凝土外加剂》(GB8076—2008)的有关规定,并应有合格证。

(3)使用外加剂应经掺配试验,并应符合现行国家标准《混凝土外加剂应用技术规范》(GB50119—2003)的有关规定。

## ◆水泥混凝土面层原材料——钢筋和钢纤维质量要求

### 1. 钢筋

(1)钢筋的品种、规格、成分,应符合国家现行标准和设计规定,应具有生产厂的牌号、炉号,检验报告和合格证,并经复试(含见证取样)合格。

(2)钢筋不得有锈蚀、裂纹、断伤和刻痕等缺陷。

(3)钢筋应按类型、直径、钢号、批号等分别堆放,并应避免油污、锈蚀。

### 2. 钢纤维

(1)单丝钢纤维抗拉强度不宜小于 600 MPa。

(2)钢纤维长度应与混凝土粗集料最大公称粒径相匹配,最短长度宜大于粗集料最大公称粒径的 1/3;最大长度不宜大于粗集料最大公称粒径的 2 倍,钢纤维长度与标称值的允许偏差为 ±10%。

(3)宜使用经防蚀处理的钢纤维,严禁使用带尖刺的钢纤维。

(4)应符合国家现行标准《混凝土用钢纤维》(YB/T151—1999)的有关要求。

### ◆水泥混凝土面层原材料——其他材料质量要求

(1) 传力杆(拉杆)、滑动套材质、规格应符合规定,可采用镀锌铁皮管、硬塑料管等制作滑动套。

(2) 胀缝板宜采用厚 20 mm、水稳定性好、具有一定柔性的板材制作,且应经防腐处理。

(3) 填缝材料宜采用树脂类、橡胶类、聚氯乙烯胶泥类、改性沥青类填缝材料,并宜加入耐老化剂。

## 【实　务】

### ◆模板和钢筋监理巡视

(1) 模板应符合下列规定。

1) 模板应与混凝土的摊铺机械相匹配。模板高度应为混凝土板设计厚度。

2) 钢模板应直顺、平整,每 1 m 设置 1 处支撑装置。

3) 木模板直线部分板厚不宜小于 5 cm,每 0.8~1 m 设 1 处支撑装置;弯道部分板厚宜为 1.5~3 cm,每 0.5~0.8 m 设 1 处支撑装置,模板与混凝土接触面及模板顶面应刨光。

4) 模板制作允许偏差应符合表 3.68 的规定。

表 3.68　模板制作允许偏差

| 检测项目　　　施工方式 | 三辊轴机组 | 轨道摊铺机 | 小型机具 |
| --- | --- | --- | --- |
| 高度/mm | ±1 | ±1 | ±2 |
| 局部变形/mm | ±2 | ±2 | ±3 |
| 两垂直边夹角/mm | 90±2 | 90±1 | 90±3 |
| 顶面平整度/mm | ±1 | ±1 | ±2 |
| 侧面平整度/mm | ±2 | ±2 | ±3 |
| 纵向直顺度/mm | ±2 | ±1 | ±3 |

(2) 模板安装应符合下列规定。

1) 支模前应核对路面标高、面板分块、胀缝和构造物位置。

2) 模板应安装稳固、顺直、平整,无扭曲,相邻模板连接应紧密平顺,不应错位。

3) 严禁在基层上挖槽嵌入模板。

4) 使用轨道摊铺机应采用专用钢制轨模。

5) 模板安装完毕,应进行检验,合格后方可使用,其安装质量应符合表 3.69 的规定。

表 3.69 模板安装允许偏差

| 检测项目 施工方式 | 允许偏差 | | | 检验频率 | | 检验方法 |
|---|---|---|---|---|---|---|
| | 三辊轴机组 | 轨道摊铺机 | 小型机具 | 范围 | 点数 | |
| 中线偏位/mm | ≤10 | ≤5 | ≤15 | 100 m | 2 | 用经纬仪、钢尺量 |
| 宽度/mm | ≤10 | ≤5 | ≤15 | 20 m | 1 | 用钢尺量 |
| 顶面高程/mm | ±5 | ±5 | ±10 | 20 m | 1 | 用水准仪测量 |
| 横坡/% | ±0.10 | ±0.10 | ±0.20 | 20 m | 1 | 用钢尺量 |
| 相邻板高差/mm | ≤1 | ≤1 | ≤2 | 每缝 | 1 | 用水平尺、塞尺量 |
| 模板接缝宽度/mm | ≤3 | ≤2 | ≤3 | 每缝 | 1 | 用钢尺量 |
| 侧面顺直率/mm | ≤3 | ≤2 | ≤4 | 20 m | 1 | 用水平尺、卡尺量 |
| 纵向顺直率/mm | ≤3 | ≤2 | ≤4 | 40 m | 1 | 用 20 m 线和钢尺量 |
| 顶面平整度/mm | ≤1.5 | ≤1 | ≤2 | 每两缝间 | 1 | 用 3 m 直尺、塞尺量 |

(3)钢筋安装应符合下列规定。

1)钢筋安装前应检查其原材料品种、规格与加工质量,确认符合设计规定。

2)钢筋网、角隅钢筋等安装应牢固、位置准确,钢筋安装后应进行检查,合格后方可使用。

3)传力杆安装应牢固、位置准确,胀缝传力杆应与胀缝板、提缝板一起安装。

4)钢筋加工允许偏差应符合表 3.70 的规定。

表 3.70 钢筋加工允许偏差

| 项 目 | 焊接钢筋网及骨架允许偏差/mm | 绑扎钢筋网及骨架允许偏差/mm | 检验频率 | | 检验方法 |
|---|---|---|---|---|---|
| | | | 范围 | 点数 | |
| 钢筋网的长度与宽度 | ±10 | ±10 | 每检验批 | 抽查10% | 用钢尺量 |
| 钢筋网眼尺寸 | ±10 | ±20 | | | 用钢尺量 |
| 钢筋骨架宽度及高度 | ±5 | ±5 | | | 用钢尺量 |
| 钢筋骨架的长度 | ±10 | ±10 | | | 用钢尺量 |

5)钢筋安装允许偏差应符合表 3.71 的规定。

表 3.71 钢筋安装允许偏差

| 项 目 | | 允许偏差/mm | 检验频率 | | 检验方法 |
|---|---|---|---|---|---|
| | | | 范围 | 点数 | |
| 受力钢筋 | 排距 | ±5 | 每检验批 | 抽查10% | 用钢尺量 |
| | 间距 | ±10 | | | 用钢尺量 |
| 钢筋弯起点位置 | | 20 | | | 用钢尺量 |
| 箍筋、横向钢筋间距 | 绑扎钢筋网及钢筋骨架 | ±20 | | | 用钢尺量 |
| | 焊接钢筋网及钢筋骨架 | ±10 | | | |

续表 3.71

| 项 目 | | 允许偏差/mm | 检验频率 | | 检验方法 |
|---|---|---|---|---|---|
| | | | 范围 | 点数 | |
| 钢筋预埋位置 | 中心线位置 | ±5 | 每检验批 | 抽查10% | 用钢尺量 |
| | 水平高差 | ±3 | 每检验批 | 抽查10% | |
| 钢筋保护层 | 距表面 | ±3 | 每检验批 | 抽查10% | 用钢尺量 |
| | 距底面 | ±5 | 每检验批 | 抽查10% | |

(4)混凝土抗压强度达 8.0 MPa 及以上方可拆模。当缺乏强度实测数据时,侧模的允许最早拆模时间宜符合表 3.72 的规定。

表 3.72 混凝土侧模的允许最早拆模时间/h

| 昼夜平均气温/℃ | -5 | 0 | 5 | 10 | 15 | 20 | 25 | ≥30 |
|---|---|---|---|---|---|---|---|---|
| 硅酸盐水泥、R 型水泥/h | 240 | 120 | 60 | 36 | 34 | 28 | 24 | 18 |
| 道路、普通硅酸盐水泥/h | 360 | 168 | 72 | 48 | 36 | 30 | 24 | 18 |
| 矿渣硅酸盐水泥/h | — | — | 120 | 60 | 50 | 45 | 36 | 24 |

注:允许最早拆侧模时间从混凝土面板经整成型后开始计算。

## ◆ 混凝土搅拌与运输监理巡视

(1)面层用混凝土宜选择具备资质、混凝土质量稳定的搅拌站供应。

(2)现场自行设立搅拌站应符合下列规定。

1)搅拌站应具备供水、供电、排水、运输道路和分仓堆放砂石料及搭建水泥仓的条件。

2)搅拌站管理、生产和运输能力,应满足浇筑作业需要。

3)搅拌站宜设有计算机控制数据信息采集系统,搅拌设备配料计量偏差应符合表3.73的规定。

表 3.73 搅拌设备配料的计量允许偏差    单位:%

| 材料名称 | 水泥 | 掺合料 | 钢纤维 | 砂 | 粗集料 | 水 | 外加剂 |
|---|---|---|---|---|---|---|---|
| 城市快速路、主干路每盘 | ±1 | ±1 | ±2 | ±2 | ±2 | ±1 | ±1 |
| 城市快速路、主干路累计每车 | ±1 | ±1 | ±1 | ±2 | ±2 | ±1 | ±1 |
| 其他等级道路 | ±2 | ±2 | ±2 | ±3 | ±3 | ±2 | ±2 |

(3)混凝土搅拌应符合下列规定。

1)混凝土的搅拌时间应按配合比要求,以及施工对其工作性要求,经试拌确定最佳搅拌时间,每盘最长总搅拌时间宜为 80~120 s。

2)外加剂宜稀释成溶液,均匀加入进行搅拌。

3)混凝土应搅拌均匀,出仓温度应符合施工要求。
4)搅拌钢纤维混凝土,除应满足上述要求外,尚应符合下列要求。
①当钢纤维体积率较高、搅拌物较干时,搅拌设备一次搅拌量不宜大于其额定搅拌量的80%。
②钢纤维混凝土的投料次序、方法和搅拌时间,应以搅拌过程中钢纤维不产生结团和满足使用要求为前提,通过试拌确定。
③钢纤维混凝土严禁用人工搅拌。
(4)施工中应根据运距、混凝土搅拌能力、摊铺能力确定运输车辆的数量与配置。
(5)不同摊铺工艺的混凝土搅拌物从搅拌机出料到运输、铺筑完毕的允许最长时间应符合表3.74的规定。

表3.74 混凝土拌合物出料到运输、铺筑完毕允许最长时间

| 施工气温*/℃ | 到运输完毕允许最长时间/h | | 到铺筑完毕允许最长时间/h | |
| --- | --- | --- | --- | --- |
| | 消模、轨道 | 三辊轴、小机具 | 消模、轨道 | 三辊轴、小机具 |
| 5~9 | 2.0 | 1.5 | 2.5 | 2.0 |
| 10~19 | 1.5 | 1.0 | 2.0 | 1.5 |
| 20~29 | 1.0 | 0.75 | 1.5 | 1.25 |
| 30~35 | 0.75 | 0.50 | 1.25 | 1.0 |

注:表中"*"指施工时间的日间平均气温,使用缓凝剂延长凝结时间后,本表数值可增加0.25~0.5 h。

## ◆三辊轴机组铺筑混凝土面层监理巡视

(1)三辊轴机组铺筑混凝土面层时,辊轴直径应与摊铺层厚度匹配,且必须同时配备一台安装插入式振捣器组的排式振捣机,振捣器的直径宜为50~100 mm,间距不应大于其有效作用半径的1.5倍,且不得大于50 cm。

(2)当面层铺装厚度小于15 cm时,可采用振捣梁。其振捣频率宜为50~100 Hz,振捣加速度宜为4~5 $g$。($g$为重力加速度)。

(3)当一次摊铺双车道面层时,应配备纵缝拉杆插入机,并配有插入深度控制和拉杆间距调整装置。

(4)铺筑作业应符合下列要求。

1)卸料应均匀,布料应与摊铺速度相适应。

2)设有接缝拉杆的混凝土面层,应在面层施工中及时安设拉杆。

3)三辊轴整平机分段整平的作业单元长度宜为20~30 m,振捣机振实与三辊轴整平工序之间的时间间隔不宜超过15 min。

4)在一个作业单元长度内,应采用前进振动、后退静滚方式作业,最佳滚压遍数应经过试铺确定。

## ◆轨道摊铺机铺筑混凝土面层监理巡视

(1)采用轨道摊铺机铺筑时,应根据设计车道数按表3.75选择摊铺机。

表 3.75 轨道摊铺机的基本技术参数

| 项 目 | 发动机功率/kW | 最大摊铺宽度/m | 摊铺厚度/m | 摊铺速度/(m·min$^{-1}$) | 整机质量/t |
|---|---|---|---|---|---|
| 三车道轨道摊铺机 | 33~45 | 11.75~18.3 | 250~600 | 1~3 | 13~38 |
| 双车道轨道摊铺机 | 15~33 | 7.5~9.0 | 250~600 | 1~3 | 7~13 |
| 单车道轨道摊铺机 | 8~22 | 3.5~4.5 | 250~450 | 1~4 | ≤7 |

（2）坍落度宜控制在 20~40 mm。不同坍落度时的松铺系数 K 可参考表 3.76 确定，并按此计算出松铺高度。

表 3.76 松铺系数 $K$ 与坍落度 $S_L$ 的关系

| 坍落度 $S_L$/mm | 5 | 10 | 20 | 30 | 40 | 50 | 60 |
|---|---|---|---|---|---|---|---|
| 松铺系数 $K$ | 1.30 | 1.25 | 1.22 | 1.19 | 1.17 | 1.15 | 1.12 |

（3）当施工钢筋混凝土面层时，宜选用两台箱型轨道摊铺机分两层两次布料。下层混凝土的布料长度应根据钢筋网片长度和混凝土凝结时间确定，且不宜超过 20 m。

（4）振实作业应符合下列要求。

1）轨道摊铺机应配备振捣器组，当面板厚度超过 150 mm、坍落度小于 30 mm 时，必须插入振捣。

2）轨道摊铺机应配备振动梁或振动板对混凝土表面进行振捣和修整。使用振动板振动提浆饰面时，提浆厚度宜控制在 3~5 mm。

（5）面层表面整平时，应及时清除余料，用抹平板完成表面整修。

## ◆人工小型机具施工水泥混凝土面层监理巡视

（1）混凝土松铺系数宜控制在 1.10~1.25。

（2）摊铺厚度达到混凝土板厚的 2/3 时，应拔出模内钢钎，并填实钎洞。

（3）混凝土面层分两次摊铺时，上层混凝土的摊铺应在下层混凝土初凝前完成，且下层厚度宜为总厚的 3/5。

（4）混凝土摊铺应与钢筋网、传力杆及边缘角隅钢筋的安放相配合。

（5）一块混凝土板应一次连续浇筑完毕。

（6）混凝土使用插入式振捣器振捣时，不应过振，且振动时间不宜少于 30 s，移动间距不宜大于 50 cm。使用平板振捣器振捣时应重叠 10~20 cm，振捣器行进速度应均匀一致。

（7）真空脱水作业应符合下列要求。

1）真空脱水应在面层混凝土振捣后、抹面前进行。

2）开机后应逐渐升高真空度，当达到要求的真空度，开始正常出水后，真空度应保持稳定，最大真空度不宜超过 0.085 MPa。待达到规定脱水时间和脱水量时，应逐渐减小真空度。

3）真空系统安装与吸水垫放置位置，应便于混凝土摊铺与面层脱水，不得出现未经吸水的脱空部位。

4)混凝土试件,应与吸水作业同条件制作、同条件养护。

5)真空吸水作业后,应重新压实整平,并拉毛、压痕或刻痕。

(8)成活应符合下列要求。

1)现场应采取防风、防晒等措施,抹面拉毛等应在跳板上进行,抹面时严禁在板面上洒水、撒水泥粉。

2)采用机械抹面时,真空吸水完成后即可进行。先用带有浮动圆盘的重型抹面机粗抹,再用带有振动圆盘的轻型抹面机或人工细抹一遍。

3)混凝土抹面不宜少于4次,先找平抹平,待混凝土表面无泌水时再抹面,并依据水泥品种与气温控制抹面间隔时间。

## ◆水泥混凝土面层横缝监理巡视

(1)胀缝间距应符合设计规定,缝宽宜为20 mm。在与结构物衔接处、道路交叉和填挖土方变化处,应设胀缝。

(2)胀缝上部的预留填缝空隙,宜用提缝板留置。提缝板应直顺,与胀缝板密合、垂直于面层。

(3)缩缝应垂直板面,宽度宜为4~6 mm。设传力杆时,切缝深度不应小于面层厚的1/3,且不得小于70 mm;不设传力杆时不应小于面层厚的1/4,且不应小于60 mm。

(4)机切缝时,宜在水泥混凝土强度达到设计强度25%~30%时进行。

## ◆水泥混凝土面层养护与填缝监理巡视

(1)水泥混凝土面层成活后,应及时养护。可选用保湿法和塑料薄膜覆盖等方法养护。气温较高时,养护不宜少于14 d;低温时,养护期不宜少于21 d。

(2)昼夜温差大的地区,应采取保温、保湿的养护措施。

(3)养护期间应封闭交通,不应堆放重物;养护终结,应及时清除面层养护材料。

(4)混凝土板在达到设计强度的40%以后,方可允许行人通行。

(5)填缝应符合下列规定。

1)混凝土板养护期满后应及时填缝,缝内遗留的砂石、灰浆等杂物,应剔除干净。

2)应按设计要求选择填缝料,并根据填料品种制定工艺技术措施。

3)浇注填缝料必须在缝槽干燥状态下进行,填缝料应与混凝土缝壁粘附紧密,不渗水。

4)填缝料的充满度应根据施工季节而定,常温施工应与路面平,冬期施工,宜略低于板面。

(6)在面层混凝土弯拉强度达到设计强度,且填缝完成前,不得开放交通。

## ◆水泥混凝土面层原材料监理验收

水泥混凝土面层施工材料质量检验标准应符合表3.77的规定。

表3.77 水泥混凝土面层施工材料质量检验标准

| 检验内容 | 合格质量标准 | 检查数量 | 检验方法 |
|---|---|---|---|
| 水泥 | 水泥品种、级别、质量、包装、贮存,应符合国家规定有关标准的规定 | 按同一生产厂家、同一等级、同一品种、同一批号且连续进场的水泥,袋装水泥不超过200 t为一批,散装水泥不超过500 t为一批,每批抽样1次。水泥出厂超过三个月(快硬硅酸盐水泥超过一个月)时,应进行复验,复验合格后方可使用 | 检查产品合格证、出厂检验报告,进场复验 |
| 钢筋 | 钢筋品种、规格、数量、下料尺寸及质量应符合设计要求及国家现行有关标准的规定 | 全数检查 | 观察,用钢尺量,检查出厂检验报告和进场复验报告 |
| 钢纤维 | 钢纤维的规格质量应符合设计要求 | 按进场批次,每批抽检1次 | 现场取样、试验 |
| 骨料 | 粗集料、细集料应符合设计要求及相关规定 | 同产地、同品种、同规格且连续进场的集料,每400 m² 为一批,不是400 m² 按一批,每批抽检1次 | 检查出厂合格证和抽检报告 |
| 外加剂 | 混凝土中掺加外加剂的质量应符合现行国家标准《混凝土外加剂》(GB8076)和《混凝土外加剂应用技术规范》(GB50119)的规定 | 按进场批次和产品抽样检验方法确定,每批不少于1次 | 检查产品合格证、出厂检验报告和进场复合报告 |
| 水 | 水应符合设计要求及相关规定 | 同水源检查1次 | 检查水质分析报告 |

## ◆混凝土面层监理验收

混凝土面层质量检验标准应符合表3.78的规定。

表3.78 混凝土面层质量检验标准

| 项目 | 检查内容 | 合格质量标准 | 检查范围 | 检查方法 |
|---|---|---|---|---|
| 主控项目 | 弯拉强度 | 混凝土弯拉强度应符合设计规定 | 每100 m³ 的同配合比的混凝土,取样1次;不足100 m³ 时按1次计;每次取样应至少留置1组标准养护试件;同条件养护试件的留置组数应根据实际需要确定,最少1组 | 检查试件强度试验报告 |
| | 面层厚度 | 混凝土面层厚度应符合设计规定,允许误差为±5 mm | 每1 000 m² 抽测1点 | 查试验报告、复测 |
| | 抗滑构造 | 抗滑构造深度应符合设计要求 | 每1 000 m² 抽测1点 | 铺砂法 |

续表 3.78

| 项目 | 检查内容 | 合格质量标准 | 检查范围 | 检查方法 |
|---|---|---|---|---|
| 一般项目 | 外观质量 | 水泥混凝土面层应板面平整、密实,边角应整齐、无裂缝,并不应有石子外露和浮浆、脱皮、踏痕、积水等现象,蜂窝麻面面积不得大于总面积的0.5% | 全数检查 | 观察、量测 |
| | 伸缩缝质量 | 伸缩缝应垂直、直顺,缝内不应有杂物。伸缩缝在规定的深度和宽度范围内应全部贯通,传力杆应与缝面垂直 | 全数检查 | 观察 |
| | 允许偏差 | 混凝土路面允许偏差应符合表3.79的规定 | | |

表 3.79 混凝土路面允许偏差

| 项 目 | | 允许偏差或规定值 | | 检验频率 | | 检验方法 |
|---|---|---|---|---|---|---|
| | | 城市快速路、主干路 | 次干路、支路 | 范围 | 点数 | |
| 纵断高程/mm | | ±15 | | 20 m | 1 | 用水准仪测量 |
| 中线偏位/mm | | ≤20 | | 100 m | 1 | 用经纬仪测量 |
| 平整度 | 标准差 $\sigma$/mm | ≤1.2 | ≤2 | 100 m | 1 | 用测平仪检测 |
| | 最大间隙/mm | ≤3 | ≤5 | 20 m | 1 | 用3 m直尺和直尺连续量两尺,取较大值 |
| 宽度/mm | | 0<br>-20 | | 40 m | 1 | 用钢尺量 |
| 横坡/% | | ±0.30%且不反坡 | | 20 m | 1 | 用水准仪测量 |
| 井框与路面高差/mm | | ≤3 | | 每座 | 1 | 十字法,用直尺和塞尺量,取最大值 |
| 相邻板高差/mm | | ≤3 | | 20 m | 1 | 用钢板尺和塞尺量 |
| 纵缝直顺度/mm | | ≤10 | | 100 m | 1 | 用20 m线和钢尺量 |
| 横缝直顺度/mm | | ≤10 | | 40 m | 1 | |
| 蜂窝麻面面积[①]/% | | ≤2 | | 20 m | 1 | 观察和用钢板尺量 |

注:①每20 m查1块板的侧面。

## 3.5 铺砌式面层

## 【基 础】

### ◆料石面层材料质量要求

1. 料石

(1)料石石材的物理性能和外观质量应符合表 3.80 的规定。

表 3.80 石材物理性能和外观质量

| 项 目 | | 单位 | 允许值 | 备 注 |
|---|---|---|---|---|
| 物理性能 | 饱和抗压强度 | MPa | ≥120 | — |
| | 饱和抗折强度 | MPa | ≥9 | — |
| | 体积密度 | g/cm³ | ≥2.5 | — |
| | 磨耗率(锹法尔法) | % | <4 | — |
| | 吸水率 | % | <1 | — |
| | 孔隙率 | % | <3 | — |
| 外观质量 | 缺棱 | 个 | 1 | 面积不超过 500 mm×10 mm,每块板材 |
| | 缺角 | 个 | | 面积不超过 2 mm×2 mm,每块板材 |
| | 色斑 | 个 | | 面积不超过 15 mm×15 mm,每块板材 |
| | 裂纹 | 条 | 1 | 长度不超过两端顺延至板边总长度约 1/10(长度小于 20 mm 不计)每块板 |
| | 坑窝 | — | 不明显 | 粗面板材的正面出现坑窝 |

注:表面纹理垂直于板边沿,不得有斜纹、乱纹现象,边沿直顺,四角整齐,不得有凹、凸不平现象。

(2)料石加工尺寸允许偏差应符合表 3.81 的规定。

表 3.81 料石加工尺寸允许偏差

| 项 目 | 允许偏差/mm | |
|---|---|---|
| | 粗 面 材 | 细 面 材 |
| 长、宽 | 0 / -2 | 0 / -1.5 |
| 厚(高) | +1 / -3 | ±1 |
| 对角线 | ±2 | ±2 |
| 平面度 | ±1 | ±0.7 |

## 2. 砌筑砂浆

(1)宜采用现行国家标准《通用硅酸盐水泥》(GB175—2007/XG1—2009)中规定的水泥。

(2)宜用质地坚硬、干净的粗砂或中砂,含泥量应小于5%。

(3)搅拌用水应符合国家现行标准《混凝土用水标准》(JGJ63—2006)的规定,宜使用饮用水及不含油类等杂质的清洁中性水,pH 值宜为6~8。

### ◆ 预制混凝土砌块面层材料质量要求

#### 1. 预制混凝土砌块

(1)预制砌块表面应平整、粗糙,技术性能应符合下列规定。

1)砌块的弯拉或抗压强度应符合设计规定,当砌块边长与厚度比小于5时应以抗压强度控制。

2)砌块的耐磨性试验磨坑长度不得大于35 mm,吸水率应小于8%,其抗冻性应符合设计规定。

3)砌块加工尺寸与外观质量允许偏差应符合表3.82的规定。

**表3.82 砌块加工尺寸与外观质量允许偏差**

| 项 目 | | 单 位 | 允许偏差 |
|---|---|---|---|
| 长度、宽度 | | mm | ±2.0 |
| 厚 度 | | | ±3.0 |
| 厚度差① | | | ≤3.0 |
| 平整度 | | | ≤2.0 |
| 垂直度 | | | ≤2.0 |
| 正面粘皮及缺损的最大投影尺寸 | | | ≤5 |
| 缺棱掉角的最大投影尺寸 | | | ≤10 |
| 裂纹 | 非贯穿裂纹最大投影尺寸 | | ≤10 |
| | 贯穿裂纹 | | 不允许 |
| 分 层 | | — | 不允许 |
| 色差、杂色 | | | 不明显 |

注:①同一砌块的厚度差。

(2)混凝土预制砌块应具有出厂合格证、生产日期和混凝土原材料、配合比、弯拉、抗压强度试验结果资料,铺装前应进行外观检查与强度试验抽样检验(含见证抽样)。

#### 2. 砌筑砂浆

砌筑砂浆所用的水泥、砂、水等材料的质量参照上述料石中的相关内容。

## 【实 务】

### ◆料石面层、预制混凝土砌块面层监理巡视

(1)铺砌应采用干硬性水泥砂浆,虚铺系数应经试验确定。
(2)铺砌控制基线的设置距离,直线段宜为 5~10 m,曲线段应视情况适度加密。
(3)当采用水泥混凝土做基层时,铺砌面层胀缝应与基层胀缝对齐。
(4)铺砌中砂浆应饱满,且表面平整、稳定、缝隙均匀,与检查井等构筑物相接时,应平整、美观,不得反坡,不得用在料石下填塞砂浆或支垫方法找平。
(5)伸缩缝材料应安放平直,并应与料石粘贴牢固。
(6)在铺装完成并检查合格后,应及时灌缝。
(7)铺砌面层完成后,必须封闭交通,并应湿润养护,当水泥砂浆达到设计强度后,方可开放交通。

### ◆料石面层监理验收

料石面层施工质量检验标准应符合表 3.83 的规定。

**表 3.83 料石面层施工质量检验标准**

| 项目 | 检验内容 | 合格质量标准 | 检查数量 | 检查方法 |
|---|---|---|---|---|
| 主控项目 | 石材 | 石材质量、外形尺寸应符合设计及《城镇道路工程施工与质量验收规范》(CJJ1—2008)要求 | 每检验批,抽样检查 | 查出厂检验报告或复验 |
| | 砂浆 | 砂浆平均抗压强度等级应符合设计规定,任一组试件抗压强度最低值不应低于设计强度的85% | 同一配合比,每1 000 m² 取1组(6块),不足1 000 m² 取一组 | 查试验报告 |
| 一般项目 | 外观质量 | 表面应平整、稳固、无翘动,缝线直顺、灌缝饱满,无反坡积水现象 | 全数检查 | 观察 |
| | 允许偏差 | 料石面层允许偏差应符合表3.84的规定 | | |

**表 3.84 料石面层允许偏差**

| 检查项目 | 允许偏差/mm | 检查频率 范围 | 检查频率 点数 | 检验方法 |
|---|---|---|---|---|
| 纵断高程/mm | ±10 | 10 m | 1 | 用水准仪测量 |
| 中线偏位/mm | ≤20 | 100 m | | 用经纬仪测量 |
| 平整度/mm | ≤3 | 20 m | 1 | 用 3 m 直尺和塞尺连续量两尺,取较大值 |
| 宽度/mm | 不小于设计规定 | 40 m | 1 | 用钢尺量 |
| 横坡 | ±0.3% 且不反坡 | 20 m | 1 | 用水准仪测量 |

续表 3.84

| 检查项目 | 允许偏差/mm | 检查频率 范围 | 检查频率 点数 | 检验方法 |
|---|---|---|---|---|
| 井框与路面高差/mm | ≤3 | 每座 | 1 | 十字法,用直尺和塞尺量,取最大值 |
| 相邻块高差/mm | ≤2 | 20 m | 1 | 用钢板尺量 |
| 纵横缝直顺度/mm | ≤5 | 20 m | 1 | 用 20 m 线和钢尺量 |
| 缝宽/mm | +3 / -2 | 20 m | 1 | 用钢尺量 |

## ◆ 预制混凝土砌块面层监理验收

预制混凝土砌块面层施工质量检验标准应符合表 3.85 的规定。

表 3.85 预制混凝土砌块面层施工质量检验标准

| 项目 | 检验内容 | 合格质量标准 | 检查数量 | 检查方法 |
|---|---|---|---|---|
| 主控项目 | 砌块 | 砌块的强度应符合设计要求 | 同一品种、规格,每 1 000 m² 抽样检查 1 次 | 查出厂检验报告,复验 |
| 主控项目 | 砂浆 | 砂浆平均抗压强度等级应符合设计规定,任一组试件抗压强度最低值不应低于设计强度的 85% | 同一配合比,每 1 000 m² 取 1 组(6 块),不足 1 000 m² 取 1 组 | 查试验报告 |
| 一般项目 | 外观质量 | 同料石面层 | 同料石面层 | 同料石面层 |
| 一般项目 | 允许偏差 | 预制混凝土砌块面层允许偏差应符合表 3.86 的规定 | | |

表 3.86 预制混凝土砌块面层允许偏差

| 检查项目 | 允许偏差/mm | 检查频率 范围 | 检查频率 点数 | 检验方法 |
|---|---|---|---|---|
| 纵断高程/mm | ±15 | 20 m | 1 | 用水准仪测量 |
| 中线偏位/mm | ≤20 | 100 m | 1 | 用经纬仪测量 |
| 平整度/mm | ≤5 | 20 m | 1 | 用 3 m 直尺和塞尺连续量两尺,取较大值 |
| 宽度/mm | 不小于设计规定 | 40 m | 1 | 用钢尺量 |
| 横坡 | ±0.3% 且不反坡 | 20 m | 1 | 用水准仪测量 |
| 井框与路面高差/mm | ≤4 | 每座 | 1 | 十字法,用直尺和塞尺量,取最大值 |
| 相邻块高差/mm | ≤3 | 20 m | 1 | 用钢板尺量 |
| 纵横缝直顺度/mm | ≤5 | 20 m | 1 | 用 20 m 线和钢尺量 |
| 缝宽/mm | +3 / -2 | 20 m | 1 | 用钢尺量 |

## 3.6 挡土墙

## 【基 础】

### ◆挡土墙一般规定

(1)挡土墙基础地基承载力必须符合设计要求,且经检测验收合格后方可进行后续工序施工。

(2)施工中应按设计规定施作挡土墙的排水系统、泄水孔、反滤层和结构变形缝。

(3)当挡土墙墙面需立体绿化时,应报请建设单位补充防止挡土墙基础浸水下沉的设计。

(4)墙背填土应采用透水性材料或设计规定的填料,土方施工应符合《城镇道路工程施工与质量验收规范》(CJJ1—2008)第14.1节的有关规定。

(5)挡土墙顶设帽石时,帽石安装应平顺、坐浆饱满、缝隙均匀。

(6)当挡土墙顶部设有栏杆时,栏杆施工应符合国家现行标准《城市桥梁施工与质量验收规范》(CJJ2—2008)的有关规定。

## 【实 务】

### ◆现浇钢筋混凝土挡土墙监理巡视

**1. 钢筋工程**

(1)钢筋加工成型采用冷加工的方法进行,钢筋冷弯采用手工或机械方法进行。

(2)对某型号的第一根钢筋进行弯曲加工时,应按设计尺寸及相关技术标准进行核实,确认无误后,以此为样板,进行成批加工。HPB235级钢筋冷拉率不宜大于2%,HRB335、HRB400级钢筋不宜大于1%。

(3)钢筋焊接加工时,螺纹钢筋可采用挤压套管接头,纵向焊接应采用闪光对焊,无特殊要求时,也可采用电弧焊。

(4)钢筋存放应按类型、钢号直径分别挂标志,宜架空地面30 cm以上,并妥善遮盖,避免锈蚀和污染。

**2. 模板工程**

(1)木模板制作时,应保持表面平整、形状正确,有足够强度和刚度,模板安装时,可设置活板及天窗,以便于混凝土浇筑、振捣及清扫模板内杂物。

(2)墙模施工时,一般应加撑头或内撑,以保证墙体混凝土的厚度,同时为便于拆模及保持混凝土表面光洁,应在模板上涂刷隔离剂。

(3)墙体混凝土抗压强度达到2.5 MPa以上时,可拆除挡墙的模板。

### 3. 混凝土工程

(1)混凝土浇筑时,应先浇底板,然后再浇立墙,底板应做施工缝处理。

(2)混凝土浇筑口宜设置在墙模侧面,且设置为高度不小于 30 cm 的门或洞。

(3)浇筑混凝土时,一般用振捣器进行振实,振捣时间控制妥当,一般的标准是达到混凝土不再下沉、无显著气泡上升、顶面平坦一致、并开始浮现灰浆为止。

(4)混凝土浇筑完成后 10 h 左右可进行覆盖浇水养护。

## ◆现浇钢筋混凝土挡土墙监理验收

现浇钢筋混凝土挡土墙施工质量检验标准应符合表 3.87 的规定。

表 3.87 现浇钢筋混凝土挡土墙施工质量检验

| 项目 | 检验内容 | 合格质量标准 | 检查数量 | 检验方法 |
|---|---|---|---|---|
| 主控项目 | 地基承载力 | 地基承载力应符合设计要求 | 每道挡土墙基槽抽检3点 | 查触(钎)检测报告、隐蔽验收记录 |
| | 钢筋质量 | 钢筋品种和规格、加工、成型、安装与混凝土强度应符合设计要求 | 钢筋按品种每批1次,安装全数检查;混凝土每班或每1组(3块),少于规定按1组计 | 钢筋查试验单和验收记录;混凝土查强度试验记录 |
| 一般项目 | 混凝土表面质量 | 混凝土表面应光洁、平整、密实,无蜂窝、麻面、露筋现象,泄水孔通畅 | 全数检查 | 观察 |
| | 钢筋加工与安装允许偏差 | 钢筋加工与安装偏差应符合表 3.88、表 3.89 的规定 | | |
| | 现浇混凝土挡土墙允许偏差 | 现浇混凝土挡土墙允许偏差应符合表 3.90 的规定 | | |
| | 路外回填土压实度 | 路外回填土压实度应符合设计规定 | 路外回填土每压其层抽检3点 | 环刀法、灌砂法或灌水法 |
| | 预制混凝土栏杆允许偏差 | 预制混凝土栏杆允许偏差应符合表 3.91 的规定 | | |
| | 栏杆安装允许偏差 | 栏杆安装允许偏差应符合表 3.92 的规定 | | |

表 3.88 钢筋加工允许偏差

| 项目 | 允许偏差/mm | 检查频率 | | 检查方法 |
|---|---|---|---|---|
| | | 范围 | 点数 | |
| 受力钢筋成型长度 | +5<br>-10 | 每根(每一类型抽查10%且不少于5根) | 1 | 用钢尺量 |
| 箍筋尺寸 | 0<br>-3 | | 2 | 用钢尺量,高、宽各一点 |

表 3.89 钢筋成型与安装允许偏差

| 项目 | 允许偏差/mm | 检验频率 范围/m | 检验频率 点数 | 检验方法 |
| --- | --- | --- | --- | --- |
| 配制两排以上受力筋时钢筋的排距 | ±5 | 10 | 2 | 用钢尺量 |
| 受力筋间距 | ±10 | | 2 | 用钢尺量 |
| 箍筋间距 | ±20 | | 2 | 5个箍筋间距量1尺 |
| 保护层厚度 | ±5 | | 2 | 用尺量 |

表 3.90 现浇混凝土挡土墙允许偏差

| 项目 | | 规定值或允许偏差 | 检验频率 范围 | 检验频率 点数 | 检验方法 |
| --- | --- | --- | --- | --- | --- |
| 长度/mm | | ±20 | 每座 | 1 | 用钢尺量 |
| 断面尺寸/mm | 厚 | ±5 | 20 m | 1 | 用钢尺量 |
| | 高 | ±5 | | 1 | |
| 垂直度 | | ≤0.15% H 且≤10 mm | | 1 | 用经纬仪或垂线检测 |
| 外露面平整度/mm | | ≤5 | | 1 | 用2 m直尺、塞尺量取最大值 |
| 顶面高程/mm | | ±5 | | 1 | 用水准仪测量 |

注：表中 H 为挡土板墙高度。

表 3.91 预制混凝土栏杆允许偏差

| 项目 | 允许偏差 | 检验频率 范围/m | 检验频率 点数 | 检验方法 |
| --- | --- | --- | --- | --- |
| 断面尺寸/mm | 符合设计规定 | 每年（每类型）抽查10%，且不少于5件 | 1 | 观察、用钢尺量 |
| 柱高/mm | 0 +5 | | 1 | 用钢尺量 |
| 侧向弯曲 | ≤L/7 500 | | 1 | 沿构件全长拉线量最大矢高 |
| 麻面 | ≤1% | | 1 | 用钢尺量麻面总面积 |

注：L 为构件长度。

## 表3.92 栏杆安装允许偏差

| 项　目 | | 允许偏差/mm | 检验频率 | | 检验方法 |
|---|---|---|---|---|---|
| | | | 范围 | 点数 | |
| 直顺度 | 扶手 | ≤4 | 每跨侧 | 1 | 用10 m线和钢尺量 |
| 垂直度 | 栏杆柱 | ≤3 | 每柱(抽查10%) | 2 | 用垂线和钢尺量,顺、横桥轴方向各1点 |
| 栏杆间距 | | ±3 | 每柱(抽查10%) | | |
| 相邻栏杆扶手高差 | 有柱 | ≤4 | 每柱(抽查10%) | 1 | 用钢尺量 |
| | 无柱 | ≤2 | | | |
| 栏杆平面偏位 | | ≤4 | 每30 m | 1 | 用经纬仪和钢尺量 |

注:现场浇筑的栏杆、扶手和钢结构栏杆、扶手的允许偏差可参照本表办理。

## ◆装配式钢筋混凝土挡土墙监理巡视

(1)挡土墙板预制、安装除了要求位置准确、直顺并与相邻板板面平齐,板缝与变形缝一致外,还应符合下列规定。

1)预制墙板的拼缝应与基础变形缝吻合。

2)墙板与基础采用焊接连接时,安装前应检查预埋件位置,墙板安装定位后,应及时焊接牢固,并对焊缝进行防腐处理。

(2)墙板灌缝应插捣密实,板缝外露面宜用相同强度的水泥砂浆勾缝,勾缝应密实、平顺。

## ◆装配式钢筋混凝土挡土墙监理验收

装配式钢筋混凝土挡土墙质量检验标准应符合表3.93的规定。

### 表3.93 装配式钢筋混凝土挡土墙质量检验标准

| 项目 | 检验内容 | 合格质量标准 | 检查数量 | 检验方法 |
|---|---|---|---|---|
| 主控项目 | 地基承载力 | 地基承载力应符合设计要求 | 每道挡土墙基槽抽检3点 | 查触(纤)探检测报告、隐蔽验收记录 |
| | 钢筋、混凝土质量 | 基础钢筋品种与规格、混凝土强度应符合设计要求 | 钢筋按品种每批1次,安装全数检查;混凝土每班或每1组(3块),少于规定按1组计 | 钢筋查试验单和验收记录;混凝土查强度试验报告 |
| | 钢筋、混凝土强度 | 预制挡土墙板钢筋、混凝土强度应符合设计及《城镇道路工程施工与质量验收规范》(CJJ 1—2008)规定 | 每检验批 | 出厂合格证或检验报告 |

续表 3.93

| 项目 | 检验内容 | 合格质量标准 | 检查数量 | 检验方法 |
|---|---|---|---|---|
| 主控项目 | 挡土墙板 | 挡土墙板应焊接牢固。焊缝长度、宽度、高度均应符合设计要求。且无夹渣、裂纹、咬肉现象 | 全数检查 | 查隐蔽验收记录 |
| | 杯口混凝土强度 | 挡土墙板杯口混凝土强度应符合设计要求 | 每班1组(3块) | 查试验报告 |
| 一般项目 | 挡土墙板安装 | 预制挡土墙板安装应板缝均匀、灌缝密实,泄水孔通畅。帽石安装边缘顺畅、顶面平整、缝隙均匀密实 | 全数检查 | 观察 |
| | 挡土墙板安装偏差 | 挡土墙板安装偏差应符合表3.94的规定 | | |
| | 预制墙板允许偏差 | 预制墙板允许偏差应符合表3.95的规定 | | |
| | 混凝土基础的允许偏差 | 混凝土基础的允许偏差应符合表3.96的规定 | | |
| | 栏杆质量 | 栏杆质量应符合表3.91、表3.92的规定 | | |

表 3.94 挡土墙板安装允许偏差

| 项 目 | | 允许偏差 | 检验频率 | | 检验方法 |
|---|---|---|---|---|---|
| | | | 范围 | 点数 | |
| 墙面垂直度 | | ≤0.15% $H$ 且 ≤15 mm | 20 m | 1 | 用垂线挂全高量测 |
| 直顺度/mm | | ≤10 | | 1 | 用20 m线和钢尺量 |
| 板间错台/mm | | ≤5 | | 1 | 用钢板尺和塞尺 |
| 预埋件/mm | 高程 | ±5 | 每个 | 1 | 用水准仪测量 |
| | 偏位 | ±15 | | | 用钢尺量 |

注:表中 $H$ 为挡土墙高度。

表 3.95 预制墙板允许偏差

| 检查项目 | 允许偏差 | 检查频率 | | 检验方法 |
|---|---|---|---|---|
| | | 范围 | 点数 | |
| 厚、高 | ±5 | 每构件(每类抽查板的10%且不少于5块) | 1 | 用钢尺量,每抽查一块板(序号1、2、3、4)各1点 |
| 宽度 | 0,−10 | | 1 | |
| 侧弯 | ≤$L$/1 000 | | 1 | |
| 板面对角线 | ≤10 | | 1 | |
| 外露面平整度 | ≤5 | | 2 | 用2 m直尺、塞尺量,每侧1点 |
| 麻面 | ≤1% | | 1 | 用钢尺量麻面总面积 |

表3.96 混凝土基础的允许偏差

| 检查项目 | 允许偏差/mm | 检查频率 范围 | 检查频率 点数 | 检验方法 |
|---|---|---|---|---|
| 中线偏位 | ≤10 | 20 m | 1 | 用经纬仪测量 |
| 顶面高程 | ±10 | | 1 | 用水准仪测量 |
| 长度 | ±10 | | 1 | 用钢尺量 |
| 宽度 | ±10 | | 1 | 用钢尺量 |
| 厚度 | ±10 | | 1 | 用钢尺量 |
| 杯口轴线偏位① | ≤10 | | 1 | 用经纬仪测量 |
| 杯口地面高程① | ±10 | | 1 | 用水准仪测量 |
| 杯口底、顶宽度① | 10~15 | | 1 | 用钢尺量 |
| 预埋件① | ≤10 | 每个 | 1 | 用钢尺量 |

注：①发生此项时使用。

## ◆砌体挡土墙监理巡视

（1）施工中宜采用立杆、挂线法控制砌体的位置、高程与垂直度。

（2）砌筑砂浆的强度应符合设计要求。稠度宜按表3.97控制，加入塑化剂时砌体强度降低不得大于10%。

表3.97 砌筑用砂浆稠度

| 稠度/cm | 砌块种类 | | |
|---|---|---|---|
| | 块石 | 料石 | 砖、砌块 |
| 正常条件 | 5~7 | 7~10 | 7~10 |
| 干热季节或石料砌块吸水率大 | 10 | — | — |

（3）墙体每日连续砌筑高度不宜超过1.2 m。分段砌筑时，分段位置应设在基础变形缝部位，相邻砌筑段高差不宜超过1.2 m。

（4）沉降缝嵌缝板安装应位置准确、牢固，缝板材料符合设计规定。

（5）砌块应上下错缝、丁顺排列、内外搭接，砂浆应饱满。

## ◆砌体挡土墙监理验收

砌体挡土墙施工质量检验标准应符合表3.98的规定。

表 3.98 砌体挡土墙施工质量检验标准

| 项目 | 检验内容 | 合格质量标准 | 检查数量 | 检验方法 |
|---|---|---|---|---|
| 主控项目 | 地基承载力 | 地基承载力应符合设计要求 | 每道挡土墙基槽抽检3点 | 查触(钎)探检测报告、隐蔽验收记录 |
| 主控项目 | 砌筑砂浆质量 | 砂浆平均抗压强度等级应符合设计规定,任一组试件抗压强度最低值不应低于设计强度的85% | 同一配合比砂浆,每50 m³砌体中,作1组(6块),不足50 m³按1组计 | 查试验报告 |
| 主控项目 | 砌块、石料强度 | 砌块、石料强度应符合设计要求 | 每品种、每检验批1组(3块) | 查试验报告 |
| 一般项目 | 挡土墙外观质量 | 挡土墙应牢固,外形美观,勾缝密实、均匀,泄水孔通畅 | — | — |
| 一般项目 | 砌筑挡土墙偏差 | 砌筑挡土墙偏差应符合表3.99的规定 | | |
| 一般项目 | 栏杆质量 | 栏杆质量应符合表3.91、表3.92的规定 | | |

表 3.99 砌筑挡土墙允许偏差

| 项目 | | 允许偏差 | | | | 检验频率 | | 检验方法 |
|---|---|---|---|---|---|---|---|---|
| | | 料石 | 块石、片石 | | 预制块 | 范围 | 点数 | |
| 断面尺寸/mm | | 0 +10 | 不小于设计规定 | | | | 2 | 用钢尺量,上、下各1点 |
| 基底高程/mm | 土方 | ±20 | ±20 | | ±20 | ±20 | 2 | 用水准仪测量 |
| 基底高程/mm | 石方 | ±100 | ±100 | | ±100 | ±100 | | 用水准仪测量 |
| 顶面高程/mm | | ±10 | ±15 | | ±20 | ±10 | 2 | |
| 轴线偏差/mm | | ≤10 | ≤15 | | ≤15 | ≤10 | 2 | 用经纬仪测量 |
| 墙面垂直度 | | ≤0.5% $H$ ≤且20 mm | ≤0.5% $H$ ≤且20 mm | | ≤0.5% $H$ ≤且20 mm | ≤0.5% $H$ ≤且20 mm | 20 m | 2 | 用垂线检测 |
| 平整度/mm | | ≤5 | ≤30 | | ≤30 | ≤5 | | 2 | 用2 m直尺和塞尺量 |
| 水平缝平直度/mm | | ≤10 | — | | — | ≤10 | | 2 | 用2 m线和钢尺量 |
| 墙面坡度 | | 不陡于设计规定 | | | | | 1 | 用坡度板检验 |

注:表中 $H$ 为挡土墙高度。

## ◆加筋土挡土墙监理巡视

(1)预制挡土墙板安装前应进行检验,确认合格,吊装应符合《城镇道路工程施工与质量验收规范》(CJJ 1—2008)第14.3.4条的有关规定。

(2)加筋土应按设计规定选土,施工前应对所用土料进行物理、力学试验,不得用白垩土、硅藻土及腐殖土等。

（3）施工前应对筋带材料进行拉拔、剪切、延伸性能复试，其指标符合设计规定方可使用。采用钢质拉筋时，应按设计规定做防腐处理。

（4）安装挡墙板，应向路堤内倾斜，其斜度应符合设计要求。

（5）施工中应控制加筋土的填土层厚及压实度。每层虚铺厚度不宜大于25 cm，压实度应符合设计规定，且不得小于95%。

（6）筋带位置、数量必须符合设计规定。填土中设有土工布时，土工布搭接宽度宜为30~40 cm，并应按设计要求留出折回长度。

（7）施工中应对每层填土检测压实度，并按施工方案要求观测挡墙板位移。

（8）挡土墙投入使用后，应对墙体变形进行观测，确认符合要求。

### ◆加筋土挡土墙监理验收

加筋土挡土墙施工质量检验标准应符合表3.100的规定。

表3.100 加筋土挡土墙施工质量检验标准

| 项目 | 检验内容 | 合格质量标准 | 检查数量 | 检验方法 |
| --- | --- | --- | --- | --- |
| 主控项目 | 地基承载力 | 地基承载力应符合设计要求 | 每道挡土墙基槽抽检3点 | 查触（钎）探检测报告、隐蔽验收记录 |
| | 基础混凝土强度 | 基础混凝土强度应符合设计要求 | 每班或每1组（3块），少于规定按1组计 | 查强度试验报告 |
| | 预制挡墙板 | 预制挡墙板的质量应符合设计要求 | 每批检验 | 出厂合格证或检验报告 |
| | 拉环、筋带材料 | 拉环、筋带材料应符合设计要求 | 每品种、每检验批 | 查检验报告 |
| | 拉环、筋带安装 | 拉环、筋带的数量、安装位置应符合设计要求，且粘接牢固 | 全部 | 观察、抽样，查试验记录 |
| | 填土土质 | 填土土质应符合设计要求 | 全部 | 观察，土的性能鉴定 |
| | 压实度 | 压实度应符合设计要求 | 每压实层、每500 m²取1点，不足500 m²取1点 | 环刀法、灌水法或灌砂法 |
| 一般项目 | 加筋土挡土墙安装偏差 | 加筋土挡土墙板安装允许偏差应符合表3.101的规定 | | |
| | 墙面板表面质量 | 墙面板应光洁、平顺、美观无破损，板缝均匀，线形顺畅，沉降缝上下贯通顺直，泄水孔通畅 | 全数检查 | 观察 |
| | 加筋土挡土墙总体偏差 | 加筋土挡土墙总体允许偏差应符合表3.102的规定 | | |
| | 栏杆质量 | 栏杆质量应符合表3.91、表3.92的规定 | | |

表 3.101　加筋土挡土墙板安装允许偏差

| 检查项目 | 允许偏差 | 检查频率 范围 | 检查频率 点数 | 检验方法 |
|---|---|---|---|---|
| 每层顶面高程/mm | ±10 | 20 m | 4组板 | 用水准仪测量 |
| 轴线偏位/mm | ≤10 | | 3 | 用经纬仪测量 |
| 墙面板垂直度或坡度 | -0.50% ~ 0% $H$① | | 3 | 用垂线或坡度板量 |

注:1. 墙面板安装以同层相邻两板为一组。
　 2. 表中 $H$ 为挡土墙板高度。
　 3. ①表示垂直度,"+"指向外、"-"指向内。

表 3.102　加筋土挡土墙总体允许偏差

| 检查项目 | | 允许偏差 | 检查频率 范围 | 检查频率 点数 | 检验方法 |
|---|---|---|---|---|---|
| 墙顶线位 | 路堤式/mm | -100 +50 | 20 m | 3 | 用20 m 线和钢尺量 |
| | 路肩式/mm | ±50 | | | |
| 墙顶高程 | 路堤式/mm | ±50 | | 3 | 用水准仪测量 |
| | 路肩式/mm | ±30 | | | |
| 墙面倾斜度 | | +(≤0.5%$H$)① 且≤+50①mm -(≤1.0%$H$)① 且≥-100①mm | | 2 | 用垂线或坡度板量 |
| 墙面板缝宽/mm | | ±10 | | 5 | 用钢尺量 |
| 墙面平整度/mm | | ≤15 | | 3 | 用2 m 直尺、塞尺量 |

注:1. ①表示垂直度,"+"指向外、"-"指向内。
　 2. 表中 $H$ 为挡土墙板高度。

# 第4章 桥涵工程质量监理

## 4.1 桥梁基础

### 【基 础】

◆扩大基础一般规定

(1)基础位于旱地上,且无地下水时,基坑顶面应设置防止地面水流入基坑的设施。基坑顶有动荷载时,坑顶边与动荷载间应留有不小于1 m宽的护道。遇到不良的工程地质与水文地质时,应对相应部位采取加固措施。

(2)当基坑受场地限制不能按规定放坡或土质松软、含水量较大基坑坡度不易保持时,应对坑壁采取支护措施。

(3)基坑内地基承载力必须满足设计要求。基坑开挖完成后,应会同设计单位、勘探单位实地验槽,确认地基承载力满足设计要求。地基承载力对结构的安全和使用寿命至关重要,基坑挖至基底设计高程或已按设计要求加固、处理完毕后,基底检验应及时验收并形成验收记录。

(4)当地基承载力不满足设计要求或出现超挖、被水浸泡现象时,应按设计要求处理,并在施工前结合现场情况,编制专项地基处理方案。

◆沉入桩基础一般规定

(1)沉桩前应具备工程地质钻探资料、水文资料、打桩资料等。
(2)桩基施工场地应平整、坚实、无障碍物。
(3)沉桩前应对预制桩进行检查,确认合格。
(4)沉桩施工应根据现场环境状况采取防噪声措施。在城区、居民区等人员密集的场所不得进行沉桩施工。
(5)桩基础轴线的定位点应设置在不受沉桩影响处,允许偏差应在设计容许范围内。
(6)对地质复杂的大桥、特大桥,为检验桩的承载能力和确定沉桩工艺应进行试桩。
(7)当对桩基的质量发生疑问时,可采用无损探伤进行检验。
(8)沉桩顺序一般由一端向另一端连续进行,当桩基平面尺寸较大或桩距较小时,宜由中间向两端或四周进行。如桩埋置有深浅,宜先沉深的、后沉浅的。往斜坡地带,应先沉坡顶的、后沉坡脚的。
(9)在黏土质地区沉入群桩,在每根桩下沉完毕后,应测量其桩顶标离,待全部沉桩完毕后再测量各桩顶标高,若有隆起现象应采取措施。

(10)在软塑黏土质地区或松散的砂土质地区下沉群桩时,应对影响范围内的建(构)筑物采取相应的保护措施。

(11)贯入度应通过试桩或做沉桩试验后与监理单位、设计单位研究确定。

(12)施工过程中如发现地质情况与勘测报告有出入时,应根据具体情况进行补充钻探。

(13)沉桩应一次沉到设计高程,不得中途停止,尤其在砂黏土层中更应注意。

(14)沉斜桩时,先沉之桩不得影响后沉之桩的施工。

## ◆灌注桩基础一般规定

(1)钻孔灌注桩基础工程的施工,应根据工程地质、水文地质资料、机具设备、施工季节、现场环境等因素,经过综合考虑,制订合理施工方法,钻孔灌注桩施工一般应具备下列资料。

1)桥位处地质剖面图及施工范围内工程地质、水文、气象等资料。

2)桥位处附近地形图、河床断面图。

3)钻孔灌注桩工程的施工图纸。

4)钻孔灌注桩工程的施工组织设计或施工方案。

(2)灌注桩施工时,应按有关规定制订安全生产、保护环境等措施,灌注桩施工应有完善的施工记录。

(3)规划和布置施工场地,根据地形条件,平整场地,清除施工范围内地上、地下障碍物,综合考虑进出场道路、场内存料场、拌合站、场内运输道路以及泥浆池、泥浆沟位置,使各道工序合理进行互不干扰。

(4)钻孔场地应符合下列要求。

1)在旱地上,应清除杂物,平整场地;遇软土应进行处理。

2)在浅水中,宜用筑岛法施工。

3)在深水中,宜搭设平台。如水流平稳,钻机可设在船上,船必须锚固稳定。

(5)制浆池、储浆池、沉淀池宜设在桥的下游,也可设在船上或平台上。

(6)在砂类土、碎石土或黏土砂土夹层中钻孔应用泥浆护壁。

(7)墩位如设在水中,由于脚手桩位不易牢固控制,桩位须用三角法测量定位。如墩位在深水中采用浮动平台时,桩位除用三角法测量定位,施工平台也应有牢固的固定设施。

(8)钻孔前应准备各种适用的钻机、钻头、动力易损件、各种打捞工具、导管、吸泥设备、各种水泵及其配件等,且在施工现场都应有专用的储备件。

(9)在任何情况下,不得以超深钻孔作为解决落淤的措施。

(10)在特殊条件下需人工挖孔时,应根据设计文件、水文地质条件、现场状况,编制专项施工方案,其护壁结构应经计算确定。施工中应采取防坠落、坍塌、缺氧和有毒、有害期气体中毒的措施,人工挖桩施工不应是首选方法,其施工条件较差,极易发生安全事故。即使在地质条件好的地区选用人工挖孔桩工法,也必须有可靠的安全防护措施。

## ◆ 沉井基础一般规定

(1)沉井施工前,应根据设计单位提供的地质资料决定是否增加补充施工钻探,并为编制施工技术方案提供准确依据。

(2)沉井下沉前,应对其附近的堤防、建(构)筑物采取有效的防护措施,并应在下沉过程中加强观测。沉井下沉时,位于邻近的土体可能随之下沉,土体范围内的堤防、建筑物和施工设施将受到危害,必须采取有效的防护和下沉方案。一般不采取抽水除土下沉方案,采取不排水取土下沉方案时,应维持沉井内水位不低于沉井外水位,防止井外土、砂涌进井内而使地面下沉。

(3)在河、湖中的沉井施工前,应调查洪汛、凌汛、河床冲刷、通航及漂流物等情况,制订防汛及相应的安全措施。

## ◆ 地下连续墙一般规定

(1)地下连续墙工程施工前,必须具备工程地质资料、区域内障碍物资料和必要的试验资料等。

(2)在堤防、建(构)筑物附近施工前,必须了解堤防、建(构)筑物结构及其基础情况,如影响其安全时,应采取有效防护措施,并在施工中加强观测。

(3)地下连续墙的成槽施工,应根据地质条件和施工条件选用挖槽机械,并采用间隔式开挖,一般地质条件应间隔一个单元槽段。挖槽时,抓斗中心平面应与导墙中心平面相吻合。

(4)挖槽过程中应观察槽壁变形、垂直度、泥浆液面高度,并应控制抓斗上下运行速度。如发现较严重坍塌时,应及时将机械设备提出,分析原因,妥善处理。

(5)槽段挖至设计高程后,应及时检查槽位、槽深、槽宽和垂直度,合格后方可进行清底。

(6)清底应自底部抽吸并及时补浆,沉淀物淤积厚度不得大于 100 mm。

## ◆ 混凝土导墙一般规定

(1)用泥浆护壁挖槽的地下连续墙应先构筑导墙。导墙不仅能够对地下连续墙挖槽起导向作用,而且承受土压、施工荷载,同时也是钢筋笼、导管、锁口管顶拔时的临时支承体。因此,要求其导墙有一定的强度和刚度,并连接成整体。

(2)导墙的材料、平面位置、形式、埋置深度、墙体厚度、顶面高程应符合设计要求。当设计无要求时,应符合下列规定。

1)导墙宜采用钢筋混凝土构筑,混凝土等级不宜低于 C20。

2)导墙的平面轴线应与地下连续墙平行,两导墙的内侧间距宜比地下连续墙体厚度大 40~60 mm。

3)导墙断面形式应根据土质情况确定,可采用板型、口型或倒 L 型。墙体厚度应满足施工要求。

4)导墙底端埋入土体内深度宜大于 1 m。基底土层应夯实,遇有特殊情况须做妥善处理。导墙顶端应高出地下水位,墙后填土应与墙顶齐平,导墙顶面应水平,内墙面应竖直。

5)导墙支撑间距宜为1~1.5m。

# 【实　务】

◆**扩大基础监理巡视**

(1)当基础位于河、湖、浅滩中采用围堰进行施工时,施工前应对围堰进行施工设计,并应符合下列规定。

1)围堰顶宜高出施工期间可能出现的最高水位(包括浪高)0.5~0.7m。

2)围堰应减少对现状河道通航、导流的影响,对河流断面被围堰压缩而引起的冲刷,应有防护措施。

3)围堰应便于施工、维护及拆除。围堰材质不得对现况河道的水质产生污染。

4)围堰应严密,不得渗漏。

(2)井点降水应符合下列规定。

1)井点降水适用于粉砂土、细砂土和地下水位较高、有承压水、挖基较深、坑壁不易稳定的土质基坑,在无砂的黏质土中不宜使用。

2)井管可根据土质分别用射水、冲击、旋转及水压钻机成孔,降水曲线应深入基底设计标高以下0.5m。

3)施工中应做好地面、周边建(构)筑物沉降及坑壁稳定的观测,必要时应采取防护措施。

(3)开挖基坑应符合下列规定。

1)基坑宜安排在枯水或少雨季节开挖。

2)坑壁必须稳定。

3)基底应避免超挖,严禁受水浸泡和受冻。

4)当基坑及其周围有地下管线时,必须在开挖前探明现况。对施工损坏的管线,必须及时处理。

5)槽边堆土时,堆土坡脚距基坑顶边线的距离不得小于1m,堆土高度不得大于1.5m。

6)基坑挖至标高后应及时进行基础施工,不得长期暴露。

(4)填回土方应符合下列规定。

1)填土应分层填筑并压实。

2)基坑在道路范围时,其回填技术要求应符合国家现行标准《城市桥梁工程施工与质量验收规范》(GJJ 2—2008)的有关规定。

3)当回填涉及管线时,管线四周的填土压实度应符合相关管线的技术规定。

◆**扩大基础监理验收**

扩大基础分项工程质量验收标准见表4.1。

## 第4章 桥涵工程质量监理

**表4.1 扩大基础分项工程质量验收标准**

| 项目 | 检验内容 | 合格质量标准 | 检查数量 | 检查范围 |
|---|---|---|---|---|
| 主控项目 | 地基检验 | 基坑内地基承载力必须满足设计要求。基坑开挖完成后，应会同设计单位、勘探单位实地验槽，确认地基承载力满足设计要求 | 全数检查 | 检查地基承载力报告 |
| | 地基处理 | 地基处理符合专项处理方案要求，处理后的地基必须满足设计要求 | 观察、检查施工记录 | 观察、检查施工记录 |
| | 回填土方 | 当年筑路和管线上填方的压实度标准应符合表4.2的规定 | | |
| 一般项目 | 基坑开挖允许偏差 | 基坑开挖允许偏差应符合表4.3的规定 | | |
| | 回填土方压实度 | 除当年筑路和管线上回填土方以外，填土压实度不应小于87%（轻型击实） | 每个基坑，每层4点 | 用环刀法或灌砂法 |
| | 填料 | 符合设计要求，不得含有影响填筑质量的杂物。基坑填筑应分层回填、分层夯实 | 全数检查 | 观察、检查回填压实度报告和施工记录 |
| | 现浇混凝土基础 | 现浇混凝土基础允许偏差符合表4.4的要求 | | |
| | | 现浇混凝土基础表面不得有孔洞、露筋 | 全数检查 | 观察 |
| | 砌体基础允许偏差 | 砌体基础允许偏差符合表4.5的要求 | | |

**表4.2 当年筑路和管线上填方的压实度标准**

| 项目 | 压实度 | 检查频率 | | 检验方法 |
|---|---|---|---|---|
| | | 范围 | 点数 | |
| 填土上当年筑路 | 符合国家现行标准《城镇道路工程施工与质量验收规范》（CJJ 1—2008）的有关规定 | 每个基坑 | 每层4点 | 用环刀法或灌砂法 |
| 管线填土 | 符合现行相关管线施工标准的规定 | 每条管线 | 每层1点 | |

**表4.3 基坑开挖允许偏差**

| 项目 | | 允许偏差/mm | 检验频率 | | 检验方法 |
|---|---|---|---|---|---|
| | | | 范围 | 点数 | |
| 基底高程 | 土方 | 0，-20 | 每座基坑 | 5 | 用水准仪测量四角和中心 |
| | 石方 | +50，-200 | | 5 | |
| 轴线偏位 | | 50 | | 4 | 用经纬仪测量，纵横各2点 |
| 基坑尺寸 | | 不小于设计规定 | | 4 | 用钢尺量每边各1点 |

表4.4 现浇混凝土基础允许偏差

| 项目 | 允许偏差/mm | 检验频率 范围 | 检验频率 点数 | 检验方法 |
| --- | --- | --- | --- | --- |
| 断面尺寸(长、宽) | ±20 | 每座基础 | 4 | 用钢尺量,长、宽各2点 |
| 顶面高程 | ±10 | 每座基础 | 4 | 用水准仪测量 |
| 基础厚度 | +10,0 | 每座基础 | 4 | 用钢尺量,长、宽各2点 |
| 轴线偏位 | 15 | 每座基础 | 4 | 用经纬仪测量,纵、横各2点 |

表4.5 砌体基础允许偏差

| 项目 | | 允许偏差/mm | 检验频率 范围 | 检验频率 点数 | 检验方法 |
| --- | --- | --- | --- | --- | --- |
| 顶面高程 | | ±25 | 每座基础 | 4 | 用水准仪测量 |
| 基础厚度 | 片石 | +30,0 | 每座基础 | 4 | 用钢尺两,长、宽各2点 |
| 基础厚度 | 料石、砌块 | +15,0 | 每座基础 | 4 | 用钢尺两,长、宽各2点 |
| 轴线偏位 | | 15 | 每座基础 | 4 | 用经纬仪测量,纵、横各2点 |

## ◆沉入桩基础监理巡视

(1)混凝土桩制作应符合下列规定。

1)在现场预制时,场地应平整、坚实、不积水,并应便于混凝土的浇筑和桩的吊运。

2)钢筋混凝土桩的主筋,宜采用整根钢筋,如需接长宜采用闪光对焊。主筋与箍筋或螺旋筋应连接紧密,交叉处应采用点焊或钢丝绑扎牢固。

3)混凝土的坍落度宜为4~6 cm。

4)混凝土应连续浇筑,不得留工作缝。

(2)钢桩防腐应符合设计要求,并应符合下列规定。

1)钢桩位于河床局部冲刷线以下1.5 m至承台底面以上5~10 cm部分,应进行防腐处理。

2)防腐前应进行喷砂除锈,达到出现金属光泽,表面无锈蚀点。

3)运输、起吊沉桩过程中,防腐层被破坏时应及时修补。

(3)桩的运输、堆放应符合下列规定。

1)堆放场地应平整、坚实、排水通畅。

2)混凝土桩的支点应与吊点上下对准,堆放不宜超过4层。

3)钢桩的支点应布置合理,防止变形,堆放不得超过3层,应采取防止钢管桩滚动的措施。

(4)锤击沉桩应符合下列规定。

1)混凝土预制桩达到设计强度后方可沉桩。

2)沉型钢桩时,应采取防止桩横向失稳的措施。

3)当沉桩的桩顶标高低于落锤的最低标高时,应设送桩,其强度不得小于桩的设计强度。送桩应与桩锤、桩身在同一轴线上。

4)开始沉桩时应控制桩锤的冲击能,低锤慢打;当桩入土一定深度后,可按要求落距和正常锤击频率进行。

5)锤击沉桩的最后贯入度,柴油锤宜为 $1\sim2$ mm/击,蒸汽锤宜为 $2\sim3$ mm/击。

6)停锤应符合下列要求。

①桩端位于黏性土或较松软土层时,应以标高控制,贯入度作为校核。如桩沉至设计标高,贯入度仍较大时,应继续锤击,其贯入度控制值应由设计确定。

②桩端位于坚硬、硬塑的黏土及中密以上的粉土、砂、碎石类土、风化岩时,应以贯入度控制,当硬层土有冲刷时应以标高控制。

③贯入度已达到要求,而桩尖未达到设计标高时,应在满足冲刷线下最小嵌固深度后,继续锤击3阵(每阵10锤),贯入度不得大于设计规定的数值。

7)在沉桩过程中发现以下情况应暂停施工,并应采取措施进行处理。

①贯入度发生剧变。

②桩身发生突然倾斜、位移或有严重回弹。

③桩头或桩身破坏。

④地面隆起。

⑤桩身上浮。

(5)振动沉桩应符合下列规定。

1)振动沉桩法应考虑振动对周围环境的影响,并应验算振动上拔力对桩结构的影响。

2)开始沉桩时应以自重下沉或射水下沉,待桩身稳定后再采用振动下沉。

3)每根桩的沉桩作业,应一次完成,中途不宜停顿过久。

4)在沉桩过程中如发生《城市桥梁工程施工与质量验收规范》(GJJ 2—2008)第10.2.15条7款的情况或机械故障应即暂停,查明原因经采取措施后,方可继续施工。

(6)射水沉桩应符合下列规定。

1)在砂类土、砾石土和卵石土层中采用射水沉桩,应以射水为主;在粘性土中采用射水沉桩,应以锤击为主。

2)当桩尖接近设计高程时,应停止射水进行锤击或振动下沉,桩尖进入未冲动的土层中的深度应根据沉桩试验确定,一般不得小于2 m。

3)采用中心射水沉桩,应在桩垫和桩帽上,留有排水通道,降低高压水从桩尖返入桩内的压力。

4)射水沉桩应根据土层情况,选择高压泵压力和排水量。

(7)采用预钻孔沉桩施工时,当钻孔直径大于桩径或对角线时,沉桩就位后,桩的周围应压注水泥浆;当钻孔直径小于桩径或对角线时,钻孔深度应为桩长的 $13\sim12$,沉桩应按《城市桥梁工程施工与质量验收规范》(GJJ 2—2008)第10.2.15条第6款规定停锤。

(8)桩的复打应符合下列规定。

1)在"假极限"土中的桩、射水下沉的桩、有上浮的桩均应复打。

2)复打前"休息"天数应符合下列要求。

①桩穿过砂类土,桩尖位于大块碎石类土、紧密的砂类土或坚硬的粘性土,不得少于1昼夜。

②在粗中砂和不饱和的粉细砂里不得少于3昼夜。

③在粘性土和饱和的粉细砂里不得少于6昼夜。

3)复打应达到最终贯入度小于或等于停打贯入度。

### ◆沉入桩基础监理验收

沉入桩基础质量检验应符合表4.6的规定。

表4.6 沉入桩基础质量检验

| 项目 | 检验内容 | 合格质量标准 | 检查数量 | 检查方法 |
|---|---|---|---|---|
| 主控项目 | 桩表面 | 桩表面不得出现孔洞、露筋和受力裂缝 | 全数检查 | 观察 |
| | 钢材品种、规格及其技术性能 | 钢材品种、规格及其技术性能应符合设计要求和相关标准规定 | 全数检查 | 检查钢材出厂合格证、检验报告和生产厂的复验报告 |
| | 制作焊接质量 | 制作焊接质量应符合设计要求和相关标准规定 | 全数检查 | 检查生产厂的检验报告 |
| | 沉入桩的入土深度、最终贯入度或停打标准 | 沉入桩的入土深度、最终贯入度或停打标准应符合设计要求 | 全数检查 | 观察、测量、检查沉桩记录 |
| 一般项目 | 钢筋混凝土和预应力混凝土桩的预制 | 钢筋混凝土和预应力混凝土桩的预制允许偏差应符合表4.7的规定 | | |
| | 桩身表面 | 桩身表面无蜂窝、麻面和超过0.15 mm的收缩裂缝。小于0.15 mm的横向裂缝长度,方桩不得大于边长或短边长的1/3,管桩或多边形桩不得大于直径或对角线的1/3;小于0.15 mm的纵向裂缝长度,方桩不得大于边长或短边长的1.5倍,管桩或多边形桩不得大于直径或对角线的1.5倍 | 全数检查 | 观察、用读数放大镜量测 |
| | 钢管桩制作允许偏差 | 钢管桩制作允许偏差应符合表4.8的规定 | | |
| | 沉桩允许偏差 | 沉桩允许偏差应符合表4.9的规定 | | |
| | 接桩焊缝外观质量 | 接桩焊缝外观质量应符合表4.10的规定 | | |

表 4.7 钢筋混凝土和预应力混凝土桩的预制允许偏差

| 项目 | | 允许偏差/mm | 检验频率 范围 | 检验频率 点数 | 检验方法 |
|---|---|---|---|---|---|
| 实心桩 | 横截面边长 | ±5 | 每批抽查10% | 3 | 用钢尺量相邻两边 |
| | 长度 | ±50 | | 2 | 用钢尺量 |
| | 桩尖对中轴线的倾斜 | 10 | | 1 | 用钢尺量 |
| | 桩轴线的弯曲矢高 | ≤0.1%桩长,且不大于20 | 全数 | 1 | 沿构件全长拉线,用钢尺量 |
| | 桩顶平面对桩纵轴线的倾斜 | ≤1%桩径(边长),且不大于3 | 每批抽查10% | 1 | 用垂线和钢尺量 |
| | 接桩的接头平面与桩轴平面垂直度 | 0.5% | 每批抽查20% | 4 | 用钢尺量 |
| 空心桩 | 内径 | 不小于设计 | 每批抽查10% | 2 | 用钢尺量 |
| | 壁厚 | 0 / −3 | | 2 | 用钢尺量 |
| | 桩轴线的弯曲矢高 | 0.2% | 全数 | 1 | 沿管节全长拉线,用钢尺量 |

表 4.8 钢管桩制作允许偏差

| 项目 | 允许偏差/mm | 检查频率 范围 | 检查频率 点数 | 检查方法 |
|---|---|---|---|---|
| 外径 | ±5 | 每批抽查10% | 4 | 用钢尺量 |
| 长度 | +10 / 0 | | 1 | 用钢尺量 |
| 桩轴线的弯曲矢高 | ≤1%桩长,且不大于20 | 全数 | | 沿桩身拉线,用钢尺量 |
| 端部平面度 | 2 | 每批抽查20% | 2 | 用直尺和塞尺量 |
| 端部平面与桩身中心线的倾斜 | ≤1%桩径,且不大于3 | | | 用垂线和钢尺量 |

表 4.9 沉桩允许偏差应符合

| 项目 | | | 允许偏差/mm | 检查频率 范围 | 检查频率 点数 | 检查方法 |
|---|---|---|---|---|---|---|
| 桩位 | 群桩 | 中间桩 | ≤$d/2$,且不大于250 | 每排桩 | 20% | 用经纬仪测量 |
| | | 外缘桩 | $d/4$ | | | |
| | 排架桩 | 顺桥方向 | 40 | | | |
| | | 垂直桥轴方向 | 50 | | | |
| 桩尖高程 | | | 不高于设计要求 | 每根桩 | 全数 | 用水准仪测量 |
| 斜桩倾斜度 | | | ±15%$\tan\theta$ | | | 用垂线和钢尺量尚未沉入部分 |
| 直桩垂直度 | | | 1% | | | |

注:1. $d$ 为桩的直径或短边尺寸/mm。 2. $\theta$ 为斜桩设计纵轴线与铅垂线间夹角/°。

表4.10　接桩焊缝外观质量允许偏差

| 项目 | | 允许偏差/mm | 检查频率 | | 检查方法 |
|---|---|---|---|---|---|
| | | | 范围 | 点数 | |
| 咬边深度(焊缝) | | 0.5 | 每条焊道 | 1 | 用焊缝量规、钢尺量 |
| 加强层高度(焊缝) | | +3 | | | |
| 加强层宽度(焊缝) | | 0 | | | |
| 钢管桩上下节错台 | 公称直径≥700 mm | 3 | | | 用钢板尺和塞尺量 |
| | 公称直径<700 mm | 2 | | | |

## ◆灌注桩基础监理巡视

### 1. 钻孔

(1)钻孔前应埋设护筒。护筒可用钢或混凝土制作,应坚实、不漏水。当使用旋转钻时,护筒内径应比钻头直径达20 mm;使用冲击钻时,护筒内径应答40 mm。

(2)护筒顶面宜高出施工水位或地下水位2 m,并宜高出施工地面0.3 m,其高度尚应满足孔内泥浆面高度的要求。

(3)护筒埋设应符合下列要求。

1)在岸滩上的埋设深度:粘性土、粉土不得小于1 m;砂性土不得小于2 m。当表面土层松软时,护筒应埋入实土层中0.5 m以下。

2)水中筑岛,护筒应埋入河床面以下1 m左右。

3)在水中平台上沉入护筒,可根据施工最高水位、流速、冲刷及地质条件等因素确定沉入度,必要时应沉入不透水层。

4)护筒埋设允许偏差。顶面中心偏位宜为5 cm。护筒斜度官为1%。

(4)钻孔时,孔内水位宜高出护筒底脚0.5 m以上或地下水位以上1.5~2 m。

(5)钻孔时,起落钻头速度应均匀,不得过猛或骤然变速。孔内出土,不得堆积在钻孔周围。

(6)钻孔应一次成孔,不得中途停顿。钻孔达到设计深度后,应对孔位、孔径、孔深和孔形等进行检查。

(7)钻孔中出现异常情况,应进行处理,并应符合下列要求。

1)坍孔不严重时,可加大泥浆相对密度继续钻进,严重时必须回填重钻。

2)出现流沙现象时,应增大泥浆相对密度,提高孔内压力或用黏土、大泥块、泥砖投下。

3)钻孔偏斜、弯曲不严重时,可重新调整钻机在原位反复扫孔,钻孔正直后继续钻进。发生严重偏斜、弯曲、梅花孔、探头石时,应回填重钻。

4)出现缩孔时,可提高孔内泥浆量或加大泥浆相对密度采用上下反复扫孔的方法,恢复孔径。

### 2. 清孔

(1)钻孔至设计标高后,应对孔径、孔深进行检查,确认合格后即进行清孔。

(2)清孔时,必须保持孔内水头,防止坍孔。

(3)清孔后应对泥浆试样进行性能指标试验。

(4)清孔后的沉渣厚度应符合设计要求。设计未规定时,摩擦桩的沉渣厚度不应大于 300 mm;端承桩的沉渣厚度不应大于 100 mm。

**3. 吊装钢筋笼**

(1)钢筋笼宜整体吊装入孔。需分段入孔时,上下两段应保持顺直。接头应符合《城市桥梁工程施工与质量验收规范》(GJJ 2—2008)的有关规定。

(2)应在骨架外侧设置控制保护层厚度的垫块,其间距竖向宜为 2 m,径向圆周不得少于 4 处。钢筋笼入孔后,应牢固定位。

(3)在骨架上应设置吊环。为防止骨架起吊变形,可采取临时加固措施,入孔时拆除。

(4)钢筋笼吊放入孔应对中、慢放,防止碰撞孔壁。下放时应随时观察孔内水位变化,发现异常应立即停放,检查原因。

**4. 灌注水下混凝土**

(1)灌注水下混凝土之前,应再次检查孔内泥浆性能指标和孔底沉渣厚度,如超过规定,应进行第二次清孔,符合要求后方可灌注水下混凝土。

(2)水下混凝土的原材料及配合比除应满足《城市桥梁工程施工与质量验收规范》(GJJ 2—2008)第 7.2 节、7.3 节的要求以外,尚应符合下列规定。

1)水泥的初凝时间,不宜小于 2.5 h。

2)粗骨料优先选用卵石,如采用碎石宜增加混凝土配合比的含砂率。粗骨料的最大粒径不得大于导管内径的 1/8 ~ 1/6 和钢筋最小净距的 1/4,同时不得大于 40 mm。

3)细骨料宜采用中砂。

4)混凝土配合比的含砂率宜采用 0.4 ~ 0.5,水胶比宜采用 0.5 ~ 0.6。经试验,可掺入部分粉煤灰。(水泥与掺入料总量不宜小于 350 kg/m³,水泥用量不得小于 300 kg/m³)

5)水下混凝土拌合物应具有足够的流动性和良好的和易性。

6)灌注时坍落度宜为 180 ~ 220 mm。

7)混凝土的配制强度应比设计强度提高 10% ~ 20%。

(3)浇筑水下混凝土的导管应符合下列规定。

1)导管内壁应光滑圆顺,直径宜为 20 ~ 30 cm,节长宜为 2 m。

2)导管不得漏水,使用前应试拼、试压,试压的压力宜为孔底静水压力的 1.5 倍。

3)导管轴线偏差不宜超过孔深的 0.5%,且不宜大于 10 cm。

4)导管采用法兰盘接头宜加锥型活套;采用螺旋丝扣型接头时必须有防止松脱装置。

(4)水下混凝土施工应符合下列要求。

1)在灌注水下混凝土前,宜向孔底射水(或射风)翻动沉淀物 3 ~ 5 min。

2)混凝土应连续灌注,中途停顿时间不宜大于 30 min。

3)在灌注过程中,导管的埋置深度宜控制在 2 ~ 6 m。

4)灌注混凝土应采取防止钢筋骨架上浮的措施。

5) 灌注的桩顶标高应比设计高出 0.5~1 m。

6) 使用全护筒灌注水下混凝土时,护筒底端应埋于混凝土内不小于 1.5 m,随导管提升逐步上拔护筒。

## ◆灌注桩基础监理验收

灌注桩基础质量检验应符合表 4.11 的规定。

**表 4.11 灌注桩基础质量检验**

| 项目 | 检验内容 | 合格质量标准 | 检查数量 | 检查方法 |
|---|---|---|---|---|
| 主控项目 | 成孔达到设计深度 | 成孔达到设计深度后,必须核实地质情况,确认符合设计要求 | 全数检查 | 观察、检查施工记录 |
| | 孔径、孔深 | 孔径、孔深应符合设计要求 | 全数检查 | 观察、检查施工记录 |
| | 混凝土抗压强度 | 混凝土抗压强度应符合设计要求 | 每根桩在浇筑地点制作混凝土试件不得少于两组 | 检查试验报告 |
| | 桩身 | 桩身不得出现断桩、缩径现象 | 全数检查 | 检查桩基无损检测报告 |
| 一般项目 | 钢筋笼制作和安装质量检验 | 钢筋笼制作和安装质量检验应符合相关规定,且钢筋笼底端高程偏差不得大于 ±50 mm | 全数检查 | 用水准仪测量 |
| | 混凝土灌注桩允许偏差 | 混凝土灌注桩允许偏差应符合表 4.12 的规定 | | |

**表 4.12 混凝土灌注桩允许偏差**

| 项目 | | 允许偏差/mm | 检验频率 | | 检验方法 |
|---|---|---|---|---|---|
| | | | 范围 | 点数 | |
| 桩位 | 群桩 | 100 | | 1 | 用全站仪检查 |
| | 排架桩 | 50 | | 1 | |
| 沉渣厚度 | 摩擦桩 | 符合设计要求 | 每根桩 | 1 | 沉淀盒或标准测锤,查灌注前记录 |
| | 支承桩 | 不大于设计要求 | | 1 | |
| 垂直度 | 钻孔桩 | ≤1% 桩长,且不大于 500 | | 1 | 用测壁仪或钻杆垂线和钢尺量 |
| | 挖孔桩 | ≤0.5% 桩长,且不大于 200 | | 1 | 用垂线和钢尺量 |

注:此表适用于钻孔和挖孔。

## ◆沉井基础监理巡视

### 1.沉井制作

(1)在旱地制作沉井应将原地面平整、夯实;在浅水中可能被淹没的旱地、浅滩应筑岛制作沉井;在地下水位很低的地区制作沉井,可先开挖基坑至地下水位以上适当高度(一般为 1~1.5 m),再制作沉井。

(2)制作沉井处的地面承载力应符合设计要求。当不能满足承载力要求时,应采取加固措施。

(3)筑岛制作沉井时,应符合下列要求。

1)筑岛标高应高于施工期间河水的最高水位 0.5~0.7 m,当有冰流时,应适当加高。

2)筑岛的平面尺寸,应满足沉井制作及抽垫等施工要求。无围堰筑岛时,应在沉井周围设置不少于 2 m 的护道,临水面坡度宜为 1:1.75~1:3。有围堰筑岛时,沉井外缘距围堰的距离应满足公式(4.1),且不得小于 1.5 m;当不能满足时,应考虑沉井重力对围堰产生的侧压力。

$$b \geq H \tan(45° - \varphi/2) \tag{4.1}$$

式中　$b$ ——沉井外缘距围堰的距离/m;

　　　$H$ ——筑岛高度/m;

　　　$\varphi$ ——筑岛用土含水饱和时的摩擦角。

3)筑岛材料应以透水性好、易于压实和开挖的无大块颗粒的砂土或碎石土。

4)筑岛应考虑水流冲刷对岛体稳定性的影响,并采取加固措施。

5)在斜坡上或在靠近堤防两侧筑岛时,应采取防止滑移的措施。

(4)刃脚部位采用土内模时,宜用粘性土填筑,土模表面应铺 20~30 mm 的水泥砂浆,砂浆层表面应涂隔离剂。

(5)沉井分节制作的高度,应根据下沉系数、下沉稳定性、经验算确定。底节沉井的最小高度,应能满足拆除支垫或挖除土体时的竖向挠曲强度要求。

(6)混凝土强度达到 25% 时可拆除侧模,混凝土强度达 75% 时方可拆除刃脚模板。

(7)底节沉井抽垫时,混凝土强度应满足设计文件规定的抽垫要求。抽垫程序应符合设计规定,抽垫后应立即用砂性土回填、捣实,抽垫时应防止沉井偏斜。

**2. 沉井下沉**

(1)在渗水量小,土质稳定的地层中宜采用排水下沉。有涌水翻砂的地层,不宜采用排水下沉。

(2)下沉困难时,可采用高压射水、降低井内水位、压重等措施下沉。

(3)沉井应连续下沉,尽量减少中途停顿时间。

(4)下沉时,应自中间向刃脚处均匀对称除土。支承位置处的土,应在最后同时挖除。应控制各井室间的土面高差,并防止内隔墙底部受到土层的顶托。

(5)沉井下沉中,应随时调整倾斜和位移。

(6)弃土不得靠近沉井,避免对沉井引起偏压。在水中下沉时,应检查河床因冲、淤引起的土面高差,必要时可采用外弃土调整。

(7)在不稳定的土层或沙土中下沉时,应保持井内外水位一定的高差,防止翻砂。

(8)纠正沉井倾斜和位移应先摸清情况、分析原因,然后采取相应措施,如有障碍物应先排除在纠偏。

**3. 沉井接高**

(1)沉井接高前应调平,接高时应停止除土作业。

(2)接高时,井顶露出水面不得小于150 cm,露出地面不得小于50 cm。

(3)接高时应均匀加载,可在刃脚下回填或支垫,防止沉井在接高加载时突然下沉或倾斜。

(4)接高时应清理混凝土界面,并用水湿润。

(5)接高后的各节沉井中轴线应一致。

**4. 水下封底**

水下封底施工应符合《城市桥梁工程施工与质量验收规范》(GJJ 2—2008)第10.3.5条的有关规定,并应符合下列规定:

(1)采用数根导管同时浇注时,导管数量和位置宜符合表4.13的规定。

表4.13 导管作用范围

| 导管内径/mm | 导管作用半径/m | 导管下口要求埋入深度/m |
|---|---|---|
| 250 | 1.1左右 | 2.0以上 |
| 300 | 1.3~2.2 | |
| 300~500 | 2.2~4.0 | |

(2)导管底端埋入封底混凝土的深度不宜小于0.8 m。

(3)混凝土顶面的流动坡度宜控制在1∶5以下。

(4)在封底混凝土上抽水时,混凝土强度不得小于10 MPa,硬化时间不得小于3 d。

**5. 浮式沉井**

(1)沉井制作应符合下列要求。

1)沉井的底节应做水压试验,其他各节应经水密试验,合格后方可入水。

2)沉井的气筒应按受压容器的有关规定,经检验合格后方可使用。

3)沉井的临时性井底,除应做水密试验,确认合格外,尚应满足在水下拆除方便的要求。

(2)沉井在浮运前,应对所经水域和沉井位置处河床进行探查,确认水域无障碍物,沉井位置的河床平整;应掌握水文、气象及航运等情况;应检查拖运、定位、导向、锚碇等设施状况,确认合格。

(3)浮式沉井底节入水后的初定位置,宜设在墩位上游适当位置。

(4)浮式沉井在悬浮状态下接高应符合下列要求。

1)沉井悬浮于水中应随时验算沉井的稳定性。

2)接高时,必须均匀对称地加载,沉井顶面宜高出水面1.5 m以上。

3)应随时测量墩位处河床冲刷情况,必要时应采取防护措施。

4)带气筒的浮式沉井,气筒应加以保护。

5)带临时性井底的浮式沉井及双壁浮式沉井,应控制各灌水隔舱间的水头差不得超过设计要求。

(5)浮式沉井着床定位应符合下列要求。

1)着床宜安排在枯水时期、低潮水位和流速平稳时进行。

2)着床前应对锚碇设备进行检查和调整,确保沉井着床位置准确。

3)着床前应探明墩位处河床情况,确认符合设计要求。

4)着床位置,应根据河床高差、冲淤情况、地层及沉井入土下沉深度等因素研究确定,宜向河床较高位置偏移适当尺寸。

5)沉井着床后,应尽快下沉,使沉井保持稳定。

## ◆沉井基础监理验收

沉井基础质量检验应符合表4.14的规定。

**表4.14 沉井基础质量检验**

| 项目 | 检验内容 | 合格质量标准 | 检查数量 | 检查方法 |
| --- | --- | --- | --- | --- |
| 主控项目 | 钢壳沉井的钢材及其焊接质量 | 钢壳沉井的钢材及其焊接质量应符合设计要求和相关标准规定 | 全数检查 | 检查钢材出厂合格证、检验报告、复验报告和焊接检验报告 |
| | 钢壳沉井气筒 | 钢壳沉井气筒必须接受压容器的有关规定制造,并经水压(不得低于工作压力的1.5倍)试验合格后方可投入使用 | | 检查制作记录、检查试验报告 |
| | 预制浮式沉井 | 预制浮式沉井在下水、浮运前,应进行水密试验,合格后方可下水 | | 检查试验报告 |
| | 钢壳沉井底节 | 钢壳沉井底节应进行水压试验,其余各节应进行水密检查,合格后方可下水 | | 检查试验报告 |
| | 就地浇筑沉井首节下沉 | 就地浇筑沉井首节下沉应在井壁混凝土达到设计强度后进行,其上各节达到设计强度的75%后方可下沉 | | 每节沉井下沉前检查同条件养护试件试验报告 |
| 一般项目 | 混凝土沉井制作允许偏差 | 混凝土沉井制作允许偏差应符合表4.15的规定 | | |
| | 混凝土沉井壁表面 | 混凝土沉井壁表面应无孔洞、露筋、蜂窝、麻面和宽度超过0.15 mm的收缩裂缝 | 全数检查 | 观察 |
| | 就地制作沉井下沉就位允许偏差 | 就地制作沉井下沉就位允许偏差应符合表4.16的规定 | | |
| | 浮式沉井下沉就位允许偏差 | 浮式沉井下沉就位允许偏差应符合表4.17的规定。 | | |
| | 下沉后内壁 | 下沉后内壁不得渗漏 | 全数检查 | 观察 |

**表 4.15　混凝土沉井制作允许偏差**

| 项　目 | | 允许偏差/mm | 检验频率 | | 检验方法 |
|---|---|---|---|---|---|
| | | | 范围 | 点数 | |
| 沉井尺寸 | 长、宽 | ±0.5%边长,大于24m时±120 | 每座 | 2 | 用钢尺量长、宽各1点 |
| | 半径 | ±0.5%半径,大于12m时±60 | | 4 | 用钢尺量,每侧1点 |
| | 对角线长度差 | 1%理论值,且不大于60 | | 2 | 用钢尺量,圆井量两个直径 |
| 井壁厚度 | 混凝土 | +40, -30 | | 4 | 用钢尺量,每侧1点 |
| | 钢壳和钢筋混凝土 | ±15 | | | |
| 平整度 | | 8 | | 4 | 用2m直尺、塞尺量,每侧各1点 |

**表 4.16　就地制作沉井下沉就位允许偏差**

| 项　目 | 允许偏差/mm | 检验频率 | | 检验方法 |
|---|---|---|---|---|
| | | 范围 | 点数 | |
| 底面、顶面中心位置 | $H/50$ | 每座 | 4 | 用经纬仪测量纵、横向各2点 |
| 垂直度 | $H/50$ | | 4 | 用经纬仪测量 |
| 平面扭角 | 1° | | 2 | 经纬仪检验纵、横轴线交点 |

注:$H$ 为沉井高度/mm。

**表 4.17　浮式沉井下沉就位允许偏差**

| 项　目 | 允许偏差/mm | 检验频率 | | 检验方法 |
|---|---|---|---|---|
| | | 范围 | 点数 | |
| 底面、顶面中心位置 | $H/50+250$ | 每座 | 4 | 用经纬仪测量纵、横向各2点 |
| 垂直度 | $H/50$ | | 4 | 用经纬仪测量 |
| 平面扭角 | 2° | | 2 | 经纬仪检验纵、横轴线交点 |

注:$H$ 为沉井高度/mm。

## ◆地下连续墙监理巡视

### 1.混凝土导墙

(1)导墙分段现浇时,段落划分应与地下连续墙划分的节段错开。

(2)安装预制导墙段时,必须保证连接处质量,防止渗漏。

(3)混凝土导墙在浇筑及养护期间,重型机械、车辆不得在附近作业、行驶。

### 2.接头

(1)锁口管应能承受灌注混凝土时的侧压力,且不得产生位移。

(2)安放锁口管时应紧贴槽端,垂直、缓慢下放,不得碰撞槽壁和强行入槽,锁口管应沉入槽底 300~500 mm。

(3)锁口管灌注混凝土 2~3 h 后进行第一次起拔,以后应每 30 min 提升一次,每次提升 50~100 mm,直至终凝后全部拔出。

(4)后继段开挖后,应对前槽段竖向接头进行清刷,清除附着土渣、泥浆等物。

### 3. 吊装钢筋骨架

吊装钢筋骨架应符合《城市桥梁工程施工与质量验收规范》(GJJ 2—2008)第 10.3.4 条的有关规定,且应符合下列规定:

(1)吊放钢筋骨架时,必须将钢筋骨架中心对准单元节段的中心,准确放入槽内,不得使骨架发生摆动和变形。

(2)全部钢筋骨架入槽后,应固定在导墙上,顶端高度应符合设计要求。

(3)当钢筋骨架不能顺利的插入槽内时,应查明原因,排除障碍后,重新放入,不得强行压入槽内。

(4)钢筋骨架分节沉入时,下节钢筋笼应临时固定在导墙上,上下节主筋应对正、焊接牢固,并经检查合格后方可继续下沉。

## ◆ 地下连续墙监理验收

地下连续墙质量检查标准应符合表 4.18 的规定。

表 4.18 地下连续墙质量检验标准

| 项目 | 检验内容 | 合格质量标准 | 检查数量 | 检查方法 |
| --- | --- | --- | --- | --- |
| 主控项目 | 成槽的深度 | 成槽的深度应符合设计要求 | 全数检查 | 用重锤检查 |
| | 水下混凝土质量检验 | 墙身不得有夹层、局部凹进 | | 检查无损检测报告 |
| | | 接头处理应符合施工设计要求 | | 观察、检查施工记录 |
| 一般项目 | 地下连续墙允许偏差 | 地下连续墙允许偏差应符合表 4.19 的规定。 | | |

表 4.19 地下连续墙允许偏差

| 项 目 | 允许偏差 /mm | 检验频率 范围 | 检验频率 点数 | 检验方法 |
| --- | --- | --- | --- | --- |
| 轴线偏位 | 30 | 每单元段或每槽段 | 2 | 用经纬仪测量 |
| 外形尺寸 | +30 0 | | 1 | 用钢尺量一个断面 |
| 垂直度 | 0.5% 墙高 | | 1 | 用超声波测槽仪检验 |
| 顶面高程 | ±10 | | 2 | 用水准仪测量 |
| 沉渣厚度 | 符合设计要求 | | 1 | 用垂锤或沉积物测定仪(沉淀盒) |

## 4.2 桥梁墩台

## 【基 础】

### ◆现浇混凝土墩台、盖梁一般要求

(1)钢管混凝土墩台柱应采用补偿收缩混凝土,一次连续浇筑完成。钢管的焊制与防腐应符合《城市桥梁工程施工与质量验收规范》(GJJ 2—2008)第14章的有关规定。

(2)盖梁为悬臂梁时,混凝土浇筑应从悬臂端开始;预应力钢筋混凝土盖梁拆除底模时间应符合设计要求;如设计无规定,预应力孔道压浆强度应达到设计强度后,方可拆除底模板。

(3)在交通繁华路段施工,盖梁宜采用整体组装模板、快装组合支架。

### ◆重力式砌体墩台一般规定

(1)墩台砌筑前,应清理基础,保持清洁,并测量放线,设置线杆。
(2)墩台砌体应采用坐浆法分层砌筑,竖缝均应错开,不得贯通。
(3)砌筑墩台镶面石应从曲线部分或角部开始。
(4)桥墩分水体镶面石的抗压强度不得低于设计要求。
(5)砌筑的石料和混凝土预制块应清洗干净,保持湿润。

### ◆台背填土一般规定

(1)台背填土不得使用含杂质、腐殖物或冻土块的土类,宜采用透水性土。
(2)台背、锥坡应同时回填,并应按设计宽度一次填齐。
(3)台背填土宜与路基填土同时进行,宜采用机械碾压。台背0.8~1 m范围内宜回填砂石、半刚性材料,并采用小型压实设备或人工夯实。
(4)轻型桥台台背填土应待盖板和支撑梁安装完成后,两台对称均匀进行。
(5)刚构应两端对称均匀回填。
(6)拱桥台背填土应在主拱施工前完成;拱桥台背填土长度应符合设计要求。
(7)柱式桥台台背填土宜在柱侧对称均匀地进行。
(8)回填土均应分层夯实,填土压实度应符合国家现行标准《城市桥梁工程施工与质量验收规范》(GJJ 2—2008)的有关规定。

# 【实 务】

## ◆重力式混凝土墩台监理巡视

(1)墩台混凝土浇筑前应对基础混凝土顶面做凿毛处理,清除锚筋污锈。

(2)墩台混凝土宜水平分层浇筑,每次浇筑高度宜为 1.5~2 m。

(3)墩台混凝土分块浇筑时,接缝应与墩台截面尺寸较小的一边平行,邻层分块接缝应错开,接缝宜做成企口形。分块数量,墩台水平截面积在 200 m² 内不得超过 2 块;在 300 m² 以内不得超过 3 块,每块面积不得小于 50 m²。

## ◆柱式墩台监理巡视

(1)模板、支架除应满足强度、刚度外,稳定计算中应考虑风力影响。

(2)墩台柱与承台基础接触面应凿毛处理,清除钢筋污锈。浇筑墩台柱混凝土时,应铺同配合比的水泥砂浆一层,墩台柱的混凝土宜一次连续浇筑完成。

(3)柱身高度内有系梁连接时,系梁应与柱同步浇筑。V 型墩柱混凝土应对称浇筑。

(4)采用预制混凝土管做柱身外模时,预制管安装应符合下列要求。

1)基础面宜采用凹槽接头,凹槽深度不得小于 5 cm。

2)上下管节安装就位后,应该用四根竖方木对称设置在管柱四周并绑扎牢固,防止撞击错位。

3)混凝土管柱外模应设斜撑,保证浇筑时的稳定。

4)管接口应采用水泥砂浆密封。

## ◆砌筑墩台分项工程监理验收

砌筑墩台分项工程质量验收标准应符合表 4.20 的规定。

表 4.20 砌筑墩台分项工程质量验收标准

| 项目 | 检验内容 | 合格质量标准 | 检查数量 | 检查方法 |
|---|---|---|---|---|
| 主控项目 | 石材要求 | 石材的技术性能和强度等级应符合设计要求。同产地石材至少抽取一组试件进行抗压强度试验(每组试件不少于 6 个);在潮湿和浸水地区使用的石材,应各增加一组抗冻性能指标和软化系数试验的试件 | 全数检查 | 检查试验报告 |
| | 混凝土砌块强度 | 混凝土砌块的强度等级应按现行国家标准《混凝土强度检验评定标准》(GB/T 50107—2010)的规定检验评定,其结果必须符合设计要求。<br>用于检查混凝土强度的试件,应在混凝土浇筑地点随机抽取,取样与试件留置应符合下列规定:<br>(1)每拌制 100 盘且不超过 100 m³ 的同配合比的混凝土,取样不得少于 1 次<br>(2)每工作班拌制的同一配合比的混凝土不足 100 盘时,取样不得少于 1 次<br>(3)每次取样应至少留置 1 组标准养护试件,同条件养护试件的留置组数应根据实际需要确定 | | |

续表 4.20

| 项目 | 检验内容 | 合格质量标准 | 检查数量 | 检查方法 |
|---|---|---|---|---|
| 主控项目 | 水泥 | 水泥进场除全数检验合格证和出厂检验报告外,应对其强度、细度、安定性和凝固时间抽样复验 | 同生产厂家、同批号、同品种、同强度等级、同出厂日期且连续进场的水泥,散装水泥每500t为一批,袋装水泥每200t为一批,当不足上述数量时,也按一批计,每批抽样不少于1次 | 检查试验报告 |
| | 外加剂 | 混凝土外加剂除全数检验合格证和出厂检验报告外,应对其减水率、凝结时间差、抗压强度比抽样检验 | 同生产厂家、同批号、同品种、同出厂日期且连续进场的外加剂,每50t为一批,不足50t时,也按一批计,每批至少抽检1次 | 检查试验报告 |
| | 水 | 当拌制混凝土用水采用非饮用水源时应进行水质检测,并应符合国家现行标准《混凝土用水标准》(JGJ 63—2006)的规定 | 同水源检查不少于1次 | 检查水质分析报告 |
| | 砂浆强度 | 砂浆的强度等级必须符合设计要求。每个构筑物、同类型、同强度等级每100 m³砌体为一批,不足100 m³的按一批计,每批取样不得少于一次。砂浆强度试件应在砂浆搅拌机出料口随机抽取,同一盘砂浆制作1组试件 | 全数检查 | 检查试验报告 |
| | 砂浆的饱满度 | 砂浆的饱满度要求达到80%以上 | 每一砌筑段、每步脚手架高度抽查不少于5处 | 观察 |
| 一般项目 | 砌体 | 分层砌筑灰缝均匀,缝宽符合要求,咬搓紧密,严禁通缝 | 全数检查 | 观察 |
| | 墩台结构 | 预埋件、泄水孔、滤层、防水设施、沉降缝符合设计规定 | 全数检查 | 观察、用钢尺量 |
| | 砌缝宽度、位置 | 砌体砌缝的宽度、位置符合表4.21的规定 | | |
| | 勾缝质量 | 砌体勾缝坚固、无脱落,交接处应平顺,宽度、深度应均匀,灰缝颜色应一致,砌体表面应洁净 | 全数检查 | 观察 |
| | 允许偏差 | 砌筑墩台允许偏差符合表4.22的规定 | | |

表4.21 砌体砌缝宽度、位置

| 项目 | | 允许偏差/mm | 检验频率 | | 检验方法 |
|---|---|---|---|---|---|
| | | | 范围 | 点数 | |
| 表面砌缝宽度 | 浆砌片石 | ≤40 | 每个构筑物、每个砌筑面或两条伸缩缝之间为一分项工程 | 10 | 用钢尺量 |
| | 浆砌块石 | ≤30 | | | |
| | 浆砌料石 | 15~20 | | | |
| 三块石料相接处的空隙 | | ≤70 | | | |
| 两层间竖向错缝 | | ≥80 | | | |

表4.22 砌筑墩台允许偏差

| 项目 | | 允许偏差/mm | | 检查频率 | | 检查方法 |
|---|---|---|---|---|---|---|
| | | 浆砌石块 | 浆砌料石、砌块 | 范围 | 点数 | |
| 墩台尺寸 | 长 | +20, -10 | +10, 0 | 每个墩台身 | 3 | 用钢尺量3个断面 |
| | 厚 | ±10 | +10, 0 | | 3 | 用钢尺量3个断面 |
| 顶面高程 | | ±15 | ±10 | | 4 | 用水准仪测量 |
| 轴线偏位 | | 15 | 10 | | 4 | 用经纬仪测量,纵、横各2点 |
| 墙面垂直度 | | ≤0.5%H,且不大于20 | ≤0.3%H,且不大于15 | | 4 | 用经纬仪测量或垂线和钢尺量 |
| 墙面平整度 | | 30 | 10 | | 4 | 用2m直尺、塞尺量 |
| 水平缝平直 | | — | 10 | | 4 | 用10m小线、钢尺量 |
| 墙面坡度 | | 符合设计要求 | 符合设计要求 | | 4 | 用坡度板量 |

注:$H$为墩台高度/mm。

## ◆现浇混凝土墩台监理验收

现浇混凝土墩台质量检验标准应符合表4.23的规定。

表4.23 现浇混凝土墩台质量检验标准

| 项目 | 检验内容 | 合格质量标准 | 检查数量 | 检查方法 |
|---|---|---|---|---|
| 主控项目 | 混凝土与钢管 | 混凝土与钢管应紧密结合,无空隙 | 全数检查 | 手锤敲击检查或检查超声波检测报告 |
| | 钢筋混凝土柱的钢管制作质量检验 | 钢筋混凝土柱的钢管制作质量检验应符合墩台施工涉及的模板与支架、钢筋、混凝土、预应力混凝土砌体检验相关的规定 | | |
| 一般项目 | 混凝土表面 | 混凝土表面应无空洞、露筋、蜂窝、麻面 | 全数检查 | 观察 |
| | 现浇混凝土墩台 | 现浇混凝土墩台允许偏差应符合表4.24的规定 | | |
| | 现浇混凝土柱 | 现浇混凝土柱允许偏差应符合表4.25的规定 | | |

表4.24 现浇混凝土墩台允许偏差

| 项目 | | 允许偏差/mm | 检验频率 | | 检验方法 |
|---|---|---|---|---|---|
| | | | 范围 | 点数 | |
| 墩台身尺寸 | 长 | +15<br>0 | 每个墩台或每个节段 | 2 | 用钢尺量 |
| | 厚 | +10<br>8 | | 4 | 用钢尺量,每侧上、下各1点 |
| 顶面高程 | | ±10 | | 4 | 用水准仪测量 |
| 轴线偏位 | | 10 | | 4 | 用经纬仪测量,纵、横各2点 |
| 墙面垂直度 | | ≤0.25%H,且不大于25 | | 2 | 用经纬仪测量或垂线和钢尺量 |
| 墙面平整度 | | 8 | | 4 | 用2 m直尺、塞尺量 |
| 节段间错台 | | 5 | | 4 | 用钢尺和塞尺量 |
| 预埋件位置 | | 5 | 每件 | 4 | 经纬仪放线,用钢尺量 |

注:H为柱高度/mm。

表4.25 现浇混凝土柱允许偏差

| 项目 | | 允许偏差/mm | 检验频率 | | 检验方法 |
|---|---|---|---|---|---|
| | | | 范围 | 点数 | |
| 断面尺寸 | 长、宽(直径) | ±5 | 每根柱 | 2 | 用钢尺量,长、宽各1点,圆柱量2点 |
| 顶面高程 | | ±10 | | 1 | 用水准仪测量 |
| 垂直度 | | ≤0.2%H,且不大于15 | | 2 | 用经纬仪测量或垂直线和钢尺量 |
| 轴线偏位 | | 8 | | 2 | 用经纬仪测量 |
| 平整度 | | 5 | | 2 | 用2 m直尺、塞尺量 |
| 节段间错台 | | 3 | | 4 | 用钢板尺和塞尺量 |

注:H为柱高度/mm。

◆ 现浇混凝土盖梁监理验收

现浇混凝土盖梁质量检验应符合表4.26的规定。

表4.26 现浇混凝土盖梁质量检验

| 项目 | 检验内容 | 合格质量标准 | 检查数量 | 检查方法 |
|---|---|---|---|---|
| 主控项目 | 现浇混凝土盖梁裂缝 | 现浇混凝土盖梁不得出现超过设计规定的受力裂缝 | 全数检查 | 观察 |
| 一般项目 | 现浇混凝土盖梁允许偏差 | 现浇混凝土盖梁允许偏差应符合表4.27的规定 | | |

表 4.27 现浇混凝土盖梁允许偏差

| 项目 | | 允许偏差/mm | 检验频率 范围 | 检验频率 点数 | 检验方法 |
|---|---|---|---|---|---|
| 盖梁尺寸 | 长 | +20 −10 | 每个盖梁 | 2 | 用钢尺量,两侧各1点 |
| | 宽 | +10 0 | | 3 | 用钢尺量,两端及中间各1点 |
| | 高 | ±5 | | 3 | |
| 盖梁轴线偏位 | | 8 | | 4 | 用经纬仪测量,纵横各2点 |
| 盖梁顶面高程 | | 0 −5 | | 3 | 用水准仪测量,两端及中间各1点 |
| 平整度 | | 5 | | 2 | 用2m直尺、塞尺量 |
| 支座垫石预留位置 | | 10 | 每个 | 4 | 用钢尺量,纵、横各2点 |
| 预埋件位置 | 高程 | ±2 | 每件 | 1 | 用水准仪测量 |
| | 轴线 | 6 | | 1 | 经纬仪放线,用钢尺量 |

## ◆预制钢筋混凝土柱和盖梁监理巡视

### 1. 预制柱安装

(1)杯口在安装前应校核长、宽、高,确认合格。杯口与预制件接触面均应凿毛处理,埋件应除锈并应校核位置,合格后方可安装。

(2)预制柱安装就位后应采用硬木楔或钢楔固定,并加斜撑保持柱体稳定,在确保稳定后方可摘去吊钩。

(3)安装后应及时浇筑杯口混凝土,待混凝土硬化后拆除硬楔,浇筑二次混凝土,待杯口混凝土达到设计强度75%后方可拆除斜撑。

### 2. 预制钢筋混凝土盖梁安装

(1)预制盖梁安装前,应对接头混凝土面凿毛处理,预埋件应除锈。

(2)在墩台柱上安装预制盖梁时,应对墩台柱进行固定和支撑,确保稳定。

(3)盖梁就位时,应检查轴线和各部尺寸,确认合格后方可固定,并浇筑接头混凝土。接头混凝土达到设计强度后,方可卸除临时固定设施。

◆预制混凝土柱监理验收

预制混凝土柱质量检查应符合表4.28的规定。

表4.28 预制混凝土柱质量检查

| 项目 | 检验内容 | 合格质量标准 | 检查数量 | 检查方法 |
| --- | --- | --- | --- | --- |
| 主控项目 | 柱与基础连接处 | 柱与基础连接处必须接触严密、焊接牢固、混凝土灌注密实,混凝土强度符合设计要求 | | |
| 一般项目 | 预制混凝土柱制作允许偏差 | 预制混凝土柱制作允许偏差应符合表4.29的规定 | | |
| | 预制柱安装允许偏差 | 预制柱安装允许偏差应符合表4.30规定 | | |
| | 盖梁表面 | 盖梁表面应无孔洞、露筋、蜂窝、麻面 | 全数检查 | 观察 |
| | 混凝土柱表面 | 混凝土柱表面应无孔洞、露筋、蜂窝、麻面和缺棱掉角现象 | 全数检查 | 观察 |

表4.29 预制混凝土柱制作允许偏差

| 项目 | | 允许偏差/mm | 检验频率 | | 检验方法 |
| --- | --- | --- | --- | --- | --- |
| | | | 范围 | 点数 | |
| 断面尺寸 | 长、宽(直径) | ±5 | 每个柱 | 4 | 用钢尺量,厚、宽各2点(圆断面量直径) |
| 高度 | | ±10 | | 2 | 用钢尺量 |
| 预应力筋孔道位置 | | 10 | 每个孔道 | 1 | |
| 侧向弯曲 | | H/750 | 每个柱 | 1 | 沿构件全高拉线,用钢尺量 |
| 平整度 | | 3 | | 2 | 2 m直尺、塞尺量 |

注:$H$为墩台高度/mm。

表4.30 预制柱安装允许偏差

| 项目 | 允许偏差/mm | 检验频率 | | 检验方法 |
| --- | --- | --- | --- | --- |
| | | 范围 | 点数 | |
| 平面位置 | 10 | 每个柱 | 2 | 用经纬仪测量,纵、横向各1点 |
| 埋入基础深度 | 不小于设计要求 | | 1 | 用钢尺量 |
| 相邻间距 | ±10 | | 1 | 用钢尺量 |
| 垂直度 | ≤0.5%H,且不大于20 | | 2 | 用经纬仪测量或用垂线和钢尺量,纵、横向各1点 |
| 墩、柱顶高程 | ±10 | | 1 | 用水准仪测量 |
| 节段间错台 | 3 | | 4 | 用钢板尺和塞尺量 |

注:$H$为墩台高度/mm。

## ◆人行天桥钢墩柱监理验收

人行天桥钢墩柱分项工程质量验收标准应符合表 4.31 的规定。

**表 4.31 人行天桥钢墩柱分项工程质量验收标准**

| 项目 | 检验内容 | 合格质量标准 | 检查数量 | 检查方法 |
|---|---|---|---|---|
| 主控项目 | 钢材要求 | 人行天桥钢墩柱钢材品种、规格及其技术性能应符合设计要求和相关标准规定 | 全数检查 | 检查钢材出厂合格证、检验报告和生产厂的复验报告 |
| | 焊接质量 | 人行天桥钢墩柱制作焊接质量应符合设计要求和相关标准规定 | 全数检查 | 检查生产厂的检验报告 |
| 一般项目 | 人行天桥钢墩柱制作允许偏差 | 人行天桥钢墩柱制作允许偏差应符合表 4.32 的规定 | | |
| | 人行天桥钢墩柱安装允许偏差 | 人行天桥钢墩柱安装允许偏差应符合表 4.33 的规定 | | |

**表 4.32 人行天桥钢墩柱制作允许偏差**

| 项目 | 允许偏差/mm | 检查频率 范围 | 检查频率 点数 | 检验方法 |
|---|---|---|---|---|
| 柱地面到柱顶支撑面的距离 | ±5 | 每件 | 2 | 用钢尺量 |
| 柱身截面 | ±3 | | | 用钢尺量 |
| 柱身轴线与柱顶支撑面垂直度 | ±5 | | | 用直角尺和钢尺量 |
| 柱顶支撑面几何尺寸 | ±3 | | | 用钢尺量 |
| 柱身挠曲 | ≤$H/1\,000$,且不大于 10 | | | 用钢尺量沿全高拉线,用钢尺量 |
| 柱身接口错台 | 3 | | | 用钢板尺和塞尺量 |

注:$H$ 为墩柱高度/mm。

**表 4.33 人行天桥钢墩柱安装允许偏差**

| 项目 | | 允许偏差/mm | 检查频率 范围 | 检查频率 点数 | 检验方法 |
|---|---|---|---|---|---|
| 钢柱轴线对行、列定位轴线的偏位 | | 5 | 每件 | 2 | 用经纬仪测量 |
| 柱基标高 | | +10,-5 | | | 用水准仪测量 |
| 挠曲矢高 | | ≤$H/1\,000$,且不大于 10 | | | 沿全长拉线,用钢尺量 |
| 钢柱轴线的垂直度 | $H≤10$ m | 10 | | | 用经纬仪测量或垂线和钢尺量 |
| | $H>10$ m | ≤$H/1\,000$,且不大于 25 | | | |

注:$H$ 为墩柱高度/mm。

## ◆台背填土监理验收

台背填土质量检验应符合国家现行标准《城镇道路工程施工与质量验收规范》(CJJ 1—2008)的有关规定。台背填土分项工程质量验收标准,见表4.34。

**表4.34 台背填土分项工程质量验收标准**

| 项目 | 检验内容 | 合格质量标准 | 检查数量 | 检查方法 |
|---|---|---|---|---|
| 主控项目 | 回填条件 | 台身、挡墙混凝土强度达到设计强度的75%以上时,方可回填土 | 全数检查 | 观察、检查同条件养护试件试验报告 |
| | 拱桥台背填土 | 拱桥台背填土在承受拱圈水平推力前完成 | | 观察 |
| 一般项目 | 台背、台身填土要求 | 台背填土的长度,台身顶面处不应小于桥台高度加2 m,底面不应小于2 m | | 观察、用钢尺量、检查施工记录 |
| | 拱桥台背填土要求 | 拱桥台背填土长度不应小于台高的3~4倍 | | |

# 4.3 桥梁支座

## 【基 础】

### ◆桥梁支座一般规定

(1)当实际支座安装温度与设计要求不同时,应通过计算设置支座顺桥方向的预偏量。

(2)支座安装平面位置和顶面高程必须正确,不得偏斜、脱空、不均匀受力。

(3)支座滑动面上的聚四氟乙烯滑板和不锈钢板位置应正确,不得有划痕、碰伤。

(4)墩台帽、盖梁上的支座垫石和挡块宜两次浇筑,确保其高程和位置的准确,垫石混凝土的强度必须符合设计要求。

### ◆板式橡胶支座一般规定

(1)当前支座的种类和规格较多,支座使用必须符合设计要求。支座在安装前必须进行全面检查,不合格者,不得使用。

(2)当实际支座安装温度与设计要求不同时,应通过计算设置支座顺桥方向的预偏置。

### ◆盆式橡胶支座一般规定

(1)使用盆式橡胶支座时,在桥台和桥墩顶部必须有高于墩身强度的支座垫石,垫石内部应有足够的钢筋网,垫石必须水平,表面高程应与设计要求相符。垫石四角的高差应当小于 2 mm,如果超出,则应磨平。

(2)现浇梁底部预埋钢板或滑板应根据浇筑时气温、预应力筋张拉、混凝土收缩和徐变对梁长的影响设置相对于设计支承中心的预偏值。

(3)活动支座安装前应采用丙酮或酒精解体清洗其各相对滑移面,擦净后在聚四氟乙烯板顶面满注硅脂,重新组装时应保持精度。

(4)支座安装后,支座与墩台顶钢垫板间应密贴。

### ◆球形支座一般规定

(1)支座出厂时,应由生产厂家将支座调平,并拧紧连接螺栓,防止运输安装过程中发生转动和倾覆。支座可根据设计需要预设转角和位移,但需在厂内装配时调整好。

(2)支座安装前应开箱检查配件清单、检验报告、支座产品合格证及支座安装养护细则,施工单位开箱后不得拆卸、转动连接螺栓。

## 【实　务】

### ◆板式橡胶支座监理巡视

梁板安放时应位置准确,且与支座密贴。如就位不准或与支座不密贴时,必须重新起吊,采取垫钢板等措施,并应使支座位置控制在允许偏差内,不得用撬棍移动梁、板。

### ◆盆式橡胶支座监理巡视

当支座上、下座板与梁底和墩台顶采用螺栓连接时,螺栓预留孔尺寸应符合设计要求,安装前应清理干净,采用环氧砂浆灌注;当采用电焊连接时,预埋钢垫板应锚固可靠、位置准确。墩顶预埋钢板下的混凝土宜分两次浇筑,且一端灌入,另端排气,预埋钢板不得出现空鼓,焊接时应采取防止烧坏混凝土的措施。

### ◆球形支座监理巡视

(1)当下支座板与墩台采用螺栓连接时,应先用钢楔块将下支座板四角调平,高程、位置应符合设计要求,用环氧砂浆灌注地脚螺栓孔及支座底面垫层。环氧砂浆硬化后,方可拆除四角钢楔,并用环氧砂浆填满楔块位置。

(2)当下支座板与墩台采用焊接连接时,应采用对称、间断焊接方法将下支座板与墩台上预埋钢板焊接,焊接时应采取防止烧伤支座和混凝土的措施。

(3)当梁体安装完毕,或现浇混凝土梁体达到设计强度后,在梁体预应力张拉之前,应拆除上、下支座板连接板。

### ◆桥梁支座监理验收

支座分项工程质量验收标准应符合表 4.35 的规定。

表4.35 支座分项工程质量验收标准

| 项目 | 检验内容 | 合格质量标准 | 检查数量 | 检查方法 |
|---|---|---|---|---|
| 主控项目 | 支座进厂检验 | 支座进行进场检验,应符合设计要求 | 全数检查 | 检查合格证、出厂性能试验报告 |
| | 支座安装前检查 | 支座安装前应检查跨距、支座栓孔位置和支座垫石顶面高程、平整度、坡度、坡向,确认符合设计要求 | | 用经纬仪和水准仪与钢尺量测 |
| | 间隙与垫层 | 支座与梁底及垫石之间必须密贴,间隙不得大于0.3 mm。垫层材料和强度应符合设计要求 | | 观察或用塞尺检查、检查垫层材料产品合格证 |
| | 支座锚栓 | 支座锚栓的埋置深度和外露长度符合设计要求。支座锚栓应在其位置调整准确后固结,锚栓与孔之间隙必须填捣密实 | | 观察 |
| | 黏结灌浆和润滑材料 | 支座的黏结灌浆和润滑材料符合设计要求 | | 检查黏结灌浆材料的配合比通知单、检查润滑材料的产品合格证、进场验收记录 |
| 一般项目 | 支座安装允许偏差 | 支座安装允许偏差应符合表4.36的规定 | | |

表4.36 支座安装允许偏差

| 项目 | 允许偏差/mm | 检查频率 范围 | 检查频率 点数 | 检验方法 |
|---|---|---|---|---|
| 支座高程 | ±5 | 每个支座 | 2 | 用水准仪测量 |
| 支座偏位 | 3 | | | 用经纬仪、钢尺量 |

## 4.4 混凝土梁(板)

# 【基础】

## ◆混凝土梁(板)材料质量要求

### 1.原材料要求

(1)现浇混凝土梁桥的满布支架、移动支架、挂篮以及联合梁、组合梁的安装支架均应进行专门的设计,按施工阶段荷载验算其强度、刚度以及稳定性。

(2)混凝土梁桥及组合梁使用钢筋、联合梁、预应力钢筋及钢材应符合《城市桥梁工程施工与质量验收规范》(CJJ 2—2008)的相关规定。

## 2. 成孔材料要求

预应力孔道成孔材料宜选用金属波纹管、胶管、钢管、橡胶棒成孔。

(1) 使用波纹管成孔时应符合以下的要求。

1) 保持波纹管接口平顺,需使用大一号的波纹管做管箍进行连接。

2) 采用分段浇筑的梁,工作缝处断面内全部孔道均应使管箍外露,以便于连接。

3) 波纹管成孔,混凝土浇筑前宜在管内穿入钢丝棉球做拉通的准备。混凝土浇筑时,设专人由两端往复拉通,防止渗入水泥浆凝块堵孔,直到混凝土初凝后停止。

4) 波纹管接头不宜设在孔道弯起的部分。

(2) 使用胶管或者橡胶棒成孔时,抽拔管时间应依据混凝土的凝结速度、施工温度经试验确定。

(3) 使用钢管成孔时,混凝土浇筑过程中应经常转动,直到抽拔管时为止。

## 3. 模板要求

模板应具有足够的刚度、强度及稳定性,混凝土模板表面应平整光滑,拼缝应严密、不漏浆,且符合以下要求。

(1) 模板的变形除应符合计算规定外,还应与执行的质量标准偏差值相匹配。

(2) 模板宜采用钢制定型模板,表面以喷塑为宜(尤其是底部模板),拼缝应夹弹性止浆材料。

采用木制模板应用刨光清水的模板,拼缝以企口最为适宜。安装后的模板应洒水湿润,直到混凝土浇筑时为止。

采用加贴面材料模板以钢板、压缩木板最为适宜,用塑料贴面板应防止浇筑混凝土后其表面翘曲与鼓包。

(3) 梁桥外露面模板,宜在全桥使用同一种类型、同一种材质的模板,以确保混凝土外观色泽均匀一致。

(4) 梁桥外露面模板应涂刷色泽均匀的脱模剂,且保持全桥一致。

(5) 模板底部应设排碴口,保证杂物冲洗排出。排碴口要设在最低处,跨度大、钢筋密时可多设几处。

## ◆悬臂浇筑混凝土梁一般规定

(1) 挂篮结构主要设计参数应符合下列规定。

1) 挂篮质量与梁段混凝土的质量比值宜控制在 0.3~0.5,特殊情况下不得超过 0.7。

2) 允许最大变形(包括吊带变形的总和)为 20 mm。

3) 施工、行走时的抗倾覆安全系数不得小于 2。

4) 自锚固系统的安全系数不得小于 2。

5) 斜拉水平限位系统和上水平限位安全系数不得小于 2。

(2) 挂篮组装后,应全面检查安装质量,并应按设计荷载做载重试验,以消除非弹性变形。

(3) 顶板底层横向钢筋宜采用通长筋。如挂篮下限位器、下锚带、斜拉杆等部位影响下一步操作需切断钢筋时,应待该工序完工后,将切断的钢筋连好再补孔。

(4)当梁段与桥墩设计为非刚性连接时,浇筑悬臂段混凝土前,应先将墩顶梁段与桥墩临时固结。

(5)墩顶梁段和附近梁段可采用托架或膺架为支架就地浇筑混凝土。托架、膺架应经过设计,计算其弹性及非弹性变形。

(6)桥墩两侧梁段悬臂施工应对称,平衡,平衡偏差不得大于设计要求。

### ◆装配式混凝土梁(板)一般规定

(1)构件预制应符合下列规定。

1)场地应平整、坚实,并采取必要的排水措施。

2)预制台座应坚固、无沉陷,台座表面应光滑平整,在2 m长度上平整度的允许偏差为2 mm,气温变化大时应设伸缩缝。

3)模板应根据施工图设置起拱。预应力混凝土梁、板设置起拱时,应考虑梁体施加预应力后的上拱度,预设起拱应折减或不设,必要时可设反拱。

4)采用平卧重叠法浇筑构件混凝土时,下层构件顶面应设隔离层,上层构件须待下层构件混凝土强度达到5 MPa后方可浇筑。

(2)构件吊点的位置应符合设计要求,设计无要求时,应经计算确定。构件的吊环应竖直,吊绳与起吊构件的交角小于60°时应设置吊梁。

(3)构件吊运时混凝土的强度不得低于设计强度的75%,后张预应力构件孔道压浆强度应符合设计要求或不低于设计强度的75%。

### ◆悬臂拼装混凝土梁一般规定

(1)梁段应在同一台座上连续或奇偶相间预制。

(2)预制台座使用前应采用1.5倍梁段质量预压。

(3)梁段间的定位销孔及其他预埋件应位置准确。

(4)预制梁段吊移前,应分别测量各段顶面四角的相对高差,并在各梁段上测设与梁轴线垂直的端横线。

(5)梁段在存放场地应平稳牢固地置于垫木上。底面有坡度的梁段,应使用不同高度的垫木,垫木的位置应与吊点位置在同一竖直线上。

(6)桥墩两侧应对称拼装,保持平衡。

## 【实 务】

### ◆支架上浇筑混凝土梁(板)监理巡视

(1)在固定支架上浇筑施工应符合下列规定。

1)支架的地基承载力应符合要求,必要时应采取加强处理或其他措施。

2)应有简便可行的落架拆模措施。

3)各种支架和模板安装后,宜采取预压方法消除拼装间隙和地基沉降等非弹性变形。

4)安装支架时,应根据梁体和支架的弹性、非弹性变形,设置预拱度。

5)支架底部应有良好的排水措施,不得被水浸泡。

6)浇筑混凝土时应采取防止支架不均匀下沉的措施。

(2)在移动模架上浇筑时,模架长度必须满足分段施工要求,分段浇筑的工作缝,应设在零弯矩点或其附近。

## ◆支架上浇筑混凝土梁(板)监理验收

支架上浇筑混凝土梁(板)分项工程检验标准应符合表 4.37 的规定。

表 4.37 支架上浇筑混凝土梁(板)分项工程质量验收标准

| 项目 | 检验内容 | 合格质量标准 | 检查数量 | 检查方法 |
|---|---|---|---|---|
| 主控项目 | 表面受力裂缝 | 结构表面不得出现超过设计规定的受力裂缝 | 全数检查 | 观察或用读数放大镜观测 |
| 一般项目 | 表面外观质量 | 结构表面无孔洞、露筋、蜂窝、麻面和宽度超过 0.15 mm 的收缩裂缝 | | |
| | 允许偏差 | 整体浇筑钢筋混凝土梁、板允许偏差符合表 4.38 的规定 | | |

表 4.38 整体浇筑钢筋混凝土梁、板允许偏差

| 检查项目 | | 允许偏差/mm | 检查频率 | | 检验方法 |
|---|---|---|---|---|---|
| | | | 范围 | 点数 | |
| 轴线偏位 | | 10 | 每跨 | 3 | 用经纬仪测量 |
| 梁板顶面高程 | | ±10 | | 3~5 | 用水准仪测量 |
| 断面尺寸/mm | 高 | +5,-10 | | 1~3 个断面 | 用钢尺量 |
| | 宽 | ±30 | | | |
| | 顶、底、腹板厚 | +10,0 | | | |
| 长度 | | +5,-10 | | 2 | 用钢尺量 |
| 横坡/% | | ±0.15 | | 1~3 | 用水准仪测量 |
| 平整度 | | 8 | | 向每侧面每 10 m 测 1 点 | 用 2 m 直尺、塞尺量 |

## ◆悬臂浇筑混凝土梁监理巡视

(1)悬臂浇筑混凝土时,宜从悬臂前端开始,最后与前段混凝土连接。

(2)连续梁(T 构)的合龙、体系转换和支座反力调整应符合下列规定。

1)合龙段的长度宜为 2 m。

2)合龙前应观测气温变化与梁端高程及悬臂端间距的关系。

3)合龙前应按设计规定,将两悬臂端合龙口予以临时连接,并将合龙跨一侧墩的临时锚固放松或改成活动支座。

4)合龙前,在两端悬臂预加压重,并于浇筑混凝土过程中逐步撤除,以使悬臂端挠度保持稳定。

5)合龙宜在一天中气温最低时进行。

6)合龙段的混凝土强度宜提高一级,以尽早施加预应力。

7)连续梁的梁跨体系转换,应在合龙段及全部纵向连续预应力筋张拉、压浆完成,并解除各墩临时固结后进行。

8)梁跨体系转换时,支座反力的调整应以高程控制为主,反力作为校核。

## ◆悬臂浇筑混凝土梁监理验收

臂浇筑混凝土梁分项工程质量验收标准见表4.39定。

**表4.39 臂浇筑混凝土梁分项工程质量验收标准**

| 项目 | 检验内容 | 合格质量标准 | 检查数量 | 检查范围 |
|---|---|---|---|---|
| 主控项目 | 悬臂浇筑控制 | 悬臂浇筑必须对称进行,桥墩两侧平衡偏差不得大于设计规定,轴线挠度必须在设计规定范围内 | 全数检查 | 检查监控量测记录 |
| | 表面受力裂缝 | 梁体表面不得出现超过设计规定的受力裂缝 | | 观察或用读数放大镜观测 |
| | 梁体合龙高差 | 悬臂合龙时两侧梁体的高差必须在设计允许范围内 | | 用水准仪测量、检查测量记录 |
| 一般项目 | 梁体外观质量 | 梁体线形平顺,相邻梁段接缝处无明显折弯和错台,梁体表面无孔洞、露筋、蜂窝、麻面和宽度超过0.15 mm的收缩裂缝 | 全数检查 | 观察、用读数放大镜观测 |
| | 允许偏差 | 悬臂浇筑预应力混凝土梁允许偏差符合表4.40规定 | | |

**表4.40 悬臂浇筑预应力混凝土梁允许偏差**

| 项目 | | 允许偏差/mm | 检验频率 | | 检验方法 |
|---|---|---|---|---|---|
| | | | 范围 | 点数 | |
| 轴线偏位 | $L \leq 100$ m | 10 | 节段 | 2 | 用全站仪、经纬仪测量 |
| | $L > 100$ m | $L/10\,000$ | | | |
| 顶面高程 | $L \leq 100$ m | ±20 | | 2 | 用水准仪测量 |
| | $L > 100$ m | ±$L/5\,000$ | | | |
| | 相邻节段高差 | 10 | | 3~5 | |
| 断面尺寸 | 高 | +5,-10 | 1个断面 | | 用钢尺量 |
| | 宽 | ±30 | | | |
| | 顶、底、腹板厚 | +10,0 | | | |

续表4.40

| 项目 | | 允许偏差/mm | 检验频率 | | 检验方法 |
|---|---|---|---|---|---|
| | | | 范围 | 点数 | |
| 合龙后同跨对称点高程差 | L≤100 m | 20 | 每跨 | 5~7 | 用水准仪测量 |
| | L>100 m | L/5 000 | | | |
| 横坡/% | | ±0.15 | 节段 | 1~2 | |
| 平整度 | | 8 | 检查竖直、水平两个方向,每侧面每10 m梁长 | 1 | 用2 m直尺、塞尺量 |

注:L为桥梁跨度/mm。

## ◆装配式混凝土梁(板)监理巡视

### 1. 构件移运及堆放

(1)构件运输和堆放时,梁式构件应竖立放置,并应采取斜撑等防止倾覆的措施;板式构件不得倒置,支承位置应与吊点位置在同一竖直线上。

(2)使用平板拖车或超长拖车运输大型构件时,车长应能满足支承间的距离要求,支点处应设活动转盘,运输道路应平整。

(3)堆放构件的场地应平整、坚实。

(4)构件应按吊运及安装次序顺序堆放。

(5)构件堆放时,应放置在垫木上,吊环向上,标志向外。混凝土养护期未满的,应继续洒水养护。

(6)水平分层堆放构件时,其堆放高度应按构件强度、地面承载力等条件确定。层与层之间应以垫木隔开,各层垫木的位置应在吊点处,上下层垫木必须在一条竖直线上。

(7)雨期和冰冻地区的春融期间,必须采取措施防止地面下沉,造成构件断裂。

### 2. 简支梁的架设

(1)施工现场内运输通道应畅通,吊装场地应平整、坚实,电力架空线路附近作业时,必须采取相应的安全技术措施。风力6级(含)以上时,不得进行吊装作业。

(2)起重机架梁应符合下列要求。

1)起重机工作半径和高度的范围内不得有障碍物。

2)严禁起重机斜拉、斜吊,严禁轮胎起重机吊重物行驶。

3)使用双机抬吊同一构件时,车臂杆应保持一定距离,必须设专人指挥,每一单机必须按降效25%作业。

(3)门式吊梁车架梁应符合下列要求。

1)吊梁车吊重能力应大于1/2梁重,轮距应为主梁间距的2倍。

2)导梁长度不得小于桥梁跨径的2倍另加5~10 m引梁,导梁高度宜小于主梁高度,在墩顶设垫块使导梁顶面与主梁顶面保持水平。

3)构件堆放场或预制场宜设在桥头引道上。桥头引道应填筑到主梁顶高,引道与主梁或导梁接头处应砌筑坚实平整。

4)吊梁车起吊或落梁时应保持前后吊点升降速度一致,吊梁车负载时应慢速行驶,保持平稳,在导梁上行驶速度不宜大于 5 m/min。

(4)跨墩龙门吊架梁应符合下列要求。

1)跨墩龙门架应根据梁的质量、跨度、高度专门设计拼装。

2)门架应跨越桥墩及运梁便线(或预制梁堆场),高出桥墩顶面 4 m 以上。

3)跨墩龙门吊纵移时应空载,吊梁时门架应固定,安梁小车横移就位。

4)运梁便线应设在桥墩一侧,跨过桥墩及便线沿桥两侧铺设龙门吊轨道;轨道基础应坚实、平整,木中心距 50 cm,铺设重轨,轨道应直顺,两侧龙门轨道应等高。

## ◆预制安装混凝土梁(板)监理验收

预制安装混凝土梁(板)分项工程质量验收标准应符合表 4.41 规定。

表 4.41 预制安装混凝土梁(板)分项工程质量验收标准

| 项目 | 检验内容 | 合格质量标准 | 检查数量 | 检查方法 |
| --- | --- | --- | --- | --- |
| 主控项目 | 受力裂缝 | 结构表面不得出现超过设计规定的受力裂缝 | 全数检查 | 观察或用读数放大镜观测 |
| | 结构强度及预应力孔道砂浆强度 | 安装时结构强度及预应力孔道砂浆强度必须符合设计要求,设计未要求时,必须达到设计强度的 75% | 全数检查 | 检查试件强度试验报告 |
| 一般项目 | 梁(板)质量 | 混凝土表面应无孔洞、露筋、蜂窝、麻面和宽度超过 0.15 mm 的收缩裂缝 | 全数检查 | 观察、用读数放大镜观测 |
| | 预制偏差 | 预制梁、板允许偏差符合表 4.42 规定 | | |
| | 安装偏差 | 梁、板安装允许偏差符合表 4.43 规定 | | |

表 4.42 预制梁、板允许偏差

| 项目 | | 允许偏差/mm | | 检验频率 | | 检验方法 |
| --- | --- | --- | --- | --- | --- | --- |
| | | 梁 | 板 | 范围 | 点数 | |
| 断面尺寸 | 宽 | 0, -10 | 0, -10 | 每个构件 | 5 | 用钢尺量,端部、$L/4$ 处和中间各 1 点 |
| | 高 | ±5 | — | | 5 | |
| | 顶、底、腹板厚 | ±5 | ±5 | | 5 | |
| 长度 | | 0, -10 | 0, -10 | | 4 | 用钢尺量,两侧上、下各 1 点 |
| 侧向弯曲 | | $L/1000$ 且不大于 10 | $L/1000$ 且不大于 10 | | 2 | 沿构件全长拉线,用钢尺量,左右各 1 点 |
| 对角线长度差 | | 15 | 15 | | 1 | 用钢尺量 |
| 平整度 | | 8 | 8 | | 2 | 用 2 m 直尺,塞尺量 |

注:$L$ 为构件长度/mm。

表 4.43 梁、板安装允许偏差

| 项目 | | 允许偏差 /mm | 检查频率 | | 检查方法 |
|---|---|---|---|---|---|
| | | | 范围 | 点数 | |
| 平面位置 | 顺桥纵轴线方向 | 10 | 每个构件 | 1 | 用经纬仪测量 |
| | 垂直桥纵轴线方向 | 5 | | 1 | |
| 焊接横隔梁相对位置 | | 10 | 每处 | 1 | 用钢尺量 |
| 湿接横隔梁相对位置 | | 20 | | 1 | |
| 伸缩缝宽度 | | +10,-5 | | 1 | |
| 支座板 | 每块位置 | 5 | 每个构件 | 2 | 用钢尺量,纵、横各 1 点 |
| | 每块边缘高差 | 1 | | 2 | 用钢尺量,纵、横各 1 点 |
| 焊接长度 | | 不小于设计要求 | 每处 | 1 | 抽查焊缝的 10% |
| 相邻两构件支点处顶面高差 | | 10 | 每个构件 | 2 | 用钢尺量 |
| 块体拼装立缝宽度 | | +10,-5 | | 1 | |
| 垂直度 | | 1.2% | 每孔 2 片装 | 2 | 用垂线和钢尺量 |

## ◆悬臂拼装混凝土梁监理巡视

(1)悬拼吊架走行及悬拼施工时的抗倾覆稳定系数不得小于 1.5。

(2)吊装前应对吊装设备进行全面检查,并按设计荷载的 30% 进行试吊。

(3)悬拼施工前应绘制主梁安装挠度变化曲线,以控制各梁段安装高程。

(4)悬拼施工应按锚固设计要求,将墩顶梁段与桥墩临时锚固,或在桥墩两侧设立临时支撑。

(5)墩顶梁段与悬拼第 1 段之间应设 10~15 cm 宽的湿接缝,并应符合下列要求。

1)湿接缝的端面应凿毛清洗。

2)波纹管伸入两梁段长度不得小于 5 cm,并进行密封。

3)湿接缝混凝土强度宜高于梁段混凝土一个等级,待接缝混凝土达到设计强度后方可拆模、张拉预应力束。

(6)梁段接缝采用胶拼时应符合下列要求。

1)胶拼前,应清除胶拼面上浮浆、杂质、隔离剂,并保持干燥。

2)胶拼前应先预拼,检测并调整其高程、中线,确认符合设计要求。涂胶应均匀,厚度宜为 1~1.5 mm。涂胶时,混凝土表面温度不宜低于 15 ℃。

3)环氧树脂胶浆应根据环境温度、固化时间和强度要求选定配方。固化时间应根据操作需要确定,不宜少于 10 h,在 36 h 内达到梁体设计强度。

4)梁段正式定位后,应按设计要求张拉定位束,设计无规定时,应张拉部分预应力束,预压胶拼接缝,使接缝处保持 0.2 MPa 以上压应力,并及时清理接触面周围及孔道中挤出的胶浆。待环氧树脂胶浆固化、强度符合设计要求后,再张拉其余预应力束。

5)在设计要求的预应力束张拉完毕后,起重机方可松钩。

## ◆悬臂拼装混凝土梁监理验收

悬臂拼装混凝土梁分项工程质量验收标准应符合表4.44的规定。

**表4.44 悬臂拼装混凝土梁分项工程质量验收标准**

| 项目 | 检验内容 | 合格质量标准 | 检查数量 | 检查方法 |
|---|---|---|---|---|
| 主控项目 | 悬臂浇筑控制 | 悬臂拼装必须对称进行,桥墩两侧平衡偏差不得大于设计规定,轴线挠度必须在设计规定范围内 | 全数检查 | 检查监控量测记录 |
| | 合龙梁体高差 | 悬臂合龙时两侧梁体高差必须在设计规定允许范围内 | | 用水准仪测量,检查测量记录 |
| 一般项目 | 梁体质量 | 梁体线形平顺,相邻梁段接缝处无明显折弯和错台,预制梁表面无孔洞、露筋、蜂窝、麻面和宽度超过0.15 mm的收缩裂缝 | | 观察、用读数放大镜观测 |
| | 预制偏差 | 预制梁段允许偏差符合表4.45的规定 | | |
| | 拼装偏差 | 悬臂拼装预应力混凝土梁允许偏差符合表4.46的规定 | | |

**表4.45 预制梁段允许偏差**

| 项目 | | 允许偏差/mm | 检验频率 | | 检验方法 |
|---|---|---|---|---|---|
| | | | 范围 | 点数 | |
| 断面尺寸 | 宽 | 0, -10 | 每段 | 5 | 用钢尺量,端部、1/4处和中间各1点 |
| | 高 | ±5 | | 5 | |
| | 顶底腹板厚 | ±5 | | 5 | |
| 长度 | | ±20 | | 4 | 用钢尺量,两侧上、下各1点 |
| 横隔梁轴线 | | 5 | | 2 | 用经纬仪测量,两端各1点 |
| 横向弯曲 | | ≤$L/1\,000$,且不大于10 | | 2 | 沿梁段全长拉线,用钢尺量,左右各1点 |
| 平整度 | | 8 | | 2 | 用2 m直尺、塞尺量 |

注:$L$为梁段长度/mm。

**表4.46 悬臂拼装预应力混凝土梁允许偏差**

| 检查项目 | | 允许偏差/mm | 检查频率 | | 检验方法 |
|---|---|---|---|---|---|
| | | | 范围 | 点数 | |
| 轴线偏位 | $L$≤100 m | 10 | 节段 | 2 | 用全站仪、经纬仪测量 |
| | $L$>100 m | $L/10\,000$ | | | |
| 顶面高程 | $L$≤100 m | ±20 | | 2 | 用水准仪测量 |
| | $L$>100 m | ±$L/50\,000$ | | | |
| | 相邻节段高差 | 10 | | 3~5 | 用钢尺量 |
| 合龙后同跨对称点高程差 | $L$≤100 m | 20 | 每跨 | 5~7 | 用水准仪测量 |
| | $L$>100 m | $L/50\,000$ | | | |

注:$L$为梁段长度/mm。

## 4.5 顶进箱涵

## 【基　础】

### ◆顶进箱涵一般规定

(1) 箱涵顶进宜避开雨期施工,如需跨雨期施工,必须编制专项防洪排水方案。
(2) 顶进箱涵施工前,应调查下列内容。
1) 调查现况铁道、道路路基填筑、路基中地下管线等情况,以及所属单位对施工的要求。
2) 调查穿越铁路、道路运行及设施状况。
3) 调查施工现场现况道路的交通状况,施工期间交通疏导方案的可行性。
(2) 顶进应具备以下条件。
1) 主体结构混凝土必须达到设计强度,防水层及防护层应符合设计要求。
2) 顶进后背和顶进设备安装完成,经试运转合格。
3) 线路加固方案完成,并经主管部门验收确认。
4) 线路监测、抢修人员及设备等应到位。
(3) 列车或车辆通过时严禁挖土,人员应撤离至土方可能坍塌范围以外。当挖土或顶进过程中发生塌方,影响行车安全时,必须停止顶进,迅速组织抢修加固。
(4) 顶进应与观测密切配合,随时根据箱涵顶进轴线和高程偏差,及时调整侧刃脚切土宽度和船头坡吃土高度。
(5) 挖运土方与顶进作业应循环交替进行,严禁同时进行。
(6) 箱涵的钢刃脚应切土顶进。如设有中平台时,上、下两层不得挖通,平台上不得积存土方。

## 【实　务】

### ◆工作坑和滑板监理巡视

(1) 工作坑应根据线路平面、现场地形,在保证通行的铁路、道路行车安全的前提下选择挖方数量少、顶进长度短的位置。
(2) 工作坑边坡应视土质情况而定,两侧边坡宜为1:0.75~1:1.5,靠铁路路基一侧的边坡宜缓于1:1.5;工作坑距最外侧铁路中心线不得小于3.2 m。
(3) 工作坑的平面尺寸应满足箱涵预制与顶进设备安装需要。前端顶板外缘至路基坡脚不宜小于1 m;后端顶板外缘与后背间净距不宜小于1 m;箱涵两侧距工作坑坡脚不宜小于1.5 m。

(4)开挖工作坑应与修筑后背统筹安排,当采用钢板桩作后背时,应先沉桩再开挖工作坑和填筑后背土。

(5)土层中有水时,工作坑开挖前应采取降水措施,将地下水位降至基底0.5 m以下,并疏干后方可开挖。工作坑开挖时不得扰动地基,不得超挖。工作坑底应密实平整,并有足够的承载力,基底允许承载力不宜小于0.15 MPa。

(6)修筑工作坑滑板,应满足预制箱涵主体结构所需强度,并应符合下列规定:

1)滑板中心线应与箱涵设计中心线一致。

2)滑板与地基接触面应有防滑措施,宜在滑板下设锚梁。

3)为减少箱涵顶进中扎头现象,宜将滑板顶面做成前高后低的仰坡,坡度宜为3‰。

4)滑板两侧宜设方向墩。

### ◆ 滑板监理验收

滑板分项工程质量验收标准应符合表4.47的规定。

表4.47 滑板分项工程质量验收标准

| 项目 | 检验内容 | 合格质量标准 | 检查数量 | 检查方法 |
|---|---|---|---|---|
| 主控项目 | 滑板 | 轴线位置、结构尺寸、顶面坡度、锚梁、方向墩符合设计要求 | 全数检查 | 观察、检查施工记录 |
| 一般项目 | 滑板允许偏差 | 滑板允许偏差应符合表4.48的规定 | | |

表4.48 滑板允许偏差

| 项目 | 允许偏差/mm | 检查频率 范围 | 检查频率 点数 | 检验方法 |
|---|---|---|---|---|
| 中线偏位 | 50 | 每座 | 1 | 用经纬仪测量纵、横各1点 |
| 高程 | +5,0 | 每座 | 5 | 用水准仪测量 |
| 平整度 | 5 | 每座 | 5 | 用2 m直尺、塞尺量 |

### ◆ 箱涵预制和顶进监理巡视

(1)箱涵预制除应符合《城市桥梁工程施工与质量验收规范》(GJJ 2—2008)第5、6、7章的有关规定外,尚应符合下列规定。

1)箱涵侧墙的外表面前端2 m范围内应向两侧各加宽1.5~2 cm,其余部位不得出现正误差。

2)工作坑滑板与预制箱涵底板间应铺设润滑隔离层。

3)箱涵底板底面前端2~4 m范围内宜设高5~10 cm船头坡。

4)箱涵前端周边宜设钢刃脚。

5)箱涵混凝土达到设计强度后方可拆除顶板底模。

(2)箱涵防水层施工应符合《城市桥梁工程施工与质量验收规范》(GJJ 2—2008)第

20.2 节有关规定,箱涵顶面防水层尚应施作水泥混凝土保护层。

(3)顶进设备及其布置应符合下列规定。

1)应根据计算的最大顶力确定顶进设备。千斤顶的顶力可按额定顶力的 60% ~ 70% 计算。

2)高压油泵及其控制阀等工作压力应与千斤顶匹配。

3)液压系统的油管内径应按工作压力和计算流量选定,回油管路主油的油管的内径不的小 10 mm,分油管的内径不得小于 6 mm。

4)油管应清洗干净,油路布置合理,密封良好,液压油脂应过滤。

5)顶进过程中,当液压系统发生故障时应立即停止运转,严禁在工作状态下检修。

(4)顶进箱涵的后背,必须有足够的强度、刚度和稳定性。墙后填土,宜利用原状土,或用砂砾、灰土(水泥土)夯填密实。

(5)安装顶柱(铁),应与顶力轴线一致,并与横梁垂直,应做到平、顺、直。当顶程长时,可在 4 ~ 8 m 处加横梁一道。

## ◆预制箱涵监理验收

预制箱涵分项工程质量验收标准应符合表 4.49 的规定。

表 4.49 预制箱涵分项工程质量验收标准

| 项目 | 检验内容 | 合格质量标准 | 检查数量 | 检查方法 |
| --- | --- | --- | --- | --- |
| 一般项目 | 混凝土结构表面 | 无孔洞、露筋、蜂窝、麻面和缺棱掉角等缺陷 | 全数检查 | 观察 |
| | 箱涵预制允许偏差 | 箱涵预制允许偏差应符合表 4.50 的规定 | | |

表 4.50 箱涵预制允许偏差

| 项目 | | 允许偏差/mm | 检验频率 | | 检验方法 |
| --- | --- | --- | --- | --- | --- |
| | | | 范围 | 点数 | |
| 断面尺寸 | 净空宽 | ±30 | 每座、每节 | 6 | 用钢尺量,沿全长中间及两端的左、右各1点 |
| | 净空高 | ±50 | | 6 | 用钢尺量,沿全长中间及两端的上、下各1点 |
| 厚度 | | ±10 | | 8 | 用钢尺量,每端顶板、底板及两侧壁各1点 |
| 长度 | | +50 | | 4 | 用钢尺量,两侧上、下各1点 |
| 侧向弯曲 | | $L/1000$ | | 2 | 沿构件全长拉线,用钢尺量,左、右各1点 |
| 轴线偏位 | | 10 | | 2 | 用经纬仪测量 |
| 垂直度 | | ≤0.15% $H$,且不大于10 | | 4 | 用经纬仪测量或垂线和钢尺量,每侧2点 |
| 两对角线长度差 | | 75 | | 1 | 用钢尺量顶板 |
| 平整度 | | 5 | | 8 | 用2 m直尺、塞尺量(两侧内端各4点) |

续表 4.50

| 项目 | 允许偏差/mm | 检验频率 | | 检验方法 |
|---|---|---|---|---|
| | | 范围 | 点数 | |
| 箱体外形 | 箱涵侧墙的外表面前端 2 m 范围内,应向两侧各加宽 1.5~2 cm,其余部位不得出现正误差 箱涵底板底面前端 2~4 m 范围内,宜设高 5~10 cm 的船头坡 | 每座、每节 | 5 | 用钢尺量,两端上、下各 1 点,距前端 2m 处 1 点 |

注:$L$ 为箱涵全长/mm;$H$ 为箱涵高度/mm。

## ◆箱涵顶进监理验收

箱涵顶进分项工程质量验收标准应符合表 4.51 的规定。

表 4.51 箱涵顶进分项工程质量验收标准

| 项目 | 检验内容 | 质量标准 | 检查数量 | 检查方法 |
|---|---|---|---|---|
| 一般项目 | 箱涵接缝 | 分节顶进的箱涵就位后接缝处应直顺、无渗漏 | 全数检查 | 观察 |
| | 箱涵顶进允许偏差 | 箱涵顶进允许偏差应符合表 4.52 的规定 | | |

表 4.52 箱涵顶进允许偏差

| 检查项目 | | 允许偏差/mm | 检查频率 | | 检验方法 |
|---|---|---|---|---|---|
| | | | 范围 | 点数 | |
| 轴线偏位 | $L < 15$ m | 100 | 每座、每节 | 2 | 用经纬仪测量,两端各 1 点 |
| | $15\ \text{m} \leqslant L \leqslant 100\ \text{m}$ | 200 | | | |
| | $L > 30$ m | 300 | | | |
| 高程 | $L < 15$ m | +20,-100 | | 2 | 用水准仪测量,两端各 1 点 |
| | $15\ \text{m} \leqslant L \leqslant 100\ \text{m}$ | +20,-150 | | | |
| | $L > 30$ m | +20,-200 | | | |
| 相邻两端高差 | | 50 | | 1 | 用钢尺量 |

注:表中 $L$ 为箱涵沿顶进轴线的长度/m。

# 第5章 市政管网工程质量监理

## 5.1 市政给水排水管道安装工程

### 【基 础】

◆**给水铸铁管质量要求**

(1)铸铁管、管件应符合设计要求和国家现行的有关标准,并有出厂合格证。

(2)管身内外应整洁,不得有裂缝、砂眼、碰伤。检查时可用小锤轻轻敲打管口、管身,声音嘶哑处即有裂缝,有裂缝的管材不得使用。

(3)承口内部、插口端部附有毛刺、砂粒和沥青应清除干净。

(4)铸铁管内外表面的漆层应完整光洁,附着牢固。

◆**钢管质量要求**

(1)表面应无裂缝、变形、壁厚不均等缺陷。

(2)检查直管1:3断面有无变形,是否与管身垂直。

(3)管身内外是否锈蚀,凡锈蚀管子,在安装前应进行除锈,刷防锈漆。

(4)镀锌管的锌层是否完整均匀。

◆**塑料管质量要求**

(1)塑料管、复合管应有制造厂名称、生产日期、工作压力等标记,并具有出厂合格证。

(2)塑料管、复合管的管材、配件、胶粘剂,应是同一厂家的配套产品。

(3)管壁应光滑、平整,不允许有气泡、裂口、凹陷、颜色不均等缺陷。

◆**阀门质量要求**

(1)核对阀门的型号、规格、材质是否与设计要求一致。

(2)检查阀体有无裂缝或其他损坏,阀杆转动是否灵活,闸板是否牢固。

(3)$D_N$100 mm及以上的阀门应100%进行强度和严密性试验。若有不合格,应进行解体、研磨,检查密封填料并压紧,再进行试压。若仍不合格,则不能使用。

◆**球墨铸铁管安装一般规定**

(1)管节及管件的规格、尺寸公差、性能应符合国家有关标准规定和设计要求,进入施工现场时其外观质量应符合下列规定。

1)管节及管件表面不得有裂纹,不得有妨碍使用的凹凸不平的缺陷。

2)采用橡胶圈柔性接口的球墨铸铁管,承口的内工作面和插口的外工作面应光滑、轮廓清晰,不得有影响接口密封性的缺陷。

(2)管节及管件下沟槽前,应清除承口内部的油污、飞刺、铸砂及凹凸不平的铸瘤;柔性接口铸铁管及管件承口的内工作面、插口的外工作面应修整光滑,不得有沟槽、凸脊缺陷;有裂纹的管节及管件不得使用。

## ◆钢管安装一般规定

(1)管道安装应符合现行国家标准《工业金属管道工程施工及验收规范》(GB 50235—2010)、《现场设备、工业管道焊接工程施工及验收规范》(GB 50236—1998)等规范的规定,并应符合下列规定。

1)对首次采用的钢材、焊接材料、焊接方法或焊接工艺,施工单位必须在施焊前按设计要求和有关规定进行焊接试验,并应根据试验结果编制焊接工艺指导书。

2)焊工必须按规定经相关部门考试合格后持证上岗,并应根据经过评定的焊接工艺指导书进行施焊。

3)沟槽内焊接时,应采取有效技术措施保证管道底部的焊缝质量。

(2)管节的材料、规格、压力等级等应符合设计要求,管节宜工厂预制,现场加工应符合下列规定。

1)管节表面应无斑疤、裂纹、严重锈蚀等缺陷。

2)焊缝外观质量应符合表5.1的规定,焊缝无损检验合格。

表5.1 焊缝的外观质量

| 项 目 | 技术要求 |
|---|---|
| 外观 | 不得有熔化金属流到焊缝外未熔化的母材上,焊缝和热影响区表面不得有裂纹、气孔、弧坑和灰渣等缺陷;表面光顺、均匀、焊道与母材应平缓过渡 |
| 宽度 | 应焊出坡口边缘2~3 mm |
| 表面余高 | 应小于或等于1+0.2倍坡口边缘宽度,且不大于4 mm |
| 咬边 | 深度应小于或等于0.5 mm,焊缝两侧咬边总长不得超过焊缝长度的10%,且连续长不应大小100 mm |
| 错边 | 应小于或等于0.2 $t$,且不应大于2 mm |
| 未焊满 | 不允许 |

注:$t$ 为壁厚/mm。

3)直焊缝卷管管节几何尺寸允许偏差应符合表5.2的规定。

4)同一管节允许有两条纵缝,管径大于或等于600 mm 时,纵向焊缝的间距应大于300 mm;管径小于600 mm 时,其间距应大于100 mm。

(3)管道安装前,管节应逐根测量、编号,宜选用管径相差最小的管节组对对接。

(4)下管前应先检查管节的内外防腐层,合格后方可下管。

表 5.2 直焊缝卷管管节几何尺寸的允许偏差

| 项 目 | 允许偏差/mm | |
|---|---|---|
| 周长 | $D_i \leq 600$ | ±2.0 |
| | $D_i > 600$ | ±0.0035$D_i$ |
| 圆度 | 管端 0.005$D_i$；其他部位 0.01$D_i$ | |
| 端面垂直度 | 0.001$D_i$，且不大于 1.5 | |
| 弧度 | 用弧长 $\pi D_i/6$ 的弧形板量测于管内壁或外壁纵缝处形成的间隙，其间隙为 0.1$t$+2，且不大于 4，距管端 200 mm 纵缝处的间隙不大于 2 | |

注：$D_i$ 为管内径/mm，$t$ 为壁厚/mm。

## ◆钢筋内外防腐一般规定

(1)管体的内外防腐层宜在工厂内完成，现场连接的补口按设计要求处理。

(2)水泥砂浆内防腐层施工前应具备的条件应符合下列要求。

1)管道内壁的浮锈、氧化皮、焊渣、油污等，应彻底清除干净；焊缝突起高度不得大于防腐层设计厚度的 1/3。

2)现场施做内防腐的管道，应在管道试验、土方回填验收合格，且管道变形基本稳定后进行。

3)内防腐层的材料质量应符合设计要求。

(3)液体环氧涂料内防腐层施工前具备的条件应符合下列规定。

1)宜采用喷(抛)射除锈，除锈等级应不低于《涂装前钢材表面锈蚀等级和除锈等级》(GB 8923—1988)中规定的 Sa2 级；内表面经喷(抛)射处理后，应用清洁、干燥、无油的压缩空气将管道内部的砂粒、尘埃、锈粉等微尘清除干净。

2)管道内表面处理后，应在钢管两端 60～100 mm 范围内涂刷硅酸锌或其他可焊性防锈涂料，干膜厚度为 20～40 $\mu m$。

3)内防腐层的材料质量应符合设计要求。

(4)埋地管道外防腐层应符合设计要求，其构造应符合表 5.3、表 5.4 及表 5.5 的规定。

表5.3 石油沥青涂料外防腐层构造

| 材料种类 | 普通级(三油二布) | | 加强级(四油三布) | | 特加强级(五油四布) | |
| --- | --- | --- | --- | --- | --- | --- |
| | 构造 | 厚度/mm | 构造 | 厚度/mm | 构造 | 厚度/mm |
| 石油沥青涂料 | (1)底料一层<br>(2)沥青(厚度≥1.5 mm)<br>(3)玻璃布一层<br>(4)沥青(厚度1.0~1.5 mm)<br>(5)玻璃布一层<br>(6)沥青(厚度1.0~1.5 mm)<br>(7)聚氯乙烯工业薄膜一层 | ≥4.0 | (1)底料一层<br>(2)沥青(厚度≥1.5 mm)<br>(3)玻璃布一层<br>(4)沥青(厚度1.0~1.5 mm)<br>(5)玻璃布一层<br>(6)沥青(厚度1.0~1.5 mm)<br>(7)玻璃布一层<br>(8)沥青(厚度1.0~1.5 mm)<br>(9)聚氯乙烯工业薄膜一层 | ≥5.5 | (1)底料一层<br>(2)沥青(厚度≥1.5 mm)<br>(3)玻璃布一层<br>(4)沥青(厚度1.0~1.5 mm)<br>(5)玻璃布一层<br>(6)沥青(厚度1.0~1.5 mm)<br>(7)玻璃布一层<br>(8)沥青(厚度1.0~1.5 mm)<br>(9)玻璃布一层<br>(10)沥青(厚度1.0~1.5 mm)<br>(11)聚氯乙烯工业薄膜一层 | ≥7.0 |

表5.4 环氧煤沥青涂料外防腐层构造

| 材料种类 | 普通级(三油) | | 加强级(四油三布) | | 特加强级(六油二布) | |
| --- | --- | --- | --- | --- | --- | --- |
| | 构造 | 厚度/mm | 构造 | 厚度/mm | 构造 | 厚度/mm |
| 环氧煤沥青涂料 | (1)底料<br>(2)面料<br>(3)面料<br>(4)面料 | ≥0.3 | (1)底料<br>(2)面料<br>(3)面料<br>(4)玻璃布<br>(5)面料<br>(6)面料 | ≥0.4 | (1)底料<br>(2)面料<br>(3)面料<br>(4)玻璃布<br>(5)面料<br>(6)面料<br>(7)玻璃布<br>(8)面料<br>(9)面料 | ≥0.6 |

表5.5 环氧树脂玻璃钢外防腐层构造

| 材料种类 | 加强级 | |
| --- | --- | --- |
| | 构造 | 厚度/mm |
| 环氧树脂玻璃钢 | (1)底层树脂<br>(2)面层树脂<br>(3)玻璃布<br>(4)面层树脂<br>(5)玻璃布<br>(6)面层树脂<br>(7)面层树脂 | ≥3 |

(5)外防腐层的外观、厚度、电火花试验、黏结力应符合设计要求,设计无要求时应符

合表5.6的规定。

表5.6 外防腐层的外观、厚度、电火花试验、黏结力的技术要求

| 材料种类 | 附腐等级 | 构造 | 厚度/mm | 外观 | 电火花试验 | | 粘结力 |
|---|---|---|---|---|---|---|---|
| 石油沥青涂料 | 普通级 | 三油二布 | ≥4.0 | 外观均匀无褶皱、空泡、凝块 | 16 kV | | 以夹角为45°~60°边长40~50 mm 的切口,从角尖端撕开防腐层;首层沥青层应100%地粘附在管道的外表面 |
| | 加强级 | 四油三布 | ≥5.5 | | 18 kV | | |
| | 特加强级 | 五油四布 | ≥7.0 | | 20 kV | | |
| 环氧煤沥青涂料 | 普通级 | 三油 | ≥0.3 | | 2 kV | 用电火花检验仪检查无打火花现象 | 以小刀割开一舌形切口,用力撕开切口处的防腐层,管道表面仍为漆皮所覆盖,不得露出金属表面 |
| | 加强级 | 四油一布 | ≥0.4 | | 2.5 kV | | |
| | 特加强级 | 六油二布 | ≥0.5 | | 3 kV | | |
| 环氧树脂玻璃钢 | 加强级 | — | ≥3 | 外观平整光滑、色泽均匀,无脱层、起壳和固化不完全等缺陷 | 3~3.5 kV | | 以小刀割开一舌形切口,用力撕开切口处的防腐层,管道表面仍为漆皮所覆盖,不得露出金属表面 |

注:聚氨酯(PU)外防腐涂层可按《给水排水管道工程施工及验收规范》(GB 50268—2008)附录 H 选择。

(6)防腐管在下沟槽前应进行检验,检验不合格应修补至合格。沟槽内的管道,其补口防腐层应经检验合格后方可回填。

(7)阴极保护施工应与管道施工同步进行。

(8)阴极保护系统的阳极的种类、性能、数量、分布与连接方式,测试装置和电源设备应符合国家有关标准的规定和设计要求。

### ◆钢筋混凝土管及预(自)应力混凝土管安装一般规定

(1)管节的规格、性能、外观质量及尺寸公差应符合国家有关标准的规定。

(2)管节安装前应进行外观检查,发现裂缝、保护层脱落、空鼓、接口掉角等缺陷,应修补并经鉴定合格后方可使用。

(3)管节安装前应将管内外清扫干净,安装时应使管道中心及内底高程符合设计要求,稳管时必须采取措施防止管道发生滚动。

(4)采用混凝土基础时,管道中心、高程复验合格后,应按《给水排水管道工程施工及验收规范》(GB 50268—2008)第5.2.2条的规定及时浇筑管座混凝土。

(5)柔性接口形式应符合设计要求,橡胶圈应符合下列规定。

1)材质应符合相关规范的规定。

2)应由管材厂配套供应。

3)外观应光滑平整,不得有裂缝、破损、气孔、重皮等缺陷。

4)每个橡胶圈的接头不得超过2个。

(6)柔性接口的钢筋混凝土管、预(自)应力混凝土管安装前,承口内工作面、插口外工作面应清洗干净;套在插口上的橡胶圈应平直、无扭曲,应正确就位;橡胶圈表面和承口工作面应涂刷无腐蚀性的润滑剂;安装后放松外力,管节回弹不得大于10 mm,且橡胶

圈应在承、插口工作面上。

(7)刚性接口的钢筋混凝土管道,钢丝网水泥砂浆抹带接口材料应符合下列规定。

1)选用粒径0.5~1.5 mm,含泥量不大于3%的洁净砂。

2)选用网格10 mm×10 mm、丝径为20号的钢丝网。

3)水泥砂浆配比满足设计要求。

### ◆预应力钢筒混凝土管安装一般规定

管节及管件的规格、性能应符合国家有关标准的规定和设计要求,进入施工现场时,其外观质量应符合下列规定。

(1)内壁混凝土表面平整光洁;承插口钢环工作面光洁干净;内衬式管(简称衬筒管)内表面不应出现浮渣、露石和严重的浮浆;埋置式管(简称埋筒管)内表面不应出现气泡、孔洞、凹坑以及蜂窝、麻面等不密实的现象。

(2)管内表面出现的环向裂缝或者螺旋状裂缝宽度不应大于0.5 mm(浮浆裂缝除外);距离管的插口端300 mm范围内出现的环向裂缝宽度不应大于1.5 mm;管内表面不得出现长度大于150 mm的纵向可见裂缝。

(3)管端面混凝土不应有缺料、掉角、孔洞等缺陷,端面应齐平、光滑、并与轴线垂直。端面垂直度应符合表5.7的规定。

表5.7 管端面垂直度

| 管内径 $D_i$ /mm | 管端面垂直度的允许偏差/mm |
| --- | --- |
| 600~1 200 | 6 |
| 1 400~3 000 | 9 |
| 3 200~4 000 | 13 |

(4)外保护层不得出现空鼓、裂缝及剥落。

(5)橡胶圈应符合《给水排水管道工程施工及验收规范》(GB 50268—2008)规定。

### ◆玻璃钢管安装一般规定

管节及管件的规格、性能应符合国家有关标准的规定和设计要求,进入施工现场时其外观质量应符合下列规定。

(1)内、外径偏差、承口深度(安装标记环)、有效长度、管壁厚度、管端面垂直度等应符合产品标准规定。

(2)内、外表面应光滑平整,无划痕、分层、针孔、杂质、破碎等现象。

(3)管端面应平齐、无毛刺等缺陷。

(4)橡胶圈应符合《给水排水管道工程施工及验收规范》(GB 50268—2008)规定。

### ◆硬聚氯乙烯管、聚乙烯管及其复合管安装一般规定

管节及管件的规格、性能应符合国家有关标准的规定和设计要求,进入施工现场时其外观质量应符合下列规定。

(1)不得有影响结构安全、使用功能及接口连接的质量缺陷。
(2)内、外壁光滑、平整,无气泡、无裂纹、无脱皮和严重的冷斑及明显的痕纹、凹陷。
(3)管节不得有异向弯曲,端口应平整。
(4)橡胶圈应符合《给水排水管道工程施工及验收规范》(GB 50268—2008)规定。

# 【实　务】

## ◆管道基础监理巡视

### 1. 原状地基

(1)原状土地基局部超挖或扰动时,应按《给水排水管道工程施工及验收规范》(GB 50268—2008)有关规定进行处理;岩石地基局部超挖时,应将基底碎渣全部清理,回填低强度等级混凝土或粒径 10~15 mm 的砂石回填夯实。

(2)原状地基为岩石或坚硬土层时,管道下方应铺设砂垫层,其厚度应符合表 5.8 的规定。

表 5.8　砂垫层厚度

| 管道种类 | 垫层厚度/mm | | |
|---|---|---|---|
| | $D_0 \leq 500$ | $500 < D_0 \leq 1000$ | $D_0 > 1000$ |
| 柔性管道 | ≥100 | ≥150 | ≥200 |
| 柔性接口的刚性管 | 150~200 | | |

注:$D_0$ 为管外径/mm。

(3)非永冻土地区,管道不得铺设在冻结的地基上;管道安装过程中,应防止地基冻胀。

### 2. 混凝土基础

(1)平基与管座的模板,可一次或两次支设,每次支设高度宜略高于混凝土的浇筑高度。

(2)平基、管座的混凝土设计无要求时,宜采用强度等级不低于 C15 的低坍落度混凝土。

(3)管座与平基分层浇筑时,应先将平基凿毛冲洗干净,并将平基与管体相接触的腋角部位,用同强度等级的水泥砂浆填满、捣实后,再浇筑混凝土,使管体与管座混凝土粘合严密。

(4)管座与平基采用垫块法一次浇筑时,必须先从一侧灌注混凝土,对侧的混凝土高过管底与灌注侧混凝土高度相同时,两侧再同时浇筑,并保持两侧混凝土高度一致。

(5)管道基础应按设计要求留变形缝,变形缝的位置应与柔性接口相一致。

(6)管道平基与井室基础宜同时浇筑;跌落水井上游接近井基础的一段应砌砖加固,并将平基混凝土浇至井基础边缘。

(7)混凝土浇筑中应防止离析;浇筑后应进行养护,强度低于 1.2 MPa 时不得承受荷载。

### 3. 砂石基础

（1）铺设前应先对槽底进行检查，槽底高程及槽宽须符合设计要求，且不应有积水和软泥。

（2）柔性管道的基础结构设计无要求时，宜铺设厚度不小于100 mm的中粗砂垫层；软土地基宜铺垫一层厚度不小于150 mm的砂砾或5~40 mm粒径碎石，其表面再铺厚度不小于50 mm的中、粗砂垫层。

（3）柔性接口的刚性管道的基础结构，设计无要求时一般土质地段可铺设砂垫层，也可铺设25 mm以下粒径碎石，表面再铺20 mm厚的砂垫层（中、粗砂），垫层总厚度应符合表5.9的规定。

**表5.9　柔性接口刚性管道砂石垫层总厚度**

| 管径 $D_0$/mm | 垫层总厚度/mm |
|---|---|
| 300~800 | 150 |
| 900~1 200 | 200 |
| 1 350~1 500 | 250 |

（4）管道有效支承角范围必须用中、粗砂填充插捣密实，与管底紧密接触，不得用其他材料填充。

## ◆管道基础监理验收

管道基础质量检验标准应符合表5.10的规定。

**表5.10　管道基础质量检验标准**

| 项目 | 检验内容 | 合格质量标准 | 检查数量 | 检查方法 |
|---|---|---|---|---|
| 主控项目 | 原状地基的承载力 | 原状地基的承载力符合设计要求 | — | 观察，检查地基处理强度或承载力检验报告、复合地基承载力检验报告 |
| | 混凝土基础的强度 | 混凝土基础的强度符合设计要求 | 混凝土验收批与试块留置按照现行国家标准《给水排水构筑物工程施工及验收规范》GB 50141—2008）第6.2.6条第2款执行 | 混凝土基础的混凝土强度验收应符合现行国家标准《混凝土强度检验评定标准》（GB/T 50107—2010）的有关规定 |
| | 砂石基础的压实度 | 砂石基础的压实度符合设计要求或《给水排水管道工程施工及验收规范》（GB 50268—2008）的规定 | — | 检查砂石材料的质量保证资料、压实度试验报告 |
| | 原状地基、砂石基础与管道外壁间接触 | 原状地基、砂石基础与管道外壁间接触均匀，无空隙 | — | 观察，检查施工记录 |

续表5.10

| 项目 | 检验内容 | 合格质量标准 | 检查数量 | 检查方法 |
|---|---|---|---|---|
| 一般项目 | 混凝土基础 | 混凝土基础外光内实,无严重缺陷;混凝土基础的钢筋数量、位置正确 | — | 观察,检查钢筋质量保证资料,检查施工记录 |
| | 管道基础允许偏差 | 管道基础的允许偏差应符合表5.11的规定 | | |

表5.11 管道基础的允许偏差

| 检查项目 | | | 允许偏差/mm | 检查数量 | | 检查方法 |
|---|---|---|---|---|---|---|
| | | | | 范围 | 点数 | |
| 垫层 | 中线每侧宽度 | | 不小于设计要求 | 每个验收批 | 每10 m测1点,且不少于3点 | 挂中心线钢尺检查,每侧一点 |
| | 高程 | 压力管道 | ±30 | | | 水准仪测量 |
| | | 无压管道 | 0,-15 | | | |
| | 厚度 | | 不小于设计要求 | | | 钢尺量测 |
| 混凝土基础、管座 | 平基 | 中线每侧宽度 | +10,0 | | | 挂中心线钢尺检查,每侧一点 |
| | | 高程 | 0,-15 | | | 水准仪测量 |
| | | 厚度 | 不小于设计要求 | | | 钢尺量测 |
| | 管座 | 肩宽 | +10,-5 | | | 钢尺量测,挂高程线钢尺量测,每测一点 |
| | | 肩高 | ±20 | | | |
| 土(砂及砂砾基础) | 高程 | 压力管道 | ±30 | | | 水准仪测量 |
| | | 无压管道 | 0,-15 | | | |
| | 平基厚度 | | 不小于设计要求 | | | 钢尺量测 |
| | 土弧基础腋角高度 | | 不小于设计要求 | | | 钢尺量测 |

## ◆球墨铸铁管安装监理巡视

(1)沿直线安装管道时,宜选用管径公差组合最小的管节组对连接,确保接口的环向间隙应均匀。

(2)采用滑入式或机械式柔性接口时,橡胶圈的质量、性能、细部尺寸,应符合国家有关球墨铸铁管及管件标准的规定,并应符合《给水排水管道工程施工及验收规范》(GB 50268—2008)规定。

(3)橡胶圈安装经检验合格后,方可进行管道安装。

(4)安装滑入式橡胶圈接口时,推入深度应达到标记环,并复查与其相邻已安好的第一至第二个接口推入深度。

(5)安装机械式柔性接口时,应使插口与承口法兰压盖的轴线相重合;螺栓安装方向应一致,用扭矩扳手均匀、对称地紧固。

(6)管道沿曲线安装时时间,接口的允许转角应符合表5.12的规定。

表5.12 沿曲线安装接口的允许转角

| 管径 $D_i$/mm | 允许转角/° |
| --- | --- |
| 75~600 | 3 |
| 700~800 | 2 |
| ≥900 | 1 |

## ◆球墨铸铁管接口连接监理验收

墨铸铁管接口连接质量检验标准应符合表5.13的规定。

表5.13 球墨铸铁管接口连接

| 项目 | 检验内容 | 合格质量标准 | 检查方法 |
| --- | --- | --- | --- |
| 主控项目 | 管节及管件的产品质量 | 管节及管件的产品质量应符合《给水排水管道工程施工及验收规范》(GB 50268—2008)的规定 | 检查产品质量保证资料,检查成品管进场验收记录 |
| | 承插接口连接 | 承插接口连接时,两管节中轴线应保持同心,承口、接口部位无破损、变形、开裂;插口推入深度应符合要求 | 逐个观察;检查施工记录 |
| | 法兰接口连接 | 法兰接口连接时,插口与承口法兰压盖的纵向轴线一致。连接螺栓终拧扭矩应符合设计或产品使用说明要求;接口连接后,连接部位及连接件应无变形、破损 | 逐个接口检查,用扭矩扳手检查;检查螺栓拧紧记录 |
| | 橡胶圈安装 | 橡胶圈安装位置应准确,不得扭曲、外露;沿圆周各点应与承口端面等距,其允许偏差应为±3 mm | 观察,用探尺检查;检查施工记录 |
| 一般项目 | 管节、接口 | 连接后管节间平顺,接口无突起、突弯、轴向位移现象 | 观察;检查施工测量记录 |
| | 接口间隙、承插口间隙 | 接口的环向间隙应均匀,承插口间的纵向间隙不应小于3 mm | 观察;用塞尺、钢尺检查 |
| | 法兰接口 | 法兰接口的压兰、螺栓和螺母等连接件应规格型号一致,采用钢制螺栓和螺母时,防腐处理应符合设计要求 | 逐个接口检查;检查螺栓和螺母质量合格证明书、性能检验报告 |
| | 管道沿曲线安装 | 管道沿曲线安装时,接口转角应符合《给水排水管道工程施工及验收规范》(GB 50268—2008)规定 | 用直尺量测曲线段接口 |

## ◆钢管安装监理巡视

(1)管节组成管段下管时,管段的长度、吊距,应根据管径、壁厚、外防腐层材料的种类及下管方法确定。

(2)弯管起弯点至接口的距离不得小于管径,且不得小于 100 mm。

(3)管节组对焊接时应先修口、清根,管端端面的坡口角度、钝边、间隙,应符合设计要求,设计无要求时应符合表 5.14 的规定;不得在对口间隙夹焊帮条或用加热法缩小间隙施焊。

表 5.14 电弧焊管端倒角各部尺寸

| 倒角形式 | | 间隙 b/mm | 钝边 p/mm | 坡口角度 α/° |
|---|---|---|---|---|
| 图示 | 壁厚 t/mm | | | |
| | 4~9 | 1.5~3.0 | 1.0~1.5 | 60~70 |
| | 10~26 | 2.0~4.0 | 1.0~2.0 | 60±5 |

(4)对口时应使内壁齐平,错口的允许偏差应为壁厚的 20%,且不得大于 2 mm。

(5)对口时,纵、环向焊缝的位置应符合下列规定。

1)纵向焊缝应放在管道中心垂线上半圆的 45°左右处。

2)纵向焊缝应错开,管径小于 600 mm 时,错开的间距不得小于 100 mm;管径大于或等于 600 mm 时,错开的间距不得小于 300 mm。

3)有加固环的钢管,加固环的对焊焊缝应与管节纵向焊缝错开,其间距不应小于 100 mm;加固环距管节的环向焊缝不应小于 50 mm。

4)环向焊缝距支架净距离不应小于 100 mm。

5)直管管段两相邻环向焊缝的间距不应小于 200 mm,并不应小于管节的外径。

6)管道任何位置不得有十字形焊缝。

(6)不同壁厚的管节对口时,管壁厚度相差不宜大于 3 mm。不同管径的管节相连时,两管径相差大于小管管径的 15% 时,可用渐缩管连接。渐缩管的长度不应小于两管径差值的 2 倍,且不应小于 200 mm。

(7)管道上开孔应符合下列规定。

1)不得在干管的纵向、环向焊缝处开孔。

2)管道上任何位置不得开方孔。

3)不得在短节上或管件上开孔。

4)开孔处的加固补强应符合设计要求。

(8)直线管段不宜采用长度小于 800 mm 的短节拼接。

(9)组合钢管固定口焊接及两管段间的闭合焊接,应在无阳光直照和气温较低时施焊;采用柔性接口代替闭合焊时,应与设计协商确定。

(10)在寒冷或恶劣环境下焊接应符合下列规定。

1)清除管道上的冰、雪、霜等。

2)工作环境的风力大于 5 级、雪天或相对湿度大于 90% 时,应采取保护措施。

3)焊接时,应使焊缝可自由伸缩,并应使焊口缓慢降温。

4)冬期焊接时,应根据环境温度进行预热处理,并应符合表5.15的规定。

表5.15 冬季焊接预热规定

| 钢 号 | 环境温度/℃ | 预热宽度/mm | 预热达到温度/℃ |
|---|---|---|---|
| 含碳量≤0.2%碳素钢 | ≤-20 | 焊口每侧不小于40 | 100~150 |
| 0.2%<含碳量<0.3% | ≤-10 | | 100~150 |
| 16 Mn | ≤0 | | 100~200 |

(11)钢管对口检查合格后,方可进行接口定位焊接。定位焊接采用点焊时,应符合下列规定。

1)点焊焊条应采用与接口焊接相同的焊条。

2)点焊时,应对称施焊,其焊缝厚度应与第一层焊接厚度一致。

3)钢管的纵向焊缝及螺旋焊缝处不得点焊。

4)点焊长度与间距应符合表5.16的规定。

表5.16 点焊长度与间距

| 管外径 $D_0$ /mm | 点焊长度/mm | 环向点焊点/处 |
|---|---|---|
| 350~500 | 50~60 | 5 |
| 600~700 | 60~70 | 6 |
| ≥800 | 80~100 | 点焊间距不宜大于400 mm |

(12)焊接方式应符合设计和焊接工艺评定的要求,管径大于800 mm时,应采用双面焊。

(13)管道对接时,环向焊缝的检验应符合下列规定。

1)检查前应清除焊缝的渣皮、飞溅物。

2)应在无损检测前进行外观质量检查,并应符合表5.17的规定。

表5.17 焊缝的外观质量

| 项目 | 技术要求 |
|---|---|
| 外观 | 不得有熔化金属流到焊缝外未熔化的母材上,焊缝和热影响区表面不得有裂纹、气孔、弧坑和灰渣等缺陷;表面光顺、均匀、焊道与母材应平缓过渡 |
| 宽度 | 应焊出坡口边缘2~3 mm |
| 表面余高 | 应小于或等于1+0.2倍坡口边缘宽度,且不大于4 mm |
| 咬边 | 深度应小于或等于0.5 mm,焊缝两侧咬边总长不得超过焊缝长度的10%,且连续长不应大于100 mm |
| 错边 | 应小于或等于0.2$t$,且不应大于2 mm |
| 未焊满 | 不允许 |

注:$t$为壁厚/mm。

3)无损探伤检测方法应按设计要求选用。

4)无损检测取样数量与质量要求应按设计要求执行;设计无要求时,压力管道的取样数量应不小于焊缝量的10%。

5) 不合格的焊缝应返修,返修次数不得超过3次。

(14) 钢管采用螺纹连接时,管节的切口断面应平整,偏差不得超过一扣;丝扣应光洁,不得有毛刺、乱扣、断扣,缺扣总长不得超过丝扣全长的10%;接口紧固后宜露出2~3扣螺纹。

(15) 管道采用法兰连接时,应符合下列规定。

1) 法兰应与管道保持同心,两法兰间应平行。

2) 螺栓应使用相同规格,且安装方向应一致;螺栓应对称紧固。紧固好的螺栓应露出螺母之外。

3) 与法兰接口两侧相邻的第一至第二个刚性接口或焊接接口,待法兰螺栓紧固后方可施工。

4) 法兰接口埋入土中时,应采取防腐措施。

## ◆钢管接口连接监理验收

钢管接口连接质量标准应符合表5.18的规定。

表5.18 钢管接口连接质量标准

| 项目 | 检验内容 | 合格质量标准 | 检查方法 |
| --- | --- | --- | --- |
| 主控项目 | 管节及管件、焊接材料等的质量 | 管节及管件、焊接材料等的质量应符合《给水排水管道工程施工及验收规范》(GB 50268—2008)第5.3.2条的规定 | 检查产品质量保证资料;检查成品管进场验收记录,检查现场制作管的加工记录 |
| | 接口焊缝坡口 | 接口焊缝坡口应符合《给水排水管道工程施工及验收规范》(GB 50268—2008)第5.3.7条的规定 | 逐口检查,用量规量测;检查坡口记录 |
| | 焊口错边 | 焊口错边符合《给水排水管道工程施工及验收规范》(GB 50268—2008)第5.3.8条的规定,焊口无十字形焊缝 | 逐口检查,用长300 mm的直尺在接口内壁周围顺序贴靠量测错边量 |
| | 焊口焊接质量 | 焊口焊接质量应符合《给水排水管道工程施工及验收规范》(GB 50268—2008)第5.3.17条的规定和设计要求 | 逐口观察,按设计要求进行抽检;检查焊缝质量检测报告 |
| | 法兰接口的法兰 | 法兰接口的法兰应与管道同心,螺栓自由穿入,高强度螺栓的终拧扭矩应符合设计要求和有关标准的规定 | 逐口检查;用扭矩扳手等检查;检查螺栓拧紧记录 |
| 一般项目 | 接口组对时,纵、环缝位置 | 接口组对时,纵、环缝位置应符合《给水排水管道工程施工及验收规范》(GB 50268—2008)第5.3.9条的规定 | 逐口检查;检查组对检验记录;用钢尺量测 |
| | 管节组对前,坡口及内外侧焊接影响范围内表面 | 管节组对前,坡口及内外侧焊接影响范围内表面应无油、漆、垢、锈、毛刺等污物 | 观察;检查管道组对检验记录 |
| | 不同壁厚的管节对接 | 不同壁厚的管节对接应符合《给水排水管道工程施工及验收规范》(GB 50268—2008)第5.3.10条的规定 | 逐口检查,用焊缝量规、钢尺量测;检查管道组对检查记录 |
| | 焊接层数、每层厚度及层间温度 | 焊缝层次有明确规定时,焊接层数、每层厚度及层间温度应符合焊接作业指导书的规定,且层间焊缝质量均应合格 | 逐个检查;对照设计文件、焊接作业指导书检查每层焊缝检验记录 |

续表 5.18

| 项目 | 检验内容 | 合格质量标准 | 检查方法 |
| --- | --- | --- | --- |
| 一般项目 | 法兰中轴线与管道中轴线 | 法兰中轴线与管道中轴线的允许偏差应符合：$D_i$ 小于或等于 300 mm 时，允许偏差小于或等于 1 mm；$D_i$ 大于 30 mm 时，允许偏差小于或等于 2 mm | 逐个接口检查；用例尺、角尺等量测 |
| | 法兰、螺孔中心允许偏差 | 连接的法兰之间应保持平行，其允许偏差大于法兰外径的 1.5%，且不大于 2 mm；螺孔中心允许偏差应为孔径的 5% | 逐口检查；用钢尺、塞尺等量测 |

## ◆ 钢管内外防腐监理巡视

### 1. 水泥砂浆内防腐层

(1)水泥砂浆内防腐层可采用机械喷涂、人工抹压、拖筒或离心预制法施工；工厂预制时，在运输、安装、回填土过程中，不得损坏水泥砂浆内防腐层。

(2)管道端点或施工中断时，应预留搭茬。

(3)水泥砂浆抗压强度符合设计要求，且不应低于 30MPa；

(4)采用人工抹压法施工时，应分层抹压。

(5)水泥砂浆内防腐层成形后，应立即将管道封堵，终凝后进行潮湿养护；普通硅酸盐水泥砂浆养护时间不应少于 7d，矿渣硅酸盐水泥砂浆不应少于 14d；通水前应继续封堵，保持湿润。

(6)钢管水泥砂浆内防腐层厚度应符合表 5.19 的规定。

表 5.19 钢管水泥砂浆内防腐层厚度要求

| 管 径 $D_i$ /mm | 厚度/mm | |
| --- | --- | --- |
| | 机械喷涂 | 手工涂抹 |
| 500 ~ 700 | 8 | — |
| 800 ~ 1 000 | 10 | — |
| 1 100 ~ 1 500 | 12 | 14 |
| 1 600 ~ 1 800 | 14 | 16 |
| 2 000 ~ 2 200 | 15 | 17 |
| 2 400 ~ 2 600 | 16 | 18 |
| 2 600 以上 | 18 | 20 |

### 2. 液体环氧涂料内防腐层

(1)应按涂料生产厂家产品说明书的规定配制涂料，不宜加稀释剂。

(2)涂料使用前应搅拌均匀。

(3)宜采用高压无气喷涂工艺，在工艺条件受限时，可采用空气喷涂或挤涂工艺。

(4)应调整好工艺参数且稳定后，方可正式涂敷；防腐层应平整、光滑，无流挂、无划痕等;涂敷过程中应随时监测湿膜厚度。

(5)环境相对湿度大于85%时,应对钢管除湿后方可作业;严禁在雨、雪、雾及风沙等气候条件下露天作业。

**3. 石油沥青涂料外防腐层**

(1)涂底料前管体表面应清除油垢、灰渣、铁锈;人工除氧化皮、铁锈时,其质量标准应达St3级;喷砂或化学除锈时,其质量标准应达Sa2.5级。

(2)涂底料时基面应干燥,基面除锈后与涂底料的间隔时间不得超过8 h。涂刷应均匀、饱满,涂层不得有凝块、起泡现象,底料厚度宜为0.1~0.2 mm,管两端150~250 mm范围内不得涂刷。

(3)沥青涂料熬制温度宜在230 ℃左右,最高温度不得超过250 ℃,熬制时间宜控制在4~5 h,每锅料应抽样检查,其性能应符合表5.20的规定。

表5.20 石油沥青涂料性能

| 项 目 | 性能指标 |
| --- | --- |
| 软化点(环球法) | ≥125 ℃ |
| 针入度(25 ℃,100 g) | 5~20(1/10 mm) |
| 延度(25 ℃) | ≥10 mm |

注:软化点、针入度、延度的试验方法应符合国家相关标准规定。

(4)沥青涂料应涂刷在洁净、干燥的底料上,常温下刷沥青涂料时,应在涂底料后24 h之内实施;沥青涂料涂刷温度以200~230 ℃为宜。

(5)涂沥青后应立即缠绕玻璃布,玻璃布的压边宽度应为20~30 mm,接头搭接长度应为100~150 mm,各层搭接接头应相互错开,玻璃布的油浸透率应达到95%以上,不得出现大于50 mm×50 mm的空白;管端或施工中断处应留出长150~250 mm的缓坡型搭茬。

(6)包扎聚氯乙烯膜保护层作业时,不得有褶皱、脱壳现象;压边宽度应为20~30 mm,搭接长度应为100~150 mm。

(7)沟槽内管道接口处施工,应在焊接、试压合格后进行,接茬处应黏结牢固、严密。

**4. 环氧煤沥青外防腐层**

(1)管节表面应符合《给水排水管道工程施工及验收规范》(GB 50268—2008)第5.4.5条第1款的规定;焊接表面应光滑无刺、无焊瘤、棱角。

(2)应按产品说明书的规定配制涂料。

(3)底料应在表面除锈合格后尽快涂刷,空气湿度过大时,应立即涂刷,涂刷应均匀,不得漏涂;管两端100~150 mm范围内不涂刷,或在涂底料之前,在该部位涂刷可焊涂料或硅酸锌涂料,干膜厚度不应小于25 μm。

(4)面料涂刷和包扎玻璃布,应在底料表干后、固化前进行,底料与第一道面料涂刷的间隔时间不得超过24 h。

**5. 雨期、冬期石油沥青及环氧煤沥青涂料外防腐层**

(1)环境温度低于5 ℃时,不宜采用环氧煤沥青涂料;采用石油沥青涂料时,应采取冬期施工措施；环境温度低于 -15 ℃或相对湿度大于85%时，未采取措施不得进行施工。

（2）不得在雨、雾、雪或5级以上大风环境露天施工。

（3）已涂刷石油沥青防腐层的管道，炎热天气下不宜直接受阳光照射；冬期气温等于或低于沥青涂料脆化温度时，不得起吊、运输和铺设；脆化温度试验应符合现行国家标准《石油沥青脆点测定法 弗拉斯法》(GB/T 4510—2006)的规定。

**6. 环氧树脂玻璃钢外防腐层**

（1）管节表面应符合《给水排水管道工程施工及验收规范》(GB 50268—2008)第5.4.5条第1款的规定；焊接表面应光滑无刺、无焊瘤、无棱角。

（2）应按产品说明书的规定配制环氧树脂。

（3）现场施工可采用手糊法，具体可分为间断法或连续法。

（4）采用间断法每次铺衬间断时，应检查玻璃布衬层的质量，合格后再涂刷下一层。

（5）连续法作业，连续铺衬到设计要求的层数或厚度，并应自然养护24 h，然后进行面层树脂的施工。

（6）玻璃布除刷涂树脂外，可采用玻璃布的树脂浸揉法。

（7）环氧树脂玻璃钢的养护期不应少于7 d。

## ◆钢管内防腐层监理验收

钢管内防腐层质量检验标准应符合表5.21的规定。

**表5.21 钢管内防腐层质量检验标准**

| 项目 | 检验内容 | 合格质量标准 | 检查方法 |
|---|---|---|---|
| 主控项目 | 内防腐层材料 | 内防腐层材料应符合国家相关标准的规定和设计要求；给水管道内防腐层材料的卫生性能应符合国家相关标准的规定 | 对照产品标准和设计文件，检查产品质量保证资料；检查成品管进场验收记录 |
| | 水泥砂浆抗压强度 | 水泥砂浆抗压强度符合设计要求，且不低于30 MPa | 检查砂浆配合比、抗压强度试块报告 |
| | 液体环氧涂料内防腐层表面 | 液体环氧涂料内防腐层表面应平整、光滑，无气泡、无划痕等，湿膜应无流淌现象 | 观察，检查施工记录 |
| 一般项目 | 水泥砂浆防腐层的厚度及表面缺陷的允许偏差 | 水泥砂浆防腐层的厚度及表面缺陷的允许偏差应符合表5.22的规定 | |
| | 液体环氧涂料内防腐层的厚度、电火花试验 | 液体环氧涂料内防腐层的厚度、电火花试验应符合表5.23的规定 | |

表 5.22 水泥砂浆防腐层的厚度及表面缺陷的允许偏差

| 检查项目 | 允许偏差/mm | | 检查数量 | | 检查方法 |
|---|---|---|---|---|---|
| | | | 范围 | 点数 | |
| 裂缝宽度 | ≤0.8 | | | 每处 | 用裂缝观测仪测量 |
| 裂缝沿管道纵向长度 | ≤管道的周长,且≤2.0 m | | | | 用钢尺量 |
| 平整度 | <2 | | | | 用 300 mm 长的直尺量测 |
| 防腐层厚度 | $D_i ≤ 1\,000$ | ±2 | 管节 | 取两个截面,每个截面测 2 点,取偏差值最大 1 点 | 用测厚仪测量 |
| | $1\,000 < D_i ≤ 1\,800$ | ±3 | | | |
| | $D_i > 1\,800$ | +4 −3 | | | |
| 麻点、空窝等表面缺陷的深度 | $D_i ≤ 1\,000$ | 2 | | | 用直钢丝或探尺量测 |
| | $1\,000 < D_i ≤ 1\,800$ | 3 | | | |
| | $D_i > 1\,800$ | 4 | | | |
| 缺陷面积 | ≤500 mm² | | | 每处 | 用钢尺量 |
| 空鼓面积 | 不得超过 2 处,且每处 ≤10 000 mm² | | | 每平方米 | 用小锤轻击砂浆表面,用钢尺量 |

注:工厂涂覆管节,每批抽查 20%;施工现场涂覆管节,逐根检查。

表 5.23 液体环氧涂料内防腐层的厚度、电火花试验

| 检查项目 | 允许偏差/mm | | 检查数量 | | 检查方法 |
|---|---|---|---|---|---|
| | | | 范围 | 点数 | |
| 干膜厚度 /μm | 普通级 | ≥200 | 每根(节)管 | 两个断面,各四点 | 用测厚仪测量 |
| | 加强级 | ≥250 | | | |
| | 特加强级 | ≥300 | | | |
| 电火花试验漏点数 | 普通级 | 3 | 个/m² | 连续检测 | 用电火花检漏仪测量,检漏电压值根据涂层厚度按 5V/μm 计算,检测仪探头移动速度不大于 0.3 m/s |
| | 加强级 | 1 | | | |
| | 特加强级 | 0 | | | |

注:1.焊缝处的防腐层厚度不得低于管节防腐层规定厚度的 80%。
2.凡漏点检测不合格的防腐层都应补涂,直至合格。

### ◆钢管外防腐层监理验收

钢管外防腐层质量检验标准应符合表 5.24 的规定。

表 5.24 钢管外防腐层质量检验标准

| 项目 | 检验内容 | 合格质量标准 | 检查方法 |
|---|---|---|---|
| 主控项目 | 外防腐层材料与结构 | 外防腐层材料(包括补口、修补材料)、结构等应符合国家相关标准的规定和设计要求 | 对照产品标准和设计文件,检查产品质量保证资料;检查成品管进场验收记录 |
| 主控项目 | 外防腐层的厚度、电火花检漏、黏结力 | 外防腐层的厚度、电火花检漏、黏结力应符合表 5.25 的规定 | |
| 一般项目 | 钢管表面除锈质量等级 | 钢管表面除锈质量等级应符合设计要求 | 观察;检查防腐管生产厂提供的除锈等级报告,对照典型样板照片检查每个补口处的除锈质量,检查补口处除锈施工方案 |
| 一般项目 | 管道外防腐层的外观质量 | 管道外防腐层(包括补口、补伤)的外观质量应符合《给水排水管道工程施工及验收规范》(GB 50268—2008)第 5.4.9 条的相关规定 | 观察;检查施工记录 |
| 一般项目 | 管体外防腐材料 | 管体外防腐材料搭接、补口搭接、补伤搭接应符合要求 | 观察;检查施工记录 |

表 5.25 外绝缘防腐层厚度、电火花检漏、黏结力验收标准

| 检查项目 | 允许偏差 | 检查数量 | | | 检查方法 |
|---|---|---|---|---|---|
| | | 防腐层品管 | 补口 | 补伤 | |
| 厚度 | 符合《给水排水管道工程施工及验收规范》(GB 50268—2008)第 5.4.9 条的相关规定 | 每 20 根 1 组(不足 20 根按 1 组),每组抽查 1 根。测管两端和中间共 3 个截面,每截面测互相垂直的 4 点 | 逐个检测,每个随机抽查 1 个截面,每个截面测互相垂直的 4 点 | 逐个检测,每处随机测 1 点 | 用测厚仪测量 |
| 电火花检漏 | | 全数检查 | | | 用电火花检漏仪逐根连续测量 |
| 粘结力 | | 每 20 根为 1 组(不足 20 根按 1 组),每组抽 1 根,每根 1 处 | 每 20 个补口抽 1 处 | — | 按表 5.6 的规定,用小刀切割观察 |

## ◆钢管阴极保护工程监理巡视

**1.牺牲阳极保护法施工**

(1)根据工程条件确定阳极施工方式,立式阳极宜采用钻孔法施工,卧式阳极宜采用开槽法施工。

(2)牺牲阳极使用之前,应对表面进行处理,清除表面的氧化膜及油污。

(3)阳极连接电缆的埋设深度不应小于 0.7 m,四周应垫有 50~100 mm 厚的细砂,

砂的顶部应覆盖水泥护板或砖,敷设电缆要留有一定富裕量。

(4)阳极电缆可以直接焊接到被保护管道上,也可通过测试桩中的连接片相连。与钢质管道相连接的电缆应采用铝热焊接技术,焊点应重新进行防腐绝缘处理,防腐材料、等级应与原有覆盖层一致。

(5)电缆和阳极钢芯宜采用焊接连接,双边焊缝长度不得小于50 mm;电缆与阳极钢芯焊接后,应采取防止连接部位断裂的保护措施。

(6)阳极端面、电缆连接部位及钢芯均要防腐、绝缘。

(7)填料包可在室内或现场包装,其厚度不应小于50 mm;并应保证阳极四周的填料包厚度一致、密实,预包装的袋子须用棉麻织品,不得使用人造纤维织品。

(8)填包料应调拌均匀,不得混入石块、泥土、杂草等,阳极埋地后应充分灌水,并达到饱和。

(9)阳极埋设位置一般距管道外壁3~5 m,不宜小于0.3 m,埋设深度(阳极顶部距地面)不应小于1 m。

**2. 外加电流阴极保护法施工**

(1)联合保护的平行管道可以同沟敷设;均压线间距和规格应根据管道电压降、管道间距离及管道防腐层质量等因素综合考虑。

(2)非联合保护的平行管道间距,不宜小于10 m;间距小于10 m时,后施工的管道及其两端各延伸10 m的管段做加强级防腐层。

(3)被保护管道与其他地下管道交叉时,两者间垂直净距不应小于0.3 m;小于0.3 m时,应设有坚固的绝缘隔离物,并应在交叉点两侧各延伸10 m以上的管段上做加强级防腐层。

(4)被保护管道与埋地通信电缆平行敷设时,两者间距离不宜小于10 m;小于10 m时,后施工的管道或电缆按上述(2)所示的规定执行。

(5)被保护管道与供电电缆交叉时,两者间垂直净距不应小于0.5 m;同时应在交叉点两侧各延伸10 m以上的管道和电缆段上做加强级防腐层。

**3. 阴极保护绝缘处理**

(1)绝缘垫片应在干净、干燥的条件下安装,并应配对供应或在现场扩孔。

(2)法兰面应清洁、平直、无毛刺并正确定位。

(3)在安装绝缘套筒时,应确保法兰准直;除一侧绝缘的法兰外,绝缘套筒长度应包括两个垫圈的厚度。

(4)连接螺栓在螺母下应设有绝缘垫圈。

(5)绝缘法兰组装后应对装置的绝缘性能进行检测。

(6)阴极保护系统安装后应进行测试,测试结果应符合相关规范的规定和设计要求。

### ◆钢管阴极保护工程监理验收

钢管阴极保护工程质量检验标准应符合表5.26的规定。

表5.26 钢管阴极保护工程质量检验标准

| 项目 | 检验内容 | 合格质量标准 | 检查方法 |
| --- | --- | --- | --- |
| 主控项目 | 阴极保护的系统参数测试 | 阴极保护的系统参数测试应符合下列规定：<br>(1)设计无要求时,在施加阴极电流的情况下,测得管地电位应小于或等于-850 m/V(相对于铜—饱和硫酸铜参比电极)<br>(2)管道表面与同土壤接触的稳定的参比电极之间阴极极化电位值最小为100 m/V<br>(3)土壤或水中含有硫酸盐还原菌,且硫酸根含量大于0.5%时,通电保护电位应小于或等于-950 m/V(相对于铜-饱和硫酸铜参比电极)<br>(4)被保护体埋置于干燥的或充气的高电阻率(大于500Ω·m)土壤中时,测得的极化点位小于或等于-750 m/V(相对于铜-饱和硫酸铜参比电极) | 检查阴极保护系统运行参数测试记录 |
| | 钢管阴极保护所用的材料、设备 | 钢管阴极保护所用的材料、设备等应符合国家有关标准的规定和设计要求 | 对照产品相关标准和设计文件,检查产品质量保证资料;检查成品管进场验收记录 |
| | 管道系统的电绝缘性、电连续性 | 管道系统的电绝缘性、电连续性经检测满足阴极保护的要求 | 阴极保护施工前应全线检查;检查绝缘部位的绝缘测试记录、跨接线的连接记录;用电火花检漏仪、高阻电压表、兆欧表测电绝缘性,万用表测跨线等的电连续性 |
| 一般项目 | 阴极保护系统的测试装置及附属设施的安装 | 阴极保护系统的测试装置及附属设施的安装应符合下列规定：<br>(1)测试桩埋设位置应符合设计要求,顶面高出地面400 mm以上<br>(2)电缆、引线铺设应符合设计要求,所有引线应保持一定松弛度,并连接可靠牢固<br>(3)接线盒内各类电缆接线正确,测试桩的舱门应启闭灵活、密封良好<br>(4)检查片的材质应与被保护管道的材质相同,其制作尺寸、设置数量、埋设位置应符合设计要求,且埋深与管道底部相同,距管道外壁不小于300 mm<br>(5)参比电极的选用、埋设深度应符合设计要求 | 逐个观察(用钢尺量辅助检查);检查测试纪录和测试报告 |
| | 管道系统中阳极、辅助阳极的安装 | 管道系统中阳极、辅助阳极的安装应符合《给水排水管道工程施工及验收规范》(GB 50268—2008)第5.4.13、5.4.14条的规定 | 逐个检查;用钢尺或经纬仪、水准仪测量 |
| | 连接点防腐 | 所有连接点应按规定做好防腐处理,与管道连接处的防腐材料应与管道相同 | 逐个检查;检查防腐材料质量合格证明、性能检验报告;检查施工记录、施工测试记录 |

## ◆钢筋混凝土管及预(自)应力混凝土管安装监理巡视

(1)刚性接口的钢筋混凝土管道施工应符合下列规定。
1)抹带前应将管口的外壁凿毛、洗净。
2)钢丝网端头应在浇筑混凝土管座时插入混凝土内,在混凝土初凝前,分层抹压钢丝网水泥砂浆抹带。

3)抹带完成后应立即用吸水性强的材料覆盖,3~4 h 后洒水养护。

4)水泥砂浆填缝及抹带接口作业时落入管道内的接口材料应清除;管径大于或等于 700 mm 时,应采用水泥砂浆将管道内接口部位抹平、压光;管径小于 700 mm 时,填缝后应立即拖平。

(2)钢筋混凝土管沿直线安装时,管口间的纵向间隙应符合设计及产品标准要求,无明确要求时应符合表 5.27 的规定;预(自)应力混凝土管沿曲线安装时,管口间的纵向间隙最小处不得小于 5 mm,接口转角应符合表 5.28 的规定。

(3)预(自)应力混凝土管不得截断使用。

(4)井室内暂时不接支线的预留管(孔)应封堵。

(5)预(自)应力混凝土管道采用金属管件连接时,管件应进行防腐处理。

表 5.27 钢筋混凝土管管口间的纵向间隙

| 管材种类 | 接口类型 | 管内径 $D_i$ /mm | 纵向间隙/mm |
| --- | --- | --- | --- |
| 钢筋混凝土管 | 平口、企口 | 500~600 | 1.0~5.0 |
| | 承插式乙型口 | ≥700 | 7.0~15.0 |
| | | 600~3 000 | 5.0~15.0 |

表 5.28 预(自)应力混凝土管沿曲线安装接口的允许转角

| 管材种类 | 管内径 $D_i$ /mm | 允许转角/° |
| --- | --- | --- |
| 预应力混凝土管 | 500~700 | 1.5 |
| | 800~1 400 | 1.0 |
| | 1 600~3 000 | 0.5 |
| 自应力混凝土管 | 500~800 | 1.5 |

## ◆预应力钢筒混凝土管安装监理巡视

(1)承插式橡胶圈柔性接口施工时应符合下列规定。

1)清理管道承口内侧、插口外部凹槽等连接部位和橡胶圈。

2)将橡胶圈套入插口上的凹槽内,保证橡胶圈在凹槽内受力均匀、没有扭曲翻转现象。

3)用配套的润滑剂涂擦在承口内侧和橡胶圈上,检查涂覆是否完好。

4)在插口上按要求做好安装标记,以便检查插入是否到位。

5)接口安装时,将插口一次插入承口内,达到安装标记为止。

6)安装时,接头和管端应保持清洁。

7)安装就位,放松紧管器具后进行下列检查。

①复核管节的高程和中心线。

②用特定钢尺插入承插口之间检查橡胶圈各部的环向位置,确认橡胶圈在同一深度。

③接口处承口周围不应被胀裂。
④橡胶圈应无脱槽、挤出等现象。
⑤沿直线安装时,插口端面与承口底部的轴向间隙应大于 5 mm,且不大于表 5.29 规定的数值。

表 5.29 管口间的最大轴向间隙

| 管内径 $D_i$ /mm | 内衬式管(衬筒管) | | 埋置式管(埋筒管) | |
| --- | --- | --- | --- | --- |
| | 单胶圈/mm | 双胶圈/mm | 单胶圈/mm | 双胶圈/mm |
| 600 ~ 1 400 | 15 | — | — | — |
| 1 200 ~ 1 400 | — | 25 | — | — |
| 1 200 ~ 4 000 | — | — | 25 | 25 |

(2)采用钢制管件连接时,管件应进行防腐处理。
(3)现场合拢应符合以下规定。
1)安装过程中,应严格控制合拢处上、下游管道接装长度、中心位移偏差。
2)合拢位置宜选择在设有人孔或设备安装孔的配件附近。
3)不允许在管道转折处合拢。
4)现场合拢施工焊接不宜在当日高温时段进行。
(4)管道需曲线铺设时,接口的最大允许偏转角度应符合设计要求,设计无要求时应不大于表 5.30 规定的数值。

表 5.30 预应力钢筒混凝土管沿曲线安装接口的最大允许偏转角

| 管材种类 | 管内径 $D_i$ /mm | 允许平面转角/° |
| --- | --- | --- |
| 预应力钢筒混凝土管 | 600 ~ 1 200 | 1.5 |
| | 1 200 ~ 2 000 | 1.0 |
| | 2 200 ~ 400 | 0.5 |

## ◆钢筋混凝土管、预(自)应力混凝土管、预应力钢筒混凝土管接口连接监理验收

钢筋混凝土管、预(自)应力混凝土管、预应力钢筒混凝土管接口连接应符合表 5.31 的规定。

表 5.31　钢筋混凝土管、预(自)应力混凝土管、预应力钢筒混凝土管接口连接

| 项目 | 检验内容 | 合格质量标准 | 检查方法 |
| --- | --- | --- | --- |
| 主控项目 | 管及管件、橡胶圈的产品质量 | 管及管件、橡胶圈的产品质量应符合《给水排水管道工程施工及验收规范》(GB 50268—2008)第5.6.1、5.6.2、5.6.5 和 5.7.1 条的规定 | 检查产品质量保证资料;检查成品管进场验收记录 |
| | 柔性接口的橡胶圈位置 | 柔性接口的橡胶圈位置正确,无扭曲、外露现象;承口、插口无破损、开裂;双道橡胶圈的单口水压试验合格 | 观察;用探尺检查;检查单口水压试验记录 |
| | 刚性接口的强度 | 刚性接口的强度符合设计要求,不得有开裂、空鼓、脱落现象 | 观察;检查水泥砂浆、混凝土试块的抗压强度试验报告 |
| 一般项目 | 柔性接口的安装位置 | 柔性接口的安装位置正确,其纵向间隙应符合《给水排水管道工程施工及验收规范》(GB 50268—2008)第5.6.9、5.7.2 条的相关规定 | 逐个检查,用钢尺量测;检查施工记录 |
| | 刚性接口的宽度、厚度 | 刚性接口的宽度、厚度符合设计要求;其相邻管接口错口允许偏差:$D_i$ 小于 700 mm 时,应在施工中自检;$D_i$ 大于 700 mm,小于或等于 1 000 mm 时,应不大于 3 mm;$D_i$ 大于 1 000 mm 时,应不大于 5 mm | 两井之间取 3 点,用钢尺、塞尺量测;检查施工记录 |
| | 管道沿曲线安装 | 管道沿曲线安装时,接口转角应符合《给水排水管道工程施工及验收规范》(GB 50268—2008)第5.6.9、5.7.5 条的相关规定 | 用直尺量测曲线段接口 |
| | 管道接口的填缝 | 管道接口的填缝应符合设计要求,密实、光洁、平整 | 观察;检查填缝材料质量保证资料、配合比记录 |

## ◆玻璃钢管安装监理巡视

(1)接口连接、管道安装除应符合《给水排水管道工程施工及验收规范》(GB 50268—2008)第5.7.2 条的规定外,还应符合下列规定。

1)采用套筒式连接的,应清除套筒内侧和插口外侧的污渍和附着物。

2)管道安装就位后,套筒式或承插式接口周围不应有明显变形和胀破。

3)施工过程中应防止管节受损伤,避免内表层和外保护层剥落。

4)检查井、透气井、阀门井等附属构筑物或水平折角处的管节,应采取避免不均匀沉降造成接口转角过大的措施。

5)混凝土或砌筑结构等构筑物墙体内的管节,可采取设置橡胶圈或中介层法等措施,管外壁与构筑物墙体的交界面密实、不渗漏。

(2)管道曲线铺设时,接口的允许转角不得大于表 5.32 的规定。

表5.32 沿曲线安装的接口允许转角

| 管内径 $D_i$ /mm | 允许转角/° | |
|---|---|---|
| | 承插式接口 | 套筒式接口 |
| 400~500 | 1.5 | 3.0 |
| $500 < D_i \leq 1\ 000$ | 1.0 | 2.0 |
| $1000 < D_i \leq 1\ 800$ | 1.0 | 1.0 |
| $D_i > 1\ 800$ | 0.5 | 0.5 |

## ◆硬聚氯乙烯管、聚乙烯管及其复合管安装监理巡视

### 1. 管道铺设

(1)采用承插式(或套筒式)接口时,宜人工布管且在沟槽内连接;槽深大于3 m或管外径大于400 mm的管道,宜用非金属绳索兜住管节下管;严禁将管节翻滚抛入槽中。

(2)采用电熔、热熔接口时,宜在沟槽边上将管道分段连接后以弹性铺管法移入沟槽;移入沟槽时,管道表面不得有明显的划痕。

### 2. 管道连接

(1)承插式柔性连接、套筒(带或套)连接、法兰连接、卡箍连接等方法采用的密封件、套筒件、法兰、紧固件等配套管件,必须由管节生产厂家配套供应;电熔连接、热熔连接应采用专用电器设备、挤出焊接设备和工具进行施工。

(2)管道连接时必须对连接部位、密封件、套筒等配件清理干净,套筒(带或套)连接、法兰连接、卡箍连接用的钢制套筒、法兰、卡箍、螺栓等金属制品应根据现场土质并参照相关标准采取防腐措施。

(3)承插式柔性接口连接宜在当日温度较高时进行,插口端不宜插到承口底部,应留出不小于10 mm的伸缩空隙,插入前应在插口端外壁做出插入深度标记;插入完毕后,承插口周围空隙均匀,连接的管道平直。

(4)电熔连接、热熔连接、套筒(带或套)连接、法兰连接、卡箍连接应在当日温度较低或接近最低时进行;电熔连接、热熔连接时电热设备的温度控制、时间控制,挤出焊接时对焊接设备的操作等,必须严格按接头的技术指标和设备的操作程序进行;接头处应有沿管节圆周平滑对称的外翻边,内翻边应铲平。

(5)管道与井室宜采用柔性连接,连接方式符合设计要求;设计无要求时,可采用承插管件连接或中介层做法。

(6)管道系统设置的弯头、三通、变径处应采用混凝土支墩或金属卡箍拉杆等技术措施;在消火栓及闸阀的底部应加垫混凝土支墩;非锁紧型承插连接管道,每根管节应有3点以上的固定措施。

(7)安装完的管道中心线及高程调整合格后,即将管底有效支撑角范围用中粗砂回填密实,不得用土或其他材料回填。

## ◆化学建材管接口连接监理验收

化学建材管接口连接检验标准应符合表5.33的规定。

**表5.33 化学建材管接口连接检验标准**

| 项目 | 检验内容 | 合格质量标准 | 检查数量 | 检查方法 |
|---|---|---|---|---|
| 主控项目 | 管节及管件、橡胶圈等的产品质量 | 管节及管件、橡胶圈等的产品质量应符合《给水排水管道工程施工及验收规范》(GB 50268—2008)第5.8.1、5.9.1条的规定 | — | 检查产品质量保证资料;检查成品管进场验收记录 |
| 主控项目 | 聚乙烯管、聚丙烯管接口熔焊连接 | 聚乙烯管、聚丙烯管接口熔焊连接应符合下列规定：<br>(1)焊缝应完整,无缺损和变形现象;焊缝连接应紧密,无气孔、鼓泡和裂缝;电熔连接的电阻丝不裸露<br>(2)熔焊焊缝焊接力学性能不低于母材<br>(3)热熔对接、连接后应形成凸缘,且凸缘形状大小均匀一致,无气孔、鼓泡和裂缝;接头处有沿管节圆周平滑对称的外翻边,外翻边最低处的深度不低于管外表面;管壁内翻边应铲平;对接错边量不大于管材壁厚的1%,且不大于3 mm | 外观质量全数检查;熔焊焊缝焊接力学性能试验每200个接头不少于1组;现场进行破坏性检验或翻边切除检验(可任选一种)时,现场破坏性检验每50个接头不少于1个,现场内翻边切除检验每50个接头不少于3个;单位工程中接头数量不足50个时,仅做熔焊焊缝焊接力学性能试验,可不做现场检验 | 观察;检查熔焊连接工艺试验报告和焊接作业指导书,检查熔焊连接施工记录、熔焊外观质量检验记录、焊接力学性能检测报告 |
| 主控项目 | 承插、套筒式连接 | 承插、套筒式连接时,承口、插口部位及套筒连接紧密,无破损、变形、开裂等现象;插入后胶圈应位置正确,无扭曲等现象;双道橡胶圈的单口水压试验合格 | — | 逐个接口检查;检查施工方案及施工记录,单口水压试验记录;用钢尺、探尺量测 |
| 主控项目 | 卡箍连接、法兰连接、钢塑过渡接头连接 | 卡箍连接、法兰连接、钢塑过渡接头连接时,应连接件齐全、位置正确、安装牢固,连接部位无扭曲、变形 | — | 逐个检查 |
| 一般项目 | 承插、套筒式接口的插入深度 | 承插、套筒式接口的插入深度应符合要求,相邻管口的纵向间隙应不小于10 mm;环向间隙应均匀一致 | — | 逐口检查,用钢尺量测;检查施工记录 |
| 一般项目 | 承插式管道沿曲线安装时的接口转角 | 承插式管道沿曲线安装时的接口转角,玻璃钢管的不大于《给水排水管道工程施工及验收规范》(GB 50268—2008)第5.8.3条的规定;聚乙烯管、聚丙烯管的接口转角应不大于1.5,硬聚氯乙烯管的接口转角应不大于1.0 | — | 用直尺量测曲线段接口;检查施工记录 |
| 一般项目 | 熔焊连接设备的控制参数 | 熔焊连接设备的控制参数满足焊接工艺要求;设备与待连接管的接触面无污物,设备及组合件组装正确、牢固、吻合;焊后冷却期间接口未受外力影响 | — | 观察,检查专用熔焊设备质量合格证明书、校检报告,检查熔焊记录 |
| 一般项目 | 连接件钢制部分 | 卡箍连接、法兰连接、钢塑过渡连接件的钢制部分以及钢制螺栓、螺母、垫圈的防腐要求应符合设计要求 | — | 逐个检查;检查产品质量合格证明书、检验报告 |

## ◆管道铺设监理验收

管道铺设质量检验标准应符合表 5.34 的规定。

表 5.34 管道铺设质量检验标准

| 项目 | 检验内容 | 合格质量标准 | 检查方法 |
|---|---|---|---|
| 主控项目 | 管道埋设深度、轴线位置 | 管道埋设深度、轴线位置应符合设计要求,无压力管道严禁倒坡 | 检查施工记录、测量记录 |
| | 刚性管道 | 刚性管道无结构贯通裂缝和明显缺损情况 | 观察;检查技术资料 |
| | 柔性管道的管壁 | 柔性管道的管壁不得出现纵向隆起、环向扁平和其他变形情况 | 观察;检查施工记录、测量记录 |
| | 管道铺设安装 | 管道铺设安装必须稳固,管道安装后,应线形平直 | 观察;检查测量记 |
| 一般项目 | 管道内 | 管道内应光洁平整,无杂物、油污;管道无明显渗水和水珠现象 | 观察,渗漏水程度检查按《给水排水管道工程施工及验收规范》(GB 50268—2008)附录 F 执行 |
| | 管道与井室洞口之间 | 管道与井室洞口之间无渗漏水 | 逐井观察;检查施工记录 |
| | 管道内外防腐层 | 管道内外防腐层完整,无破损现象 | 观察;检查施工记录 |
| | 钢管管道开孔 | 钢管管道开孔应符合《给水排水管道工程施工及验收规范》(GB 50268—2008)第 5.3.11 条的规定 | 逐个观察;检查施工记录 |
| | 闸阀安装 | 闸阀安装应牢固、严密,启闭灵活,与管道轴线垂直 | 观察检查;检查施工记录 |
| | 管道铺设的允许偏差 | 管道铺设的允许偏差应符合表 5.35 的规定 | |

表 5.35 管道铺设的允许偏差

| 检查项目 | | 允许偏差/mm | | 检查数量 | | 检查方法 |
|---|---|---|---|---|---|---|
| | | | | 范围 | 点数 | |
| 水平轴线 | | 无压管道 | 15 | | | 经纬仪测量或挂中线用钢尺量测 |
| | | 压力管道 | 30 | | | |
| 管底高程 | $D_i \leq 1\,000$ | 无压管道 | ±10 | 每节管 | 1 点 | 水准仪测量 |
| | | 压力管道 | ±30 | | | |
| | $D_i > 1\,000$ | 无压管道 | ±15 | | | |
| | | 压力管道 | ±30 | | | |

## 5.2　市政给水排水管沟及井室安装工程

## 【基　础】

### ◆管沟及井室一般规定

(1)管沟坐标、标高应按照设计图纸施工,误差应在允许偏差值范围内。

(2)管沟的沟底层应为原土层或者为夯实的回填土,不得有坚硬的物体、块石等,禁止敷设在冻土和未经处理的松土上,以防管道局部下沉。

(3)给水管道与污水管道在不同标高平行铺设,其垂直距离在500 mm以内,给水管道管径等于或小于200 mm,管壁间距不得小于1.5 mm;给水管道管径大于200 mm,管壁间距不得小于3 mm。

(4)给水井室的井盖应符合设计要求,应有明显的文字标识,且各种井盖不得混用。

(5)给水管沟回填土:在管顶上部200 mm以内应用沙子或无块石及冻土块的土,并不得用机械回填;管顶上部500 mm以内不得回填直径大于100 mm的块石和冻土块;500 mm以上部分回填土中的块石或冻土块不得集中,上部采用机械回填时,机械不得在管沟上行走。

(6)各种排水井池应按设计给定的标准图施工,各种排水井和化粪池应用混凝土做底板(雨水井除外),其厚度应不小于100 mm。施工时,应保证井池的规格、尺寸与位置正确,砌筑和抹灰应符合要求,不得渗漏。

(7)沟基的处理和井池底板强度必须符合设计要求。若沟基夯实和支墩大小、尺寸、距离、强度等应符合设计要求;井池底板混凝土强度等级、配筋情况等应符合设计要求。

(8)排水检查井、化粪池的底板及进出水管的标高,应当符合设计,其允许偏差为±15 mm。

(9)检查井、雨水口及其他井室周围的回填,应与管道沟槽的回填同时进行,井室周围回填夯实应对称进行,不得漏夯。

## 【实　务】

### ◆给水管沟及井室监理验收

给水管沟及井室质量检验标准应符合表5.36的规定。

表 5.36 给水管沟及井室质量检验标准

| 项目 | 检验内容 | 合格质量标准 | 检查数量 | 检验方法 |
|---|---|---|---|---|
| 主控项目 | 管沟的基层处理和井室的地基 | 管沟的基层处理和井室的地基必须符合设计要求 | 全数检查 | 现场观察检查 |
| | 井盖标识及其使用 | 各类井室的井盖应符合设计要求,应有明显的文字标识,各种井盖不得混用 | | |
| | 各类井盖安装 | 设在通车路面下或小区道路下的各种井室,必须使用重型井圈和井盖,井盖上表面应与路面相平,允许偏差为 ±5 mm。绿化带上和不通车的地方可采用轻型井圈和井盖,井盖的上表面应高出地坪 50 mm,并在井口周围以 2% 的坡度向外做水泥砂浆护坡 | | 观察和尺量检查 |
| | 重型井圈与墙体结合部处理 | 重型铸铁或混凝土井圈,不得直接放在井室的砖墙上,砖墙上应做不少于 80 mm 厚的细石混凝土垫层 | | |
| 一般项目 | 管沟坐标、位置和沟底标高 | 管沟的坐标、位置、沟底标高应符合设计要求 | 每 50 m 抽查 2 处,每处不得少于 10 m | 观察检查 |
| | 管沟沟底要求 | 管沟的沟底层应是原土层,或是夯实的回填土,沟底应平整,坡度应顺畅,不得看尖硬的物体、块石等 | | |
| | 特殊管沟基底处理 | 如沟基为岩石、不易清除的块石或为砾石层时,沟底应下挖 100～200 mm,填铺细砂或粒径不大于 5 mm 的细土,夯实到沟底标高后,方可进行管道敷设 | | 观察和尺量检查 |
| | 管沟回填土要求 | 管沟回填土,管顶上部 200 mm 以内应用砂子或无块石及冻土块的土,并不得用机械回填;管顶上部 500 mm 以内不得回填直径大于 100 mm 的块石和冻土块;500 mm 以上部分回填土中的块石或冻土块不得集中。上部用机械回填时,机械不得在管沟上行走 | | |
| | 井室内施工要求 | 井室的砌筑应按设计或给定的标准图施工。井室的底标高在地下水位以上时,基层应为素土夯实;在地下水位以下时,基层应打 100 mm 厚的混凝土底板。砌筑应采用水泥砂浆,内表面抹灰后应严密不透水 | | |
| | 管道穿越井壁 | 管道穿过井壁处,应用水泥砂浆分两次填塞严密、抹平,不得渗漏 | | 观察检查 |

## ◆排水管沟及井室监理验收

排水管沟及井室质量检验标准应符合表 5.37 的规定。

表 5.37 排水管沟及井室质量检验标准

| 项目 | 检验内容 | 合格质量标准 | 检查数量 | 检验方法 |
| --- | --- | --- | --- | --- |
| 主控项目 | 沟基处理和井池底板强度 | 沟基的处理和井池的底板强度必须符合设计要求 | 全数检查 | 现场观察和尺量检验,检查混凝土强度报告 |
| | 排水检查井、化粪池的底板及进出口水管安装 | 排水检查井、化粪池的底板及进、出水管的标高,必须符合设计,其允许偏差为 ±15 mm | | 用水准仪及尺量检查 |
| 一般项目 | 井、池要求 | 井、池的规格、尺寸和位置应正确,砌筑和抹灰符合要求 | 按总数 20% 抽检,且不得少于 3 处 | 观察、尺量检查 |
| | 井盖标识、标高及选用 | 井盖选用应正确,标志应明显,标高应符合设计要求 | | |

## 5.3 市政给水排水消防水泵接气器及室外消火栓安装工程

### 【基 础】

◆ 消防水泵接气器及室外消火栓安装一般规定

(1)应严格检查消火栓的各处开关是否灵活、严密、吻合,所配带的附属设备配件是否齐全。

(2)室外地下消火栓应砌筑消火栓井,室外地上消火栓应砌筑消火栓闸门井。在高级路面和一般路面上,井盖上表面同路面相平,允许偏差为 ±5 mm,无正规路时,井盖高出室外设计标高为 50 mm,并应在井口周围以 0.02 的坡度向外做护坡。

(3)使用的闸门井井盖上应有消火栓字样。

(4)管道穿过井壁处,应严密不漏水。

### 【实 务】

◆ 消防水泵接气器及室外消火栓安装监理巡视

(1)室外地下消火栓与主管连接的三通或弯头下部带座和无座的,均应先稳固在混凝土支墩上,管下皮距井底不应小于 0.2 m,消火栓顶部距井盖底面,不应大于 0.4 m,若超过 0.4 m 应增加短管。

(2)进行法兰闸阀、双法兰短管及水龙带接扣安装,接出的直管高于 1 m 时,应加固定卡子一道,井盖上铸有明显的"消火栓"字样。

(3)室外消火栓地上安装时,通常距地面高度为 640 mm,首先应将消火栓下部的弯头带底座安装在混凝土支墩上,安装应稳固。

(4)安装消火栓开闭闸门,两者距离不应超过 2.5 m。

(5)地下消火栓安装时,若设置闸门井,应当将消火栓自身的放水口堵死,在井内另设放水门。

## ◆消防水泵接气器及室外消火栓安装监理验收

消防水泵接气器及室外消火栓安装质量检验标准应符合表 5.38 的规定。

表 5.38 消防水泵接气器及室外消火栓安装质量检验标准

| 项目 | 检验内容 | 合格质量标准 | 检查数量 | 检验方法 |
| --- | --- | --- | --- | --- |
| 主控项目 | 系统水压试验 | 系统必须进行水压试验,试验压力为工作压力的1.5倍,但不得小于 0.6 MPa | 全数检查 | 试验压力下,10 min 内压力降不大于0.05 MPa,然后降至工作压力进行检查,压力保持不变,不渗不漏 |
| | 管道冲洗 | 消防管道在竣工前,必须对管道进行冲洗 | | 观察冲洗出水的浊度 |
| | 消防水泵接合器和消火栓位置标识及栓口安装高度 | 消防水泵接合器和消火栓的位置标志应明显,栓口的位置应方便操作。消防水泵接合器和室外消火栓当采用墙壁式时,如设计未要求,进、出水栓口的中心安装高度距地面应为1.10 m,其上方应设有防坠落物打击的措施 | | 观察和尺量检查 |
| 一般项目 | 地下式消防水泵接合器、消火栓安装 | 地下式消防水泵接合器顶部进水口或地下式消火栓的顶部出水口与消防井盖底面的距离不得大于 400 mm,井内应有足够的操作空间,并设爬梯。寒冷地区井内应做防冻保护 | 全数检查 | 观察和尺量检查 |
| | 阀门安装 | 消防水泵接合器的安全阀及止回阀安装位置和方向正确,阀门启闭应灵活 | | 现场观察和手扳检查 |
| | 室外消火栓和消防泵结合器栓口安装高度允许偏差 | 室外消火栓和消防水泵接合器的各项安装尺寸应符合设计要求,栓口安装高度允许偏差为 ±20 mm | | 尺量检查 |

## 5.4 市政供热管网工程

## 【基 础】

◆**供热管道安装一般规定**

(1)制作卷管、受内压管件和容器用的钢板,在使用前应做检查,不得有超过壁厚允许负偏差的锈蚀、凹陷以及裂纹和重皮等缺陷。

(2)预制防腐层和保温层的管道及管路附件,在运输和安装中不得损坏。

(3)管件制作和可预组装的部分宜在管道安装前完成,并应经检验合格。

(4)钢管、管路附件等安装前应按设计要求核对型号,并按《城镇供热管网工程施工及验收规范》(CJJ 28—2004)中第5章的规定进行检验。

(5)雨期施工应采取防止浮管及防止泥浆进入的措施。

(6)施工间断时,管口应采用堵板封闭;管道安装完成后,应将内部清理干净,并及时封闭管口。

(7)管道法兰、焊缝及其他连接件的安装位置应留有检修空间。

◆**供热管道加工和现场预制管件制作一般规定**

(1)公称直径小于或等于500 mm的弯头应采用机制弯头,其他各种管件宜选用机制管件。

(2)弯管的弯曲半径应符合设计要求。设计无要求时,最小弯曲半径应符合表5.39规定。

表5.39 弯管最小弯曲半径

| 管 材 | 弯管制作方法 | 最小弯曲半径 |
| --- | --- | --- |
| 低碳钢管 | 热弯 | $3.5D_w$ |
| | 冷弯 | $4.0D_w$ |
| | 压制弯 | $1.5D_w$ |
| | 热推弯 | $1.5D_w$ |
| | 焊制弯 $D_N \geq 250$ | $1.0D_w$ |
| | 焊制弯 $D_N \geq 300$ | $0.75D_w$ |

注:$D_N$为公称直径,$D_w$为外径。

◆**供热管道支架、吊架安装一般规定**

(1)管道安装前,应完成管道支架、吊架的安装,支架、吊架的位置应正确、平整、牢固,坡度应符合设计要求。管道支架支承表面的标高可采用加设金属垫板的方式进行调整,但不得浮加在滑托和钢管、支架之间,金属垫板不得超过两层,垫板应与预埋铁件或钢结构进行焊接。

(2)支架、吊架和滑托应按设计要求焊接,不得有漏焊、缺焊、咬肉或裂纹等缺陷。管道与固定支架、滑托等焊接时,管壁上不得有焊痕等现象存在。

◆ **直埋保温管道安装一般规定**

(1)预制直埋保温管道在运输、现场存放、安装过程中,应采取必要措施封闭端口,不得拖拽保温管,不得损坏端口和外护层。

(2)直埋保温管道安装应按设计要求进行;管道安装坡度应与设计一致;在管道安装过程中,出现折角时,必须经设计确认。

(3)直埋保温管道预警系统应符合下列规定。

1)预警系统的安装应按设计要求进行。

2)管道安装前应对单件产品预警线进行断路、短路检测。

3)在管道接头安装过程中,应首先连接预警线,并在每个接头安装完毕后进行预警线断路、短路检测。

4)在补偿器、阀门、固定支架等管件部位的现场保温应在预警系统连接检验合格后进行。

◆ **供热管道防腐工程一般规定**

(1)防腐材料、稀释剂和固化剂等材料的品种、规格、性能应符合现行国家标准和设计要求,产品应有质量合格证明文件(出厂合格证、有资质的检测机构的检测报告等),并应符合环保要求。

(2)材料在运输、储存和施工过程中,应采取有效措施,防止变质和污染环境。涂料应密封保存,严禁明火和暴晒,所用材料应在有效期内使用。

(3)涂料种类、性能、涂刷层数、涂层厚度及表面标记等应按设计规定执行,设计无规定时,应符合下列规定。

1)明装无保温层管道、设备等,应涂一道防锈漆和两道面漆;有保温层时,应涂两道防锈漆。

2)暗装管道应涂两道防锈漆。

3)涂层厚度,应符合产品质量要求。

4)涂料的耐温性能、抗腐蚀性能应按输热介质温度及环境条件进行选择。

◆ **供热管道保温工程一般规定**

(1)保温材料的品种、规格、性能等应符合现行国家产品标准和设计要求,产品应有质量合格证明文件(出厂合格证、有资质的检测机构的检测报告等),并应符合环保要求。

(2)材料进场时应对品种、规格、外观等进行检查验收,并从进场的每批保温材料中,应任选1~2组试样进行导热系数测定,导热系数超过设计取定值5%以上的材料不得使用。

(3)材料进入现场后应妥善保管,防止受潮。受潮的材料,不得使用。

(4)管道、设备的保温应在试压、防腐验收合格后进行。如钢管预先做保温,则应将环形焊缝等需要检查处留出,待各项检验合格后,再将留出部位进行防腐、保温。

# 【实　务】

## ◆煨制弯管制作监理巡视

(1)热煨弯管内部灌砂应敲打震实,管端堵塞结实。

(2)钢管热煨弯时应缓慢升温,加热温度应控制在750~1 050 ℃范围内,钢管弯曲部分应受热均匀。

(3)当采用有缝管材煨制弯管时,其纵向焊缝应放在与管中心弯曲平面之间夹角大于45°的区域内。

(4)弯曲起点距管端的距离不应小于钢管外径,且不应小于100 mm。

(5)弯管制成后的质量应符合下列要求。

1)无裂纹、分层、过烧等缺陷。

2)管腔内的砂子、黏结的杂物应清除干净。

3)壁厚减薄率不应超过15%,且不小于设计计算壁厚;壁厚减薄率可按下式计算。

$$\eta = \frac{\delta_1 - \delta_2}{\delta_1} \times 100\% \tag{5.1}$$

式中　$\eta$——壁厚减薄度(mm);
　　　$\delta_1$——弯管前壁厚(mm);
　　　$\delta_2$——弯管后壁厚(mm)。

4)椭圆率不得超过8%,椭圆率可按下式计算。

$$\varphi = \frac{D_{max} - D_{min}}{\frac{1}{2}(D_{max} + D_{min})} \times 100\% \tag{5.2}$$

式中　$\varphi$——椭圆率;
　　　$D_{max}$——最大外径(mm);
　　　$D_{min}$——最小外径(mm)。

5)因弯管角度误差所造成的弯曲起点以外直管段的偏差值不应大于直管段长度的1%,且不应大于10 mm。

6)弯管内侧波浪高度($H$)应符合表5.40的规定,波距($t$)应大于或等于波浪高度的4倍,如图5.1。

表5.40　波浪高度($H$)的允许值　　　　　　　　　　　　单位:mm

| 钢管外径 | ≤108 | 133 | 159 | 219 | 273 | 325 | 377 | ≥426 |
|---|---|---|---|---|---|---|---|---|
| 波浪高度($H$)允许值 | 4 | 5 | 6 | 6 | 7 | 7 | 8 | 8 |

图 5.1 弯曲部分波浪高度

## ◆焊制弯管制作监理巡视

(1)焊制弯管应根据设计要求制作。

(2)设计无要求时,焊制弯管的组成形式可按图 5.2 制作;公称直径大于 400 mm 的焊制弯管可增加节数,但其节内侧的最小长度不得小于 150 mm。

(3)焊制弯管使用在应力较大的位置时,弯管中心不应放置环焊缝。

(4)弯管两端节应从弯曲起点向外加长,增加的长度应大于钢管外径,且不得小于 150 mm。

(5)焊制弯管的尺寸允许偏差应符合下列要求。

1)周长偏差:$D_N \leqslant 1\,000$ mm,±4 mm;$D_N > 1\,000$ mm,±6 mm。

2)弯管端部与弯曲半径在管端所形成平面之间的垂直偏差 Δ(图 5.3)不应大于钢管公称直径的 1%,且不得大于 3 mm。

(6)管道安装且在钢管上直接制作焊制弯管时,端部的一节应留在与弯管相连的直管段上。

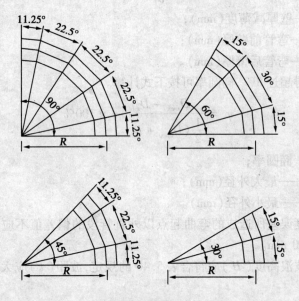

图 5.2 焊制弯管

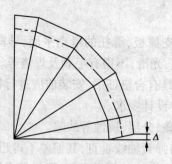

**图5.3 焊制弯管端面垂直偏差**

◆ **压制弯管、热推弯管和异径管制作监理巡视**

(1)压制弯管、热推弯管和异径管加工的主要尺寸偏差应符合表5.41的规定。

**表5.41 压制弯管、热推弯管和异径管加工主要尺寸偏差/mm**

| 管件名称 | 管件形式 | 公称直径<br>检查项目 | 25~70 | 80~100 | 125~200 | 250~400 无缝 | 250~400 有缝 |
|---|---|---|---|---|---|---|---|
| 弯管 |  | 外径偏差 | ±1.1 | ±1.5 | ±2.0 | ±2.5 | ±3.5 |
| 弯管 |  | 外径椭圆 | 不超过外径偏差 | | | | |
| 异径管 |  | 壁厚偏差 | 不大于公称壁厚的12.5% | | | | |
| 异径管 |  | 长度(L)偏差 | | ±1.5 | | ±2.5 | |
| 异径管 |  | 端面垂直(Δ)偏差 | | ≤1.0 | | ≤1.5 | |

(2)焊制偏心异径管的椭圆度不应大于各端面外径的1%,且不得大于5 mm。

(3)同心异径管两端中心线应重合。

◆ **焊制三通制作监理巡视**

(1)焊制三通,其支管的垂直偏差不应大于支管高度的1%。

(2)设计要求需补强的焊制三通在制作时,应按要求进行补强。

◆ **方形补偿器制作监理巡视**

(1)方形补偿器的椭圆度、波浪度和角度偏差等应符合弯管制作的相应规定。

(2)煨弯组合的补偿器、弯管之间的连接点应放在各臂的中部。

(3)用冲压弯管或焊制弯管组焊的方形补偿器各臂应采用整管制作。

◆ **管道支架、吊架和滑托制作监理巡视**

(1)支架、吊架和滑托的形式、材质、外形尺寸、制作精度及焊接质量应符合设计要求,焊接变形应予以矫正。

(2)支架上滑托的滑动支撑板、滑托的滑动平面,导向支架的导向板滑动平面及支、吊架弹簧盒的工作面应平整、光滑,不得有毛刺及焊渣等。

(3)组合式弹簧支架应具有合格证书,安装前应进行检查,并应符合下列要求。

1)外形尺寸偏差应符合设计要求。

2)弹簧不应有裂纹、折叠、分层、锈蚀等缺陷。

3)弹簧两端支撑面应与弹簧轴线垂直,其偏差不得超过自由高度的2%。

(4)已预制完成并经检查合格的管道支架、滑托等应按设计要求进行防腐处理,并妥善保管。

(5)焊在钢管外皮上的弧形板应采用模具压制成型,用同径钢管切割的,应采用模具整形。

◆ **供热管道加工和现场预制管件制作监理验收**

(1)钢管切口端面应平整,不得有裂纹、重皮、毛刺,熔渣应清理干净。

(2)弯管的表面不得有裂纹、分层、重皮、过烧等缺陷,且应过渡圆滑,表面光洁。

(3)管道加工和现场预制管件的焊接应符合《城镇供热管网工程施工及验收规范》(CJJ 28—2004)中第4.3节、4.4节的有关规定。

(4)管道加工和现场预制管件的允许偏差及检验方法应符合表5.42规定。

表5.42 管道加工和现场预制管件的允许偏差及检验方法

| 检验内容 | | | 允许偏差/mm | 检查方法 |
| --- | --- | --- | --- | --- |
| 弯头 | 周长 | $D_N > 1\ 000$ mm | ≤6 | 钢尺测量 |
| | | $D_N ≤ 1\ 000$ mm | ≤4 | |
| | 端面与中心线垂直度 | | ≤外径的1%,且≤3 | 角尺、直尺测量 |
| 异径管 | 椭圆度 | | ≤各端外径的1%,且≤5 | 卡尺测量 |
| 三通 | 支管垂直度 | | ≤高度的1%,且≤3 | 角尺、直尺测量 |
| 钢管 | 切口端面垂直度 | | ≤外径的1%,且≤3 | |

◆ **供热管道支架、吊架安装监理验收**

管道支、吊架安装的允许偏差及检验方法应符合表5.43的规定。

表5.43 管道支、吊架安装的允许偏差及检验方法

| 项目 | 检验内容 | | 允许偏差/mm | 检查方法 |
| --- | --- | --- | --- | --- |
| 主控项目 | 支架标高 | | -10 | 水准仪测量 |
| 一般项目 | 支、吊架中心点平面位置 | | 25 | 钢尺测量 |
| | 两个固定指支架的其他支架 | 距固定支架每10 m处 | 5 | 钢尺测量 |
| | | 中心处 | 25 | |

## ◆管沟和地上敷设管道安装监理巡视

### 1. 管道安装

(1)在管道中心线和支架高程测量复核无误后,方可进行管道安装。

(2)安装过程中不得碰撞沟壁、沟底、支架等。

(3)吊、放在架空支架上的钢管应采取必要的固定措施。

(4)地上敷设管道的管组长度应按空中就位和焊接的需要来确定,宜等于或大于2倍支架间距。

(5)每个管组或每根钢管安装时都应按管道的中心线和管道坡度对接管口。

### 2. 管口对接

(1)对接管口时,应检查管道平直度,在距接口中心200 mm处测量,允许偏差为1 mm,在所对接钢管的全长范围内,最大偏差值不应超过10 mm。

(2)钢管对口处应垫置牢固,不得在焊接过程中产生错位和变形。

(3)管道焊口距支架的距离应保证焊接操作的需要。

(4)焊口不得置于建筑物、构筑物等的墙壁中。

### 3. 套管安装

(1)管道穿过构筑物墙板处应按设计要求安装套管,穿过结构的套管长度每侧应大于墙厚20~25 mm;穿过楼板的套管应高出板面50 mm。

(2)套管与管道之间的空隙可采用柔性材料填塞。

(3)防水套管应按设计要求制造,并应在墙体和构筑物砌筑或浇筑混凝土之前安装就位,套管缝隙应按设计要求进行充填。

(4)套管中心的允许偏差为10 mm。

## ◆管沟和地上敷设管道安装监理验收

管道安装的允许偏差及检验方法应符合表5.44的要求。

**表5.44 管道安装的允许偏差及检验方法**

| 项目 | 检验内容 | 允许偏差及合格质量标准/mm | | | 检查数量 | | 检查方法 |
|---|---|---|---|---|---|---|---|
| | | | | | 范围 | 点数 | |
| 主控项目 | 高程 | ±10 | | | 50 m | — | 水准仪测量,不计点 |
| | 对口间隙 | 壁厚 | 间隙 | 偏差 | 每10个口 | 1 | 用焊口检测器,量取最大偏差值,计1点 |
| | | 4~9 | 1.5~2.0 | ±1.0 | | | |
| | | ≥10 | 2.0~3.0 | +1.0,-2.0 | | | |
| 一般项目 | 中心线位移 | 每10 m不超过5,全长不超过30 | | | 50 m | — | 挂边线用尺量,不计点 |
| | 立管垂直度 | 每米不超过2,全高不超过10 | | | 每根 | — | 垂线检查,不计点 |

## ◆直埋保温管道安装监理巡视

### 1.预制直埋保温管的现场切割
(1)管道配管长度不宜小于2 m。
(2)在切割时应采取措施防止外护管脆裂。
(3)切割后的工作钢管裸露长度应与原成品管的工作钢管裸露长度一致。
(4)切割后裸露的工作钢管外表面应清洁,不得有泡沫残渣。

### 2.直埋保温管接头的保温和密封
(1)接头施工采取的工艺,应有合格的形式检验报告。
(2)接头的保温和密封应在接头焊口检验合格后进行。
(3)接头处钢管表面应干净、干燥。
(4)当周围环境温度低于接头原料的工艺使用温度时,应采取有效措施,保证接头质量。
(5)接头外观不应出现熔胶溢出、过烧、鼓包、翘边、褶皱或层间脱离等现象。
(6)一级管网的现场安装的接头密封应进行100%的气密性检验。二级管网的现场安装的接头密封应进行不少于20%的气密性检验。气密性检验的压力为0.02 MPa,用肥皂水仔细检查密封处,无气泡为合格。

## ◆直埋保温管道安装监理验收

直埋保温管道安装质量检验标准应符合表5.45的规定。

**表5.45 直埋保温管道安装质量检验标准**

| 项目 | 检验内容 | 合格质量标准 | | | 检查频率/% | 检查方法 |
|---|---|---|---|---|---|---|
| 主控项目 | 节点的保温和密封 | 气密性试验 | 一级管网 | 无气泡 | 100 | 气密性试验 |
| | | | 二级管网 | 无气泡 | 20 | |
| | | 外观质量检查 | | 无缺陷 | 100 | 目测 |
| 一般项目 | 连接预警系统 | 满足产品预警系统的技术要求 | | | 100 | 用仪表检查整体线路 |

## ◆供热管道防腐工程监理巡视

(1)涂刷时的环境温度和相对湿度应符合涂料产品说明书的要求。当无要求时,环境温度宜在5~40 ℃之间,相对湿度不应大于75%。涂刷时金属表面应干燥,不得有结露。当相对湿度大于75%时或金属表面潮湿时,应采取措施,保证在清洁、干燥、通风良好的环境中进行涂刷。在雨雪和大风天气中进行涂刷,应有遮挡。涂刷后四天内应免受雨淋;当环境温度低于-5 ℃时,应按照涂料的性能掺入可促进漆膜固化的掺合料,并将漆膜的金属面加热至30~40 ℃,再进行涂刷。当环境温度低于-25 ℃时,不宜进行涂料施工。

(2)已完成防腐的管道、管件、附件、设备等,在漆膜干燥过程中应防止冻结、撞击、振动和湿度剧烈变化,并应做好成品保护,不得踩踏或当作支架使用。损坏的漆膜在下道工序施工前应提前进行修补,并进行检验。

(3)用涂料和玻璃纤维做加强防腐层时,除遵守上述的有关规定外,尚应符合下列规定。

1)按设计规定涂刷的底漆应均匀完整,无空白、凝块和流痕。

2)玻璃纤维的厚度、密度、层数应符合设计要求,缠绕重叠部分宽度应大于布宽的1/2,压边量宜为10~15 mm。用机械缠绕时,缠布机应稳定匀速前进,并与钢管旋转转速相配合。

3)玻璃纤维两面沾油应均匀,经刮板或挤压滚轮后,布面无空白,不得淌油和滴油。

4)防腐层的厚度不得低于设计厚度。玻璃纤维与管壁应黏结牢固、缠绕紧密均匀,表面应光滑,不得有气孔、针孔和裂纹,钢管两端应留200~250 mm空白段。

(4)埋地钢管阴极保护(牺牲阳极)防腐应符合下列规定。

1)安装的牺牲阳极规格、数量及埋设深度应符合设计要求,设计无规定时,宜按国家现行标准《埋地钢质管道阴极保护技术规范》(GB/T 21448—2008)的规定执行。

2)牺牲阳极填包料应注水浸润。

3)牺牲阳极电缆焊接应牢固,焊点应进行防腐处理。

4)检查钢管的保护电位值应低于-0.85Vcse。

## ◆供热管道防腐工程监理验收

钢管除锈、涂料质量检验标准应符合表5.46的规定。

表5.46 钢管除锈、涂料质量检验标准

| 项目 | 检验内容 | 合格质量标准 | 检查数量 | | 检查方法 |
| --- | --- | --- | --- | --- | --- |
| | | | 范围/m | 点数 | |
| 主控项目 | 除锈 | 铁锈全部清除,颜色均匀,露金属本色 | 50 | 50 | 外观检查每10 m,计1点 |
| 一般项目 | 涂料 | 颜色光泽、厚度均匀一致,无起褶、起泡、漏刷 | 50 | 50 | |

## ◆供热管道保温工程监理巡视

(1)保温固定件、支承件的安装应正确、牢固,支承件不得外露,其安装间距应符合设计要求。

(2)保温层厚度应符合设计要求。

(3)质量检查时,设备每50 $m^2$ 或管道每50m应各取样抽检三处,其中有一处不合格时,应就近加倍取点复查,仍有1/2不合格时,应认定该处为不合格。超过500 $m^2$ 的同一设备或超过500 m的同一管道保温工程验收时,取样布点的间距可增大。

(4)保温层密度的检查应现场切取试样检查,棉毡类保温层安装密度允许偏差为10%;板、管壳类保温层安装密度允许偏差为5%。

(5)保温结构的端部不应妨碍管道附件(如法兰、阀门等)螺栓的拆装和门盖的开启。

## ◆供热管道保温工程监理验收

供热管道保温工程质量检验标准应符合表 5.47 的规定。

表 5.47 供热管道保温工程质量检验标准

| 项目 | 检验内容 | | 允许偏差 | 检查频率 | 检查方法 |
| --- | --- | --- | --- | --- | --- |
| 主控项目 | 厚度 | 硬质保温材料 | +5% | 每隔20 m 测一点 | 钢针刺入保温层测厚 |
| | | 柔性保温材料 | +8% | | |
| 一般项目 | 伸缩缝宽度 | | ±5 mm | 抽查10% | 尺量检查 |

# 第6章 构筑物工程质量监理

## 6.1 市政道路工程附属构筑物

### 【基 础】

◆**路缘石一般规定**

(1) 路缘石宜由加工厂生产,并应提供产品强度、规格尺寸等技术资料及产品合格证。

(2) 路缘石宜采用石材或预制混凝土标准块。路口、隔离带端部等曲线段路缘石,宜按设计弧形加工预制,也可采用小标准块。

(3) 石质路缘石应采用质地坚硬的石料加工,强度应符合设计要求,宜选用花岗石。

1) 剁斧加工石质路缘石允许偏差应符合表 6.1 的规定。

表 6.1 剁斧加工石质路缘石允许偏差

| 项目 | | 允许偏差/mm |
|---|---|---|
| 外形尺寸 | 长 | ±5 |
| | 宽 | ±2 |
| | 厚(高) | ±2 |
| 外露面细石面平整度 | | 3 |
| 对角线长度差 | | ±5 |
| 剁斧纹路 | | 应直顺、无死坑 |

2) 机具加工石质路缘石允许偏差应符合表 6.2 的规定。

表 6.2 机具加工石质路缘石允许偏差

| 项目 | | 允许偏差/mm |
|---|---|---|
| 外形尺寸 | 长 | ±4 |
| | 宽 | ±1 |
| | 厚(高) | ±2 |
| 对角线长度差 | | ±4 |
| 外露面平整度 | | 2 |

### ◆雨水支管与雨水口一般规定

（1）雨水支管应与雨水口配合施工。

（2）雨水支管、雨水口位置应符合设计规定，且满足路面排水要求。当设计规定位置不能满足路面排水要求时，应在施工前办理变更设计。

（3）雨水支管、雨水口基底应坚实，现浇混凝土基础应振捣密实，强度符合设计要求。

### ◆排水沟或截水沟一般规定

（1）排水沟或截水沟应与道路配合施工，位置、高程应符合设计要求。

（2）土沟不得超挖，沟底、边坡应夯实，严禁用虚土贴底、贴坡。

（3）砌体和混凝土排水沟、截水沟的土基应夯实。

（4）砌体沟应坐浆饱满、勾缝密实，不应有通缝。沟底应平整，无反坡、凹兜现象；边坡、侧墙应表面平整，与其他排水设施的衔接应平顺。

（5）混凝土排水沟、截水沟的混凝土应振捣密实，强度应符合设计要求，外露面应平整。

（6）盖板沟的预制盖板，混凝土振捣应密实，混凝土强度应符合设计要求，配筋位置应准确，表面无蜂窝、无缺损。

### ◆倒虹管及涵洞一般规定

遇地下水时，应将地下水降至槽底以下 50 cm，直到倒虹管与涵洞具备抗浮能力，且满足施工要求后，方可停止降水。

### ◆护坡一般规定

（1）护坡宜安排在枯水或少雨季节施工。

（2）施工护坡所用砌块、石料、砂浆、混凝土等均应符合设计要求。

（3）护坡砌筑应按设计坡度挂线，并应按《城镇道路工程施工与质量验收规范》（CJJ 1—2008）第 14.4 节的有关规定施工。

### ◆隔离墩一般规定

（1）隔离墩宜由有资质的生产厂供货。现场预制时宜采用钢模板，拼装严密、牢固，混凝土拆模时的强度不得低于设计强度的 75%。

（2）隔离墩吊装时，其强度应符合设计规定，设计无规定时不应低于设计强度的 75%。

（3）安装必须稳固，坐浆饱满；当采用焊接连接时，焊缝应符合设计要求。

### ◆隔离栅一般规定

（1）隔离网、隔离栅板应由有资质的工厂加工，其材质、规格形式及防腐处理均应符合设计要求。

# 第6章 构筑物工程质量监理

(2)固定隔离栅的混凝土柱宜采用预制件。金属柱和连接件规格、尺寸、材质应符合设计规定,并应做防腐处理。

(3)隔离栅立柱应与基础连接牢固,位置应准确。

(4)立柱基础混凝土达到设计强度75%后,方可安装隔离栅板、隔离网片。隔离栅板、隔离网片应与立柱连接牢固,框架、网面平整,无明显凹凸现象。

## ◆护栏一般规定

(1)护栏应由有资质的工厂加工。护栏的材质、规格形式及防腐处理应符合设计要求。加工件表面不得有剥落、气泡、裂纹、疤痕、擦伤等缺陷。

(2)护栏立柱应埋置于坚实的基础内,埋设位置应准确,深度应符合设计规定。

(3)护栏的栏板、波形梁应与道路竖曲线相协调。

(4)护栏的波形梁的起、讫点和道口处应按设计要求进行端头处理。

## ◆声屏障一般规定

声屏障所用材质与单体构件的结构形式、外形尺寸、隔声性能应符合设计要求。

## ◆防眩板一般规定

(1)防眩板的材质、规格、防腐处理、几何尺寸及遮光角应符合设计要求。

(2)防眩板应由有资质的工厂加工,镀锌量应符合设计要求。防眩板表面应色泽均匀,不得有气泡、裂纹、疤痕、端面分层等缺陷。

(3)防眩板安装应位置准确,焊接或栓接应牢固。

(4)防眩板与护栏配合设置时,混凝土护栏上预埋连接件的间距宜为50 cm。

(5)路段与桥梁上防眩设施衔接应直顺。

(6)施工中不得损伤防眩板的金属镀层,出现损伤应在24 h之内进行修补。

# 【实 务】

## ◆路缘石监理巡视

(1)预制混凝土路缘石应符合下列规定。

1)混凝土强度等级应符合设计要求。设计未规定时,不应小于C30,路缘石弯拉与抗压强度应符合表6.3的规定。

表6.3 路缘石弯拉与抗压强度

| 直线路缘石 | | | 直线路缘石(含圆形、L形) | | |
|---|---|---|---|---|---|
| 弯拉强度/MPa | | | 抗压强度/MPa | | |
| 强度等级 $C_f$ | 平均值 | 单块最小值 | 强度等级 $C_c$ | 平均值 | 单块最小值 |
| $C_f3.0$ | ≥3.00 | 2.40 | $C_c30$ | ≥30.0 | 24.0 |

续表6.3

| 直线路缘石 | | | 直线路缘石(含圆形、L形) | | |
|---|---|---|---|---|---|
| $C_f 4.0$ | ≥4.00 | 3.20 | $C_c 35$ | ≥35.0 | 28.0 |
| $C_f 5.0$ | ≥5.00 | 4.00 | $C_c 40$ | ≥40.0 | 32.0 |

注：直线路缘石用弯拉强度控制，L形或弧形路缘石用抗压强度控制。

2)路缘石吸水率不得大于8%。有抗冻要求的路缘石经50次冻融试验(D50)后,质量损失率应小于3%,抗盐冻性路缘石经ND25次试验后,质量损失应小于$0.5 kg/m^2$。

3)预制混凝土路缘石加工尺寸允许偏差应符合表6.4的规定。

表6.4 预制混凝土路缘石加工尺寸允许偏差

| 项 目 | 允许偏差/mm |
|---|---|
| 长度 | +5<br>-3 |
| 宽度 | +5<br>-3 |
| 高度 | +5<br>-3 |
| 平整度 | ≤3 |
| 垂直度 | ≤3 |

表6.5 预制混凝土路缘石外观质量允许偏差

| 项 目 | 允许偏差 |
|---|---|
| 缺棱掉角影响顶面或正侧面的破坏最大投影尺寸/mm | ≤15 |
| 面层非贯穿裂纹最大投影尺寸/mm | ≤10 |
| 可视面粘皮(脱皮)及表面缺损最大面积/$mm^2$ | ≤30 |
| 贯穿裂纹 | 不允许 |
| 分层 | 不允许 |
| 色差、杂色 | 不明显 |

(2)路缘石基础宜与相应的基层同步施工。

(3)安装路缘石的控制桩,直线段桩距宜为10~15 m;曲线段桩距宜为5~10 m;路口处桩距宜为1~5 m。

(4)路缘石应以干硬性砂浆铺砌,砂浆应饱满、厚度均匀。路缘石砌筑应稳固、直线段顺直、曲线段圆顺、缝隙均匀;路缘石灌缝应密实,平缘石表面应平顺不阻水。

(5)路缘石背后宜浇筑水泥混凝土支撑,并还土夯实。还土夯实宽度不宜小于50 cm,高度不宜小于15 cm,压实度不得小于90%。

(6)路缘石宜采用M10水泥砂浆灌缝。灌缝后,常温期养护不应少于3 d。

## ◆路缘石监理验收

路缘石安砌质量检验标准应符合表 6.6 的规定。

表 6.6 路缘石安砌质量检验标准

| 项目 | 检验内容 | 合格质量标准 | 检查数量 | 检查方法 |
|---|---|---|---|---|
| 主控项目 | 混凝土路缘石强度 | 混凝土路缘石强度应符合设计要求 | 每种、每检验批 1 组(3 块) | 查出厂检验报告并复验 |
| 一般项目 | 路缘石 | 路缘石应砌筑稳固、砂浆饱满、勾缝密实,外露面清洁、线条顺畅,平缘石不阻水 | 全数检查 | 观察 |
| | 立缘石、平缘石安砌允许偏差 | 立缘石、平缘石安砌允许偏差应符合表 6.7 的规定 | | |

表 6.7 立缘石、平缘石安砌允许偏差

| 项 目 | 允许偏差 /mm | 检验频率 范围/m | 检验频率 点数 | 检验方法 |
|---|---|---|---|---|
| 直顺度 | ≤10 | 100 | 1 | 用 20 m 线和钢尺量① |
| 相邻块高差 | ≤3 | 20 | 1 | 用钢板尺和塞尺量① |
| 缝宽 | ±3 | 20 | 1 | 用钢尺量① |
| 顶面高程 | ±10 | 20 | 1 | 用水准仪测量 |

注:1. ①表示随机抽样,量 3 点取最大值。
2. 曲线段缘石安装的圆顺度允许偏差应结合工程具体制定。

## ◆雨水支管与雨水口监理巡视

(1)砌筑雨水口应符合下列规定。
1)雨水管端面应露出井内壁,其露出长度不应大于 2 cm。
2)雨水口井壁,应表面平整,砌筑砂浆应饱满,勾缝应平顺。
3)雨水管穿井墙处,管顶应砌砖券。
4)井底应采用水泥砂浆抹出雨水口泛水坡。
(2)雨水支管敷设应直顺,不应错口、反坡、凹兜,检查井、雨水口内的外露管端面应完好,不应将断管端置入雨水口。
(3)雨水支管与雨水口四周回填应密实。处于道路基层内的雨水支管应做 360°混凝土包封,且在包封混凝土达至设计强度 75% 前不得放行交通。
(4)雨水支管与既有雨水干线连接时,宜避开雨期。施工中,需进入检查井时,必须采取防缺氧、防有毒和有害气体的安全措施。
(5)支管与雨水干管连接,需新建检查井,其砌筑施工中应符合现行国家标准《给水排水管道工程施工及验收规范》(GB 50268—2008)的有关规定。

## ◆雨水支管与雨水口监理验收

雨水支管与雨水口质量检验标准应符合表6.8的规定。

**表6.8　雨水支管与雨水口质量检验标准**

| 项目 | 检验内容 | 合格质量标准 | 检查数量 | 检查方法 |
|---|---|---|---|---|
| 主控项目 | 管材 | 管材应符合现行国家标准《混凝土和钢筋混凝土排水管》(GB/T 11836—2009)的有关规定 | 每种、每检验批 | 查合格证和出厂检验报告 |
| | 基础混凝土强度 | 基础混凝土强度应符合设计要求 | 每100 m³取1组(3块);(不足100 m³取1组) | 查试验报告 |
| 一般项目 | 砌筑砂浆强度 | 砌筑砂浆强度应符合《城镇道路工程施工与质量验收规范》(CJJ 1—2008)第14.5.3条第7款的规定 | | |
| | 回填土 | 回填土应符合《城镇道路工程施工与质量验收规范》(CJJ 1—2008)第6.6.3条压实度的有关规定 | | 环刀法、灌砂法或灌水法 |
| | 雨水口内壁勾缝 | 雨水口内壁勾缝应直顺、坚实,无漏勾、脱落。井框、井箅应完整、配套,安装平稳、牢固 | 全数检查 | 观察 |
| | 雨水支管安装 | 雨水支管安装应直顺,无错口、反坡、存水,管内清洁,接口处内壁无砂浆外露及破损现象。管端面应完整 | | 观察 |
| | 雨水支管与雨水口允许偏差 | 雨水支管与雨水口允许偏差应符合表6.9规定 | | |

**表6.9　雨水支管与雨水口允许偏差**

| 项　目 | 允许偏差/mm | 检验频率 | | 检验方法 |
|---|---|---|---|---|
| | | 范围 | 点数 | |
| 井框与井壁吻合 | ≤10 | 每座 | 1 | 用钢尺量 |
| 井框与周边路面吻合 | 0 -10 | | 1 | 用直尺靠量 |
| 雨水口与路边线间距 | ≤20 | | 1 | 用钢尺量 |
| 井内尺寸 | +20 0 | | 1 | 用钢尺量,最大值 |

## ◆排水沟或截水沟监理验收

排水沟或截水沟质量检查标准应符合表 6.10 的规定。

**表 6.10　排水沟或截水沟质量检查标准**

| 项目 | 检验内容 | 合格质量标准 | 检查数量 | 检查方法 |
|---|---|---|---|---|
| 主控项目 | 预制砌块强度 | 预制砌块强度应符合设计要求 | 每种、每检验批1组 | 查试验报告 |
| | 预制盖板的钢筋品种、规格、数量，混凝土的强度 | 预制盖板的钢筋品种、规格、数量、混凝土的强度应符合设计要求 | 同类构件，抽查1/10，且不少于3件 | 用钢尺量、查出厂检验报告 |
| | 砂浆强度 | 砂浆强度应符合《城镇道路工程施工与质量验收规范》(CJJ 1—2008)第14.5.3条第7款的规定 | | |
| 一般项目 | 砌筑砂浆饱满度 | 砌筑砂浆饱满度不应小于80% | 每100 m或每班抽查不少于3点 | 观察 |
| | 砌筑水沟沟底 | 砌筑水沟沟底应平整、无反坡、凹兜，边墙应平整、直顺、勾缝密实。与排水构筑物衔接顺畅 | 全数检查 | 观察 |
| | 砌筑排水沟或截水沟允许偏差 | 砌筑排水沟或截水沟允许偏差应符合表6.11的规定 | | |
| | 土沟断面 | 土沟断面应符合设计要求，沟底、边坡应坚实，无贴皮、反坡和积水现象 | 全数检查 | 观察 |

**表 6.11　砌筑排水沟或截水沟允许偏差**

| 项目 | 允许偏差/mm | | 检验频率 | | 检验方法 |
|---|---|---|---|---|---|
| | | | 范围/m | 点数 | |
| 沟断面尺寸 | 砌石 | ±20 | 40 | 1 | 用钢尺量 |
| | 石块 | ±10 | | | |
| 沟底高程 | 砌石 | ±20 | 20 | 1 | 用水准仪测量 |
| | 石块 | ±10 | | | |
| 墙面垂直度 | 砌石 | ≤30 | | 2 | 用垂线、钢尺量 |
| | 石块 | ≤15 | | | |
| 墙面平整度 | 砌石 | ≤30 | | 2 | 用2 m直尺、塞尺量 |
| | 石块 | ≤10 | 40 | | |
| 边线直顺度 | 砌石 | ≤0 | | 2 | 用20 m小线和钢尺量 |
| | 石块 | ≤10 | | | |
| 盖板压强长度 | ±20 | | | 2 | 用钢尺量 |
| 轴线位置 | ≤30 | | 100 | 2 | 用经纬仪和钢尺量 |

## ◆ 倒虹管监理巡视

(1)管道水平与斜坡段交接处,应采用弯头连接。

(2)主体结构建成后,闭水试验应在倒虹管充水 24 h 后进行,测定 30 min 渗水量,渗水量不应大于计算值。

渗水量应按下式计算:

$$Q = \frac{W}{T \cdot L} \times 1440 \tag{6.1}$$

式中　$Q$——实测渗水量($m^3/24h \cdot km$);

　　　$W$——补水量(L);

　　　$T$——实测渗水量观测时间(min);

　　　$L$——倒虹管长度(m)。

## ◆ 倒虹管及涵洞监理验收

倒虹管及涵洞质量检验标准应符合表 6.12 的规定。

表 6.12　倒虹管及涵洞质量检验标准

| 项目 | 检验内容 | 合格质量标准 | 检查数量 | 检查方法 |
|---|---|---|---|---|
| 主控项目 | 地基承载力 | 地基承载力应符合设计要求 | 每个基础 | 查钎探记录 |
| | 管材 | 管材应符合《城镇道路工程施工与质量验收规范》(CJJ 1—2008)第 16.11.2 条第 1 款的规定 | | |
| | 混凝土强度 | 混凝土强度应符合设计要求 | 每 100 $m^3$ 取 1 组(3 块) | 查试验记录 |
| | 砂浆强度 | 砂浆强度应符合《城镇道路工程施工与质量验收规范》(CJJ 1—2008)第 14.5.3 条第 7 款的规定 | | |
| | 倒虹管闭水试验 | 倒虹管闭水试验应符合《城镇道路工程施工与质量验收规范》(CJJ 1—2008)第 16.4.2 条第 2 款的规定 | 每一条倒虹管 | 查闭水试验记录 |
| | 回填土压实度 | 回填土压实度应符合路基压实度要求 | 每压实层抽查 3 点 | 环刀法、灌砂法或灌水法 |
| | 矩形涵洞 | 矩形涵洞应符合《城镇道路工程施工与质量验收规范》(CJJ 1—2008)第 14.5 节的有关规定 | | |
| 一般项目 | 倒虹管允许偏差 | 倒虹管允许偏差应符合表 6.13 的规定 | | |
| | 预制管材涵洞允许偏差 | 预制管材涵洞允许偏差应符合表 6.14 的规定 | | |
| | 矩形涵洞 | 矩形涵洞应符合《城镇道路工程施工与质量验收规范》(CJJ 1—2008)第 14.5 节的有关规定 | | |

### 表 6.13 倒虹管允许偏差

| 项目 | 允许偏差/mm | 检验频率 范围 | 检验频率 点数 | 检验方法 |
|---|---|---|---|---|
| 轴线偏位 | ≤30 | 每座 | 2 | 用经纬仪和钢尺量 |
| 内底高程 | ±15 | 每座 | 2 | 用水准仪测量 |
| 倒虹管长度 | 不小于设计值 | 每座 | 1 | 用钢尺量 |
| 相邻管错口 | ≤5 | 每井段 | 4 | 用钢板和塞尺量 |

### 表 6.14 预制管材涵洞允许偏差

| 项 目 | 允许偏差/mm | | 检验频率 范围 | 检验频率 点数 | 检验方法 |
|---|---|---|---|---|---|
| 轴线位移 | ≤20 | | 每道 | 2 | 用经纬仪和钢尺量 |
| 内底高程 | $D \leq 1\,000$ | ±10 | 每道 | 2 | 用水准仪测量 |
| | $D > 1\,000$ | ±15 | | | |
| 涵管长度 | 不小于设计值 | | 每道 | 1 | 用钢尺量 |
| 相邻管错口 | $D \leq 1\,000$ | ≤3 | 每节 | 1 | 用钢板尺和塞尺量 |
| | $D > 1\,000$ | ≤5 | | | |

注：$D$ 为管涵内径。

## ◆护坡监理验收

护坡质量检验标准应符合表 6.15 的规定。

### 表 6.15 护坡质量检验标准

| 项目 | 检验内容 | 合格质量标准 | 检查数量 | 检查方法 |
|---|---|---|---|---|
| 一般项目 | 预制砌块强度 | 预制砌块强度应符合设计要求 | 每种、每检验批 1 组（3 块） | 查出厂检验报告 |
| | 砂浆强度 | 砂浆强度应符合《城镇道路工程施工与质量验收规范》（CJJ 1—2008）第 14.5.3 条第 7 款的规定 | | |
| | 基础混凝土强度 | 基础混凝土强度应符合设计要求 | 每 100 m³ 1 组（3 块） | 查试验报告 |
| | 砌缝 | 砌筑线型顺畅、表面平整、咬砌有序、无翘动。砌缝均匀、勾缝密实。护坡顶与坡面之间缝隙封堵密实 | 全数检查 | 观察 |
| | 护坡允许偏差 | 护坡允许偏差应符合表 6.16 的规定 | | |

表 6.16 护坡允许偏差

| 项目 | | 允许偏差/mm | | | 检验频率 | | 检验方法 |
|---|---|---|---|---|---|---|---|
| | | 浆砌块石 | 浆砌料石 | 混凝土砌块 | 范围 | 点数 | |
| 基底高程 | 土方 | ±20 | | | 20 m | 2 | 用水准仪测量 |
| | 石方 | ±100 | | | | 2 | |
| 砌体厚度 | | 不小于设计值 | | | 每沉降缝 | 2 | 用钢尺量顶、底各 1 处 |
| 平整度 | | ≤30 | ≤15 | ≤10 | 每座 | 1 | 用 2 m 直尺、塞尺量 |
| 顶面高程 | | ±50 | ±30 | ±30 | 每座 | 2 | 用水准仪测量两端部 |
| 顶边线型 | | ≤30 | ≤10 | ≤10 | 100 m | 1 | 用 20 m 线和钢尺量 |

## ◆隔离墩监理验收

隔离墩质量检验标准应符合表 6.17 的规定。

表 6.17 隔离墩质量检验标准

| 项目 | 检验内容 | 合格质量标准 | 检查数量 | 检查方法 |
|---|---|---|---|---|
| 主控项目 | 隔离墩混凝土强度 | 隔离墩混凝土强度应符合设计要求 | 每种、每批(2 000块)1 组 | 查出厂检验报告并复验 |
| | 隔离墩预埋件焊接 | 隔离墩预埋件焊接应牢固,焊缝长度、宽度、高度均应符合设计要求,且无夹渣、裂纹、咬肉现象 | 全数检查 | 查隐蔽验收记录 |
| 一般项目 | 隔离墩安装 | 隔离墩安装应牢固、位置正确、线型美观,墩表面整洁 | | 观察 |
| | 隔离墩安装允许偏差 | 隔离墩安装允许偏差应符合表 6.18 规定 | | |

表 6.18 隔离栅安装允许偏差

| 项目 | 允许偏差/mm | 检验频率 | | 检验方法 |
|---|---|---|---|---|
| | | 范围 | 点数 | |
| 直顺度 | ≤5 | 每 20 m | 1 | 用 20 m 线和钢尺量 |
| 平面偏位 | ≤4 | 每 20 m | 1 | 用经纬仪和钢尺量测 |
| 预埋件位置 | ≤5 | 每件 | 2 | 用经纬仪和钢尺量测(发生时) |
| 断面尺寸 | ±5 | 每 20 m | 1 | 用钢尺量 |
| 相邻高差 | ≤3 | 抽查 20% | | 用钢板尺和钢尺量 |
| 缝宽 | ±3 | 每 20 m | 1 | 用钢尺量 |

## ◆隔离栅监理验收

隔离栅质量检验标准应符合表6.19的规定。

表6.19 隔离栅质量检验标准

| 检验内容 | 合格质量标准 | 检查数量 | 检查方法 |
| --- | --- | --- | --- |
| 隔离栅材质、规格、防腐处理 | 隔离栅材质、规格、防腐处理均应符合设计要求 | 每种、每批(2 000件)1次 | 查出厂检验报告 |
| 隔离栅柱材质 | 隔离栅柱(金属、混凝土)材质应符合设计要求 | 每种、每批(2 000根)1次 | 查出厂检验报告或试验报告 |
| 隔离栅柱安装 | 隔离栅柱安装应牢固 | 全数检查 | 观察 |
| 隔离栅允许偏差 | 隔离栅允许偏差应符合表6.20的规定 | | |

表6.20 隔离栅允许偏差

| 项目 | 允许偏差 | 检验频率 范围/m | 检验频率 点数 | 检验方法 |
| --- | --- | --- | --- | --- |
| 顺直度/mm | ≤20 | 20 | 1 | 用20 m线和钢尺量 |
| 立柱垂直度/(mm·m$^{-1}$) | ≤8 | | 1 | 用垂线和直尺量 |
| 柱顶高度/mm | ±20 | 40 | 1 | 用钢尺量 |
| 立柱中距/mm | ±30 | | 1 | 用钢尺量 |
| 立柱埋深/mm | 不小于设计规定 | | 1 | 用钢尺量 |

## ◆护栏监理验收

护栏质量检验标准应符合表6.21的规定。

表6.21 护栏质量检验标准

| 项目 | 检验内容 | 合格质量标准 | 检查数量 | 检查方法 |
| --- | --- | --- | --- | --- |
| 主控项目 | 护栏质量 | 护栏质量应符合设计要求 | 每种、每批1次 | 查出厂检验报告 |
| | 护栏立柱质量 | 护栏立柱质量应符合设计要求 | 每种、每批(2 000根)1次 | 查检验报告 |
| | 护栏柱基础混凝土强度 | 护栏柱基础混凝土强度应符合设计要求 | 每100 m$^3$取1组(3块) | 查试验报告 |
| | 护栏柱置入深度 | 护栏柱置入深度应符合设计规定 | 全数检查 | 观察、量测 |

续表 6.21

| 项目 | 检验内容 | 合格质量标准 | 检查数量 | 检查方法 |
| --- | --- | --- | --- | --- |
| 一般项目 | 护栏安装 | 护栏安装应牢固、位置正确、线型美观 | 全数检查 | 观察、量测 |
| | 护栏安装允许偏差 | 护栏安装允许偏差应符合表 6.22 的规定 | | |

表 6.22 护栏安装允许偏差

| 项目 | 允许偏差 | 检验频率 范围/m | 检验频率 点数 | 检验方法 |
| --- | --- | --- | --- | --- |
| 顺直度/(mm·m⁻¹) | ≤5 | 20 | 1 | 用 20 m 线和钢尺量 |
| 中线偏位/mm | ≤20 | | 1 | 用经纬仪和钢尺量 |
| 立柱间距/mm | ±5 | | 1 | 用钢尺量 |
| 立柱垂直度/mm | ≤5 | | 1 | 用垂线、钢尺量 |
| 横栏高度/mm | ±20 | | 1 | 用钢尺量 |

## ◆声屏障监理巡视

### 1. 砌体声屏障

（1）混凝土基础及砌筑施工应符合《城镇道路工程施工与质量验收规范》(CJJ 1—2008)第 14.2 节、14.4 节的有关规定。

（2）施工中的临时预留洞净宽度不应大于 1 m。

（3）当砌体声屏障处于潮湿或有化学侵蚀介质环境中时，砌体中的钢筋应采取防腐措施。

### 2. 金属声屏障施工

（1）焊接必须符合设计要求和国家现行有关标准的规定。焊接不应有裂缝、夹渣、未熔合和未填满弧坑等缺陷。

（2）基础为砌体或水泥混凝土时，其施工应符合《城镇道路工程施工与质量验收规范》(CJJ 1—2008)第 16.9.2 条的有关规定。

（3）屏体与基础的连接应牢固。

（4）采用钢化玻璃屏障时，其力学性能指标应符合设计要求，屏障与金属框架应镶嵌牢固、严密。

## ◆声屏障监理验收

声屏障质量检查标准应符合表 6.23 的规定。

## 第6章 构筑物工程质量监理

**表6.23 声屏障质量检查标准**

| 项目 | 检验内容 | 合格质量标准 | 检查数量 | 检查方法 |
|---|---|---|---|---|
| 主控项目 | 降噪效果 | 降噪效果应符合设计要求 | 按环保部门规定 | 按环保部门规定 |
| 一般项目 | 声屏障所用材料与性能 | 声屏障所用材料与性能应符合设计要求 | 每检验批1次 | 查检验报告和合格证 |
| | 砌筑砂浆强度 | 砌筑砂浆强度应符合《城镇道路工程施工与质量验收规范》(CJJ 1—2008)第14.5.3条第7款的规定 | | |
| | 混凝土强度 | 混凝土强度应符合设计要求 | 每100 m³测1组(3块) | 查试验报告 |
| | 砌体声屏障 | 砌体声屏障应砌筑牢固,咬砌有序,砌缝均匀,勾缝密实金属声屏障安装应牢固 | 全数检查 | 观察 |
| | 砌体声屏障允许偏差 | 砌体声屏障允许偏差应符合表6.24的规定 | | |
| | 金属声屏障安装允许偏差 | 金属声屏障安装允许偏差应符合表6.25的规定 | | |

**表6.24 砌体声屏障允许偏差**

| 项目 | 允许偏差 | 检验频率 范围/m | 检验频率 点数 | 检验方法 |
|---|---|---|---|---|
| 中线偏位/mm | ≤10 | 20 | 1 | 用经纬仪和钢尺量 |
| 垂直度 | ≤0.3%$H$ | 20 | 1 | 用垂线和钢尺量 |
| 墙体断面尺寸/mm | 符合设计规定 | 20 | 1 | 用钢尺量 |
| 顺直度/mm | ≤10 | 100 | 2 | 用10 m线与钢尺量,不少于5处 |
| 水平灰缝平直度/mm | ≤7 | 100 | 2 | 用10 m线与钢尺量,不少于5处 |
| 平整度/mm | ≤8 | 20 | 2 | 用2 m直尺和塞尺量 |

注:$H$为墙高。

**表6.25 金属声屏障安装允许偏差**

| 项目 | 允许偏差 | 检验频率 范围 | 检验频率 点数 | 检验方法 |
|---|---|---|---|---|
| 基线偏位/mm | ≤10 | | 1 | 用经纬仪和钢尺量 |
| 金属立柱中距/mm | ±10 | | 1 | 用钢尺量 |
| 立柱垂直度/mm | ≤0.3%$H$ | 20 m | 2 | 用垂线和钢尺量,顺、横向各1点 |
| 屏体厚度/mm | ±2 | | 1 | 用游标卡尺量 |
| 屏体宽度、高度/mm | ±10 | | 1 | 用钢尺量 |
| 镀层厚度/$\mu$m | ≥设计值 | 20 m且不少于5处 | 1 | 用测厚仪量 |

## ◆防眩板监理验收

防眩板质量检验标准应符合表 6.26 的规定。

表 6.26 防眩板质量检验标准

| 项目 | 检验内容 | 合格质量标准 | 检查数量 | 检查方法 |
| --- | --- | --- | --- | --- |
| 一般项目 | 防眩板质量 | 防眩板质量应符合设计要求 | 每种、每批查 1 次 | 查出厂检验报告 |
|  | 防眩板安装 | 防眩板安装应牢固、位置准确,遮光角符合设计要求,板面无裂纹,涂层无气泡、缺损 | 全数检查 | 观察 |
|  | 防眩板安装允许偏差 | 防眩板安装允许偏差应符合表 6.27 的规定 |  |  |

表 6.27 防眩板安装允许偏差

| 项目 | 允许偏差/mm | 检验频率 范围 | 检验频率 点数 | 检验方法 |
| --- | --- | --- | --- | --- |
| 防眩板直顺度 | ≤8 | 20 m | 1 | 用 10 m 线和钢尺量 |
| 垂直度 | ≤5 | 20 m 且不少于 5 处 | 2 | 用垂线和钢尺量,顺、横向个 1 点 |
| 板条间距 | ±10 |  |  |  |
| 安装高度 | ±10 |  | 1 | 用钢尺量 |

# 6.2 市政给水排水工程构筑物

## 【基 础】

### ◆支墩一般规定

(1)管节及管件的支墩和锚定结构位置准确,锚定牢固,钢制锚固件必须采取相应的防腐处理。

(2)支墩应在坚固的地基上修筑。无原状土做后背墙时,应采取措施保证支墩在受力情况下,不致破坏管道接口。采用砌筑支墩时,原状土与支墩之间应采用砂浆填塞。

(3)支墩应在管节接口做完、管节位置固定后修筑。

(4)支墩施工前,应将支墩部位的管节、管件表面清理干净。

(5)支墩宜采用混凝土浇筑,其强度等级不应低于 C15。采用砌筑结构时,水泥砂浆强度不应低于 M7.5。

(6)管节安装过程中的临时固定支架,应在支墩的砌筑砂浆或混凝土达到规定强度后方可拆除。

(7)管道及管件支墩施工完毕,并达到强度要求后方可进行水压试验。

## ◆地下水取水构筑物一般规定

(1)施工期间应避免地面污水及非取水层水渗入取水层。

(2)施工完毕并经检验合格后,应按下列规定进行抽水清洗。

1)抽水清洗前应将构筑物中的泥沙和其他杂物清除干净。

2)抽水清洗时,大口井应在井中水位降到设计最低动水位以下停止抽水;渗渠应在集水井中水位降到集水管底以下停止抽水,待水位回升至静水位左右应再行抽水;抽水时应取水样。测定含砂量;设备能力已经超过设计产水量而水位未达到上述要求时,可按实际抽水设备的能力抽水清洗。

3)水中的含砂量小于或等于1/200 000(体积比)时,停止抽水清洗。

4)应及时记录抽水清洗时的静水位、水位下降值、含砂量测定结果。

(3)抽水清洗后,应按下列规定测定产水量。

1)测定大口井或渗渠集水井中的静水位。

2)抽出的水应排至降水影响半径范围以外。

3)按设计产水量进行抽水,并测定井中的相应动水位;含水层的水文地质情况与设计不符时,应测定实际产水量及相应的水位。

4)测定产水量时,水位和水量的稳定延续时间应符合设计要求;设计无要求时,岩石地区不少于8 h,松散层地区不少于4 h。

5)宜采用薄壁堰测定产水量。

6)及时记录产水量及其相应的水位下降值检测结果。

7)宜在枯水期测定产水量。

(4)大口井、渗渠施工所用的管节、滤料应符合下列规定。

1)管节的规格、性能及尺寸公差应符合国家相关产品标准的规定。

2)井筒混凝土无漏筋、孔洞、夹渣,疏松现象。

3)辐射管管节的外观应直顺、无残缺、无裂缝,管端光清平齐且与管节轴线垂直。

4)有裂缝、缺口、露筋的集水管不得使用,进水孔眼数量和总面积的允许偏差应为设计值的±5%。

5)滤料的制备应符合下列规定。

①滤料的粒径、不均匀系数及性质符合设计要求。

②严禁使用风化的岩石质滤料。

③滤料经过筛选检验合格后,按不同规格堆放在干净的场地上,并防止杂物混入。

④标明堆放的滤料的规格、数量和铺设的层次。

⑤滤料在铺设前应冲洗干净;其含泥量不应大于1.0%。(质量比)

6)铺设大口井或渗渠的反滤层前,应将大口井中或渗渠沟槽中的杂物全部清除,并经检查合格后,方可铺设反滤层;反滤层、滤料层均匀度应符合设计要求。

7)滤料在运输和铺设过程中,应防止不同规格的滤料或其他杂物混入;冬期施工,滤

8)滤料铺设时,应采用溜槽或其他方法将滤料送至大口井井底或渗渠不得直接由高处向下倾倒。

## ◆排放构筑物一般规定

(1)排放出水口的泄水孔应畅通,不得倒流。

(2)翼墙变形缝应按设计要求设计、施工,位置准确,设缝顺直,上下贯通。翼墙临水面与岸边排放口端面应平顺连接。

(3)管道出水口防潮门井的混凝土浇筑前,其预埋件安装应符合防潮门产品的安装要求。

## ◆调蓄构筑物一般规定

(1)调蓄构筑物工程除按《给水排水构筑物工程施工及验收规范》(GB 50141—2008)第8章规定和设计要求执行外,还应符合下列规定。

1)土石方与地基基础应按《给水排水构筑物工程施工及验收规范》(GB 50141—2008)第4章的相关规定执行。

2)水柜、调蓄池等贮水构筑物的混凝土和砌体工程应按《给水排水构筑物工程施工及验收规范》(GB 50141—2008)第6章的相关规定执行。

3)与调蓄构筑物有关的管道、进出水构筑物和砌体工程等应按《给水排水构筑物工程施工及验收规范》(GB 50141—2008)的相关规定执行。

(2)调蓄构筑物施工前应根据设计要求,复核已建的与调蓄构筑物有关的管道、进出水构筑物的位置坐标、控制点和水准点。施工时应采取相应技术措施,合理安排各构筑物的施工顺序,避免新、老管道、构筑物之间出现影响结构安全、运行功能的差异沉降。

(3)调蓄构筑物施工过程中应编制施工方案,并应包括施工过程中施工影响范围内的建(构)筑物、地下管线等监控量测方案。

(4)调蓄构筑物施工应制定高空、起重作业及基坑支护、模板支架工程等的安全技术措施。

(5)施工完毕的贮水调蓄构筑物必须进行满水试验。

# 【实 务】

## ◆支墩监理验收

支墩质量检验标准应符合表6.28的规定。

## 表 6.28 支墩质量检验标准

| 项目 | 检验内容 | 合格质量标准 | 检查方法 |
|---|---|---|---|
| 主控项目 | 原材料质量 | 所用的原材料质量应符合国家有关标准的规定和设计要求 | 检查产品质量合格证明书、各项性能检验报告、进场验收记录 |
| 主控项目 | 地基承载力、位置 | 墩地基承载力、位置符合设计要求;支墩无位移、沉降 | 全数观察;检查施工记录、施工测量记录、地处理技术资料 |
| 主控项目 | 砌筑水泥砂浆强度、结构混凝土强度 | 砌筑水泥砂浆强度、结构混凝土强度符合设计要求 | 检查水泥砂浆强度、混凝土抗压强度试块试验报告 |
| 一般项目 | 混凝土支墩 | 混凝土支墩应表面平整、密实;砖砌支墩应灰缝饱满,无通缝现象,其表面抹灰应平整、密实 | 逐个观察 |
| 一般项目 | 支墩支承面与管道外壁 | 支墩支承面与管道外壁接触紧密,无松动、滑移现象 | 全数观察 |
| 一般项目 | 管道支墩的允许偏差 | 管道支墩的允许偏差应符合表6.29的规定 | |

## 表 6.29 管道支墩的允许偏差

| 项目 | 允许偏差/mm | 检查数量 范围 | 检查数量 点数 | 检查方法 |
|---|---|---|---|---|
| 平面轴线位置(轴向、垂直轴向) | 15 | 每座 | 2 | 用钢尺测量或经纬仪测量 |
| 支撑面中心高程 | ±15 | 每座 | 1 | 用水准仪测量 |
| 结构断面尺寸(长、宽、高) | +10,0 | 每座 | 3 | 用钢尺测量 |

## ◆大口井施工监理巡视

(1)井筒施工应符合下列规定。

1)井壁进水孔的反滤层必须按设计要求分层铺设,层次分明,装填密实。

2)采用沉井法下沉大口井井筒,在下沉前铺设进水孔反滤层时,应在井壁的内侧将进水孔临时封闭,不得采用泥浆套润滑减阻。

3)井筒下沉就位后,按设计要求整修井底,经检验合格后方可进行下一道工序。

4)井底超挖时应回填,并填至井底设计高程,其中井底进水的大口井,可采用与基底相同的砂砾料或与基底相近的滤料回填;封底的大口井,宜采用粗砂、砾石或卵石等粗颗粒材料回填。

(2)井底反滤层铺设应符合下列规定。

1)宜将井中水位降到井底以下。

2)在前一层铺设完毕并经检验合格后,方可铺设次层。

3)每层厚度不得小于该层的设计厚度。

(3)大口井周围散水下回填黏土应符合下列规定。

1)黏土应呈现松散状态,不含有大于 50 mm 的硬土块,且不含有卵石、木块等杂物。

2)不得使用冻土。

3)分层铺设压实,压实度不小于 95%。

4)黏土与井壁贴紧,且不漏夯。

(4)新建复合井应先施工管井,建成的管井井口应临时封闭牢固;大口井施工时不得碰撞管井,且不得将管井作任何支撑使用。

### ◆大口井施工监理验收

大口井施工质量检验标准应符合表 6.30 的规定。

**表 6.30 大口井施工质量检验标准**

| 项目 | 检验内容 | 合格质量标准 | 检查方法 |
|---|---|---|---|
| 主控项目 | 预制管节、滤料 | 预制管节、滤料的规格、性能应符合国家有关标准、设计要求和《给水排水构筑物工程施工及验收规范》(GB50141—2008)第 5.2.4 条相关规定 | 观察,检查每批的产品出厂质量合格证明、性能检验报告及有关的复验报告 |
| | 井筒 | 井筒位置及深度、辐射管布置应符合设计要求 | 检查施工记录、测量记录 |
| | 反滤层铺设 | 反滤层铺设范围、高度应符合设计要求 | 观察,检查施工记录、测量记录、滤料用量 |
| | 抽水清洗、产水量 | 抽水清洗、产水量的测定应符合《给水排水构筑物工程施工及验收规范》(GB50141—2008)第 5.2.2、5.2.3 条的规定 | 检查抽水清洗、产水量的测定记录 |
| 一般项目 | 井筒表面质量要求 | 井筒应平整、洁净、边角整齐,无变形;混凝土表面不得出现有害裂缝,蜂窝麻面面积不得超过总面积的 1% | 观察,量测表面缺陷 |
| | 辐射管 | 辐射管坡向正确、线形直顺、接口平顺,管内洁净;管与预留孔(管)之间无渗漏现象 | 观察 |
| | 反滤层 | 反滤层层数和每层厚度应符合设计要求 | 观察,检查施工记录 |
| | 大口井 | 大口井外四周封填材料、厚度等符合设计要求和《给水排水构筑物工程施工及验收规范》(GB50141—2008)第 5.2.5 条的规定,封填密实 | 观察,检查封填材料的质量保证资料 |
| | 预制井筒 | 预制井筒的制作尺寸允许偏差应符合表 6.31 的规定 | |
| | 大口井施工允许偏差 | 大口井施工允许偏差应符合表 6.32 的规定 | |

表 6.31 预制井筒的制作尺寸允许偏差

| 检查项目 | | 允许偏差/mm | 检查数量 | | 检查方法 |
| --- | --- | --- | --- | --- | --- |
| | | | 范围 | 点数 | |
| 筒平面尺寸 | 长、宽($L$) | ±0.5%L,且≤100 | 每座 | 长、宽各3 | 用钢尺测量 |
| | 曲线部分半径($R$) | ±0.5%R,且≤50 | 每对应30°圆心角 | 1 | 用钢尺测量 |
| | 两对角线差 | 不超过对角线长的1% | 每座 | 2 | 用钢尺测量 |
| | 井壁厚度 | ±15 | 每座 | 6 | 用钢尺测量 |

注：$L$ 表示井筒的长、宽或直径，$R$ 表示井筒曲线部分半径。

表 6.32 大口井施工允许偏差

| 项目 | 允许偏差/mm | 检查数量 | | 查方法 |
| --- | --- | --- | --- | --- |
| | | 范围 | 点数 | |
| 井筒中心位置 | 30 | 每座 | 1 | 用经纬仪测量 |
| 井筒井底高程 | ±30 | 每座 | 1 | 用水准仪测量 |
| 井筒倾斜 | 符合设计要求,且≤50 | 每座 | 1 | 用垂线、钢尺量,取最大值 |
| 表面平整度 | ≤10 | 10 m | 1 | 用钢尺量测 |
| 预埋件、预埋管的中心位置 | ≤5 | 每件 | 1 | 用水准仪测量 |
| 预留洞的中心位置 | ≤10 | 每洞 | 1 | 用水准仪测量 |
| 辐射管坡度 | 符合设计要求,且≥4‰ | 每根 | 1 | 用水准仪或水平尺测量 |

◆渗渠施工监理巡视

(1)渗渠沟槽施工应符合下列规定。

1)沟槽底及槽壁应平整，槽底中心线至沟槽壁的宽度不得小于中心线至设计反滤层外缘的宽度。

2)采用弧形基础时，其弧形曲线应与集水管的弧度基本吻合。

3)集水管与弧形基础之间的空隙，宜用砂石填充。

(2)预制混凝土枕基的现场安装应符合下列规定。

1)枕基应于槽底接触稳定。

2)枕基间铺设的滤料应捣实，并按枕基的弧面最低点整平。

3)枕基位置及其标高应符合设计要求。

(3)预制混凝土条形基础现浇管座应符合下列规定。

1)条形基础与槽底接触稳定。

2)条形基础的位置及其标高应符合设计要求。

3)条形基础的上表面凿毛，并冲刷干净。

4)浇筑管座时，在集水管两侧同时浇筑，集水管与条形基础间的三角区应填实，且不得使集水管位移。

(4)集水管铺设应符合下列规定。

1)下管前应对集水管作外观检查,下管时不得损伤集水管。

2)铺设前应将管内外清扫干净,且不得有堵塞进水孔眼现象;铺设时应使集水管无进水孔眼部分的中线位于管底,并将集水管固定。

3)集水管铺设的坡度必须符合设计要求。

(5)反滤层铺设应符合下列规定。

1)现场浇筑管座混凝土的强度应达到 5 MPa 以上方可铺设反滤层。

2)集水管两侧的反滤层应对称分层铺设,每层厚度不宜超过 300 mm,且不得使集水管产生位移。

3)每层滤料应厚度均匀,其厚度不得小于该层的设计厚度,各层间层次清晰。

4)分段铺设时,相邻滤层的留茬应呈阶梯形,铺设接头时应层次分明。

5)反滤层铺设完毕应采取保护措施,严禁车辆、行人通行或堆放材料,抛掷杂物。

(6)沟槽回填应符合下列规定。

1)反滤层以上的回填土应符合设计要求;当设计无要求时,宜选用不含有害物质、不易堵塞反滤层的砂类土。

2)若槽底以上原土成层分布,宜按原土层顺序回填。

3)回填土时,宜对称于集水管中心线分层回填,并不得破坏反滤层和损伤集水管。

4)冬期回填土时,反滤层以上 0.5 m 范围内,不得回填冻土。

5)回填土应分层夯实。

(7)渗渠施工完毕,应清除现场遗留的土方及其他杂物,恢复施工前的河床地形。

## ◆渗渠施工监理验收

渗渠施工质量检验标准应符合表 6.33 的规定。

**表 6.33 渗渠施工质量检验标准**

| 项目 | 检验内容 | 合格质量标准 | 检查方法 |
| --- | --- | --- | --- |
| 主控项目 | 预制管材、滤料及原材料的规格、性能 | 预制管材、滤料及原材料的规格、性能应符合国家有关标准、设计要求和《给水排水构筑物工程施工及验收规范》(GB50141—2008)第 5.2.4 条相关规定 | 观察;检查每批的产品出厂质量合格证明、性能检验报告及有关的复验报告 |
| | 集水管安装 | 集水管安装的进水孔方向正确,且无堵塞;管道坡度必须符合设计要求 | 观察;检查施工记录、测量记录 |
| | 抽水清洗、产水量的测定 | 抽水清洗、产水量的测定应符合《给水排水构筑物工程施工及验收规范》(GB50141—2008)第 5.2.2、5.2.3 条的规定 | 检查抽水清洗、产水量的测定记录 |
| 一般项目 | 水管道 | 集水管道应坡向正确、线形直顺、接口平顺,管内洁净;管道应垫稳,管口间隙应均匀 | 观察;检查施工记录、测量记录 |
| | 集水管施工允许偏差 | 集水管施工允许偏差应符合表 6.34 的规定 | |

## 第6章 构筑物工程质量监理

表6.34 渗渠集水管道施工的允许偏差

| 检查项目 | | 允许偏差/mm | 检查数量 | | 检查方法 |
|---|---|---|---|---|---|
| | | | 范围/mm | 点数 | |
| 沟槽 | 高程 | ±20 | 20 | 1 | 用水准仪测量 |
| | 槽底中心线每侧宽 | 不小于设计宽度 | | | 用钢尺测量 |
| 基础 | 高程(弧形基础底面、枕基顶面、条形基础) | ±15 | | | 用水准仪测量 |
| | 中心轴线 | 20 | | | 用经纬仪或挂中线钢尺两侧 |
| | 相邻枕基的中心距离 | 20 | | | 用钢尺测量 |
| 管道 | 轴线位置 | 10 | | | 用经纬仪或挂中线钢尺两侧 |
| | 内底高程 | ±20 | | | 用水准仪测量 |
| | 对口间隙 | ±5 | | | 用钢尺测量 |
| | 相邻两管节错口 | 5 | 每处 | | 用钢尺测量 |

注:对口间隙不得大于相邻滤层中的滤料最小直径。

## ◆排放构筑物监理巡视

(1)岸边排放的出水口护坡、护坦施工应符合下列规定。

1)石砌体铺浆砌筑应符合下列规定。

①水泥砂浆或细石混凝土应按设计强度提高15%,水泥强度等级不低于32.5,细石混凝土的石子粒径不宜大于20mm,并应随拌随用。

②封砌整齐、坚固,灰浆饱满、嵌缝严密,无掏空、松动现象。

2)石砌体干砌砌筑应符合下列规定。

①底部应垫稳、填实,严禁架空。

②砌紧口缝,不得叠砌和浮塞。

3)护坡砌筑的施工顺序应自下而上、分段上升;石块间相互交错,砌体缝隙严密,无通缝。

4)具有框格的砌筑工程,宜先修筑框格,然后砌筑。

5)护坡勾缝应自上而下进行,并应符《给水排水构筑物工程施工及验收规范》(GB50141—2008)第6.5.14条规定。

6)混凝土浇筑护坦应符合下列规定。

①砂浆、混凝土宜分块、间隔浇筑。

②砂浆、混凝土在达到设计强度前,不得堆放重物和受强外力。

7)如遇中雨或大雨,应停止施工并有保护措施。

8)水下抛石施工时,按《给水排水构筑物工程施工及验收规范》(GB50141—2008)第5.4节的相关规定进行。

(2)水中排放出水口从出水管道内垂直顶升施工,应符合现行国家标准《给水排水管道工程施工及验收规范》(GB50268—2008)的规定,并应符合下列规定。

1)顶升立管完成后,应按设计要求稳管、保护。
2)在水下揭去帽盖前,管道内必须灌满水。
3)揭帽盖的安全措施准备就绪。
4)排放头部装置应按设计要求进行安装,且位置准确、安装稳固。

## ◆岸边排放构筑物出水口监理验收

岸边排放结构筑物出水口质量检验标准应符合表6.35的规定。

表6.35 岸边排放结构筑物出水口质量检验标准

| 项目 | 检验内容 | 合格质量标准 | 检查方法 |
| --- | --- | --- | --- |
| 主控项目 | 所用原材料、石料、防渗材料 | 所用原材料、石料、防渗材料符合国家有关标准的规定和设计要求 | 观察;检查每批的产品出厂质量合格证明、性能检验报告及有关的复验报告 |
| | 混凝土强度、砌筑砂浆(细石混凝土)强度 | 混凝土强度、砌筑砂浆(细石混凝土)强度应符合设计要求;其试块的留置及质量评定应符合《给水排水构筑物工程施工及验收规范》(GB50141—2008)第5.5.6条的相关规定 | 检查混凝土结构的抗压、抗渗、抗冻试块试验报告,检查灌浆砂浆(或细石混凝土)的抗压强度试块试验报告 |
| | 构筑物结构 | 构筑物结构稳定、位置正确,出水口无倒坡现象;翼墙、护坡等混凝土或砌体结构的沉降量、位移量应符合设计要求 | 观察;检查施工记录、测量记录、监测记录 |
| | 混凝土结构 | 混凝土结构外光内实,外观质量无严重缺陷;砌体结构砌筑完整,灌浆密实,无裂缝、通缝、翘动等现象 | 观察;检查施工资料 |
| 一般项目 | 混凝土结构外观质量 | 混凝土结构外观质量不宜有一般缺陷;砌体结构砌筑齐整,勾缝平整、缝宽均匀一致;抛石的范围、高度应符合设计要求 | 观察;检查技术处理资料 |
| | 翼墙反滤层铺筑断面 | 翼墙反滤层铺筑断面不得小于设计要求,其后背的回填土的压实度不应小于95% | 观察;检查回填土的压实度试验报告,检查施工记录 |
| | 变形缝位置 | 变形缝位置应准确,安设顺直,上下贯通;变形缝的宽度允许偏差为0~5mm | 观察;用钢尺随机量测 |
| | 所有预埋件、预留孔洞、排水孔位置 | 所有预埋件、预留孔洞、排水孔位置正确 | 观察 |
| | 施工允许偏差 | 岸边排放构筑物的出水口的施工允许偏差应符合表6.36的规定 | |

表 6.36 岸边排放构筑物的出水口的施工允许偏差

| 检查项目 | | | 允许偏差/mm | 检查数量 范围 | 检查数量 点数 | 检查方法 |
|---|---|---|---|---|---|---|
| 轴线位置 | 混凝土结构 | | ±10 | | 1 点 | 用经纬仪测量 |
| 轴线位置 | 砌石结构 | 料石 | ±10 | | 1 点 | 用经纬仪测量 |
| 轴线位置 | 砌石结构 | 块石、卵石 | ±15 | | 1 点 | 用经纬仪测量 |
| 翼墙 | 顶面高程 | 混凝土结构 | ±10 | | | 用水准仪测量 |
| 翼墙 | 顶面高程 | 砌石结构 | ±15 | | | 用水准仪测量 |
| 翼墙 | 断面尺寸、厚度 | 混凝土结构 | ±10,-5 | | 2 点 | 用钢尺量测 |
| 翼墙 | 断面尺寸、厚度 | 砌石结构 料石 | ±15 | | 2 点 | 用钢尺量测 |
| 翼墙 | 断面尺寸、厚度 | 块石 | +30,-20 | | 2 点 | 用钢尺量测 |
| 翼墙 | 墙面垂直度 | 混凝土结构 | 1.5‰/H | | | 用垂线测量 |
| 翼墙 | 墙面垂直度 | 砌石结构 | 0.5%/H | 每段或每10 m长 | | 用垂线测量 |
| 护坡、护坦 | 坡面、坡顶地面高层 | 砌石结构 块石、卵石 | ±20 | | 1 点 | 用水准仪测量 |
| 护坡、护坦 | 坡面、坡顶地面高层 | 砌石结构 料石 | ±15 | | 1 点 | 用水准仪测量 |
| 护坡、护坦 | 坡面、坡顶地面高层 | 混凝土结构 | ±10 | | 1 点 | 用水准仪测量 |
| 护坡、护坦 | 净空尺寸 | 砌石结构 块石、卵石 | ±20 | | 2 点 | 用钢尺量测 |
| 护坡、护坦 | 净空尺寸 | 砌石结构 料石 | ±10 | | 2 点 | 用钢尺量测 |
| 护坡、护坦 | 净空尺寸 | 混凝土结构 | ±10 | | 2 点 | 用钢尺量测 |
| 护坡、护坦 | 护坡坡度 | | 不大于设计要求 | | | 用水准仪测量 |
| 护坡、护坦 | 结构厚度 | | 不小于设计要求 | | 2 点 | 用钢尺量测 |
| 护坡、护坦 | 坡面、坡地平整度 | 砌石结构 块石、卵石 | 20 | | | 用 2 m 直尺、塞尺两侧 |
| 护坡、护坦 | 坡面、坡地平整度 | 砌石结构 料石 | 15 | | | 用 2 m 直尺、塞尺两侧 |
| 护坡、护坦 | 坡面、坡地平整度 | 混凝土结构 | 12 | | | 用 2 m 直尺、塞尺两侧 |
| 预埋件中心位置 | | | 5 | 每处 | 1 | 用钢尺量测 |
| 预留孔洞中心位置 | | | 10 | 每处 | 1 | 用钢尺量测 |

注：$H$ 是挡墙全高/mm。

## ◆水中排放构筑物出水口监理验收

水中排放物筑物出水口质量检验标准应符合表 6.37 规定。

表6.37 水中排放物筑物出水口质量检验标准

| 项目 | 检验内容 | 合格质量标准 | 检查方法 |
|---|---|---|---|
| 主控项目 | 所用预制构件、配件、抛石料 | 所用预制构件、配件、抛石料符合国家有关标准规定和设计要求 | 观察；检查每批的产品出厂质量合格证明、性能检验报告及有关的复验报告 |
| | 出水口的位置、相邻间距及顶面高程 | 出水口的位置、相邻间距及顶面高程应符合设计要求 | 检查施工记录、测量记录 |
| | 出水口顶部的出水装置 | 出水口顶部的出水装置安装牢固、位置正确、出水通畅 | 观察（潜水员检查）；检查施工记录 |
| 一般项目 | 垂直顶升立管 | 垂直顶升立管周围采用抛石等稳管保护措施的范围、高度符合设计要求 | 观察（潜水员检查）；检查施工记录 |
| | 警告、警示标志及安全保护设施 | 警告、警示标志及安全保护设施符合设计要求，设置齐全 | 观察；检查施工记录 |
| | 钢制构件的防腐措施 | 钢制构件的防腐措施符合设计要求 | 观察；检查施工记录、防腐检验记录 |
| | 施工允许偏差 | 水中排放构筑物的出水口的施工允许偏差应符合表6.38的规定 | |

表6.38 水中排放构筑物的出水口的施工允许偏差

| 检查项目 | | 允许偏差/mm | 检查数量 | | 检查方法 |
|---|---|---|---|---|---|
| | | | 范围 | 点数 | |
| 出水口顶面高程 | | ±20 | 每座 | 1点 | 用水准仪测量 |
| 出水口垂直度 | | 0.5%/$H$ | | | 用垂线、钢尺量测 |
| 出水线中心轴线 | 沿水平出水管纵向 | 30 | | | 用经纬仪、钢尺测量 |
| | 沿水平出水管横向 | 20 | | | |
| 相邻出水口间距 | | 40 | | | 用测距仪测量 |

注：$H$ 为垂直顶升管节的总长度/mm。

## ◆ 现浇钢筋混凝土圆筒、框架结构水塔塔身监理巡视

(1) 模板支架安装应符合下列规定。

1) 制定模板支架安装、拆卸的专项施工方案。

2) 采用滑升模板或"三节模板倒模施工法"时，应符合国家有关规范规定，支撑体系安全可靠。

3) 支模前，应核对圆筒或框架基础预埋竖向钢筋的规格、基面的轴线和高程。

4) 有控制圆筒或框架垂直度或倾斜度的措施。

5) 每节模板的高度不宜超过1.5 m。

(2) 混凝土浇筑应符合下列规定。

1) 制定混凝土浇筑工程的专项施工方案。

# 第6章 构筑物工程质量监理

2）浇筑前,模板、钢筋安装质量应检验合格;混凝土配比符合设计要求。

3）混凝土输送满足浇筑要求,整个浇筑过程中应经常检查模板支撑体系情况。

4）施工缝应凿毛,清理干净。

5）混凝土浇筑完成后应进行养护。

(3) 模板支架拆卸应符合国家有关规范的规定。

### ◆预制钢筋混凝土圆筒结构塔身监理巡视

(1) 装配前,每节预制塔身的质量验收合格。

(2) 采用上、下节预埋钢环对接时,其圆度应一致;钢环应设临时拉、撑控制点,上下口调平并找正后,与钢筋焊接;采用预留钢筋搭接时,上下节的预留钢筋应错开。

(3) 圆筒或框架塔身上口,应标出控制的中心位置。

(4) 圆筒两端钢环对接的接缝应按设计要求处理;设计无要求时,可采用1:2水泥砂浆抹压平整。

(5) 圆筒或框架塔身采用预留钢筋搭接时,其接缝混凝土强度高于主体混凝土一级,表面应抹压平整。

### ◆钢筋混凝土圆筒、框架结构水塔塔身监理验收

钢筋混凝土圆筒、框架结构水塔塔身检验标准需符合表6.39规定。

**表6.39 钢筋混凝土圆筒、框架结构水塔塔身检验标准**

| 项目 | 检验内容 | 合格质量标准 | 检查方法 |
|---|---|---|---|
| 主控项目 | 水塔塔身 | 水塔塔身的结构类型、结构尺寸以及预埋件、预留孔洞等规格应符合设计要求 | 观察;检查施工记录、测量记录、隐蔽验收记录 |
| | 凝土的强度、抗冻性能 | 混凝土的强度、抗冻性能必须符合设计要求;其试块的留置及质量评定应符合《给水排水构筑物工程施工及验收规范》(GB50141—2008)第6.2.8条的相关规定 | 检查配合比报告;检查混凝土抗压、抗冻试块的试验报告 |
| | 塔身混凝土结构外观质量 | 塔身混凝土结构外观质量无严重缺陷 | 观察;检查处理方案、资料 |
| | 身各部位的构造形式以及预埋件、预留孔洞位置、构造等 | 塔身各部位的构造形式以及预埋件、预留孔洞位置、构造等应符合设计要求,其尺寸偏差不得影响结构性能和相关构件、设备的安装 | 观察;检查施工记录、测量放样记录 |
| 一般项目 | 混凝土结构外观质量 | 混凝土结构外观质量不宜有一般缺陷 | 观察;检查处理方案、资料 |
| | 混凝土表面 | 混凝土表面应平整密实,边角整齐 | 观察 |
| | 装配式塔身的预制构件之间的连接 | 装配式塔身的预制构件之间的连接应符合设计要求,钢筋连接质量符合国家相关标准的规定 | 检查施工记录、钢筋接头检验报告 |
| | 钢筋混凝土圆筒或框架塔身施工的允许偏差 | 钢筋混凝土圆筒或框架塔身施工的允许偏差应符合表6.40的规定。 | |

**表 6.40 钢筋混凝土圆筒或框架塔身施工的允许偏差**

| 检查项目 | 允许偏差/mm 圆筒塔身 | 允许偏差/mm 框架塔身 | 检查数量 范围 | 检查数量 点数 | 检查方法 |
|---|---|---|---|---|---|
| 中心垂直度 | 1.5H/1000,且不大于30 | 1.5H/1000,且不大于30 | 每座 | 1 | 钢尺配合垂球测量 |
| 壁厚 | −3,+10 | −3,+10 | 每3m高度 | 4 | 用钢尺量测 |
| 框架塔身柱间距和对角线 | — | L/500 | 每柱 | 1 | 用钢尺量测 |
| 圆筒塔身直径或框架节点距塔身中心距离 | ±20 | ±5 | 圆筒塔身4;框架塔身每节点1 | | 用钢尺量测 |
| 内外表面平整度 | 10 | 10 | 每3m高度 | 2 | 用弧长为2m的弧形尺量测 |
| 框架塔身每节柱顶水平高差 | — | 5 | 每柱 | 1 | 用钢尺量测 |
| 预埋管、预埋件中心位置 | 5 | 5 | 每件 | 1 | 用钢尺量测 |
| 预留孔洞中心位置 | 10 | 10 | 每洞 | 1 | 用钢尺量测 |

注:$H$ 为圆筒塔身高度/mm;$L$ 为柱间距或对角线长/mm。

## ◆钢架、钢圆筒结构水塔塔身监理巡视

(1)制定专项方案,并应有施工安全措施。

(2)钢构件的制作、预拼装经验收合格后方可安装;现场拼接组装应符合国家相应规范的规定和设计要求。

(3)安装前,钢架或钢圆筒塔身的主杆上应有中线标志。

(4)钢构件采用螺栓连接时,应符合下列规定。

1)螺栓孔位不正需扩孔时,扩孔部分应不超过2 mm;不得用气割进行穿孔或扩孔。

2)钢架或钢圆筒构件在交叉处遇有间隙时,应装设相应厚度的垫圈或垫板。

3)用螺栓连接构件时,螺杆应与构件面垂直;螺母紧固后,外露丝扣应不少于两扣;剪力的螺栓,其丝扣不得位于连接构件的剪力面内;必须加垫时,每端垫圈不应超过两个。

4)螺栓穿入的方向,水平螺栓应由内向外;垂直螺栓应由下向上。

5)钢架或钢圆筒塔身的全部螺栓应紧固,水柜等设备、装置全部安装以后还应全部复拧。

## ◆钢架、钢圆筒结构水塔塔身监理验收

钢架、钢圆筒结构水塔塔身检验标准应符合表6.41规定。

## 表6.41 钢架、钢圆筒结构水塔塔身检验标准

| 项目 | 检验内容 | 合格质量标准 | 检查方法 |
|---|---|---|---|
| 主控项目 | 钢材、连接材料、钢构件、防腐材料等的产品质量保证资料 | 钢材、连接材料、钢构件、防腐材料等的产品质量保证资料应齐全,每批的出厂质量合格证明书及各项性能检验报告应符合国家有关标准规定和设计要求 | 检查产品质量合格证、出厂检验报告和进场复验报告 |
| 主控项目 | 钢构件的预拼装质量 | 钢构件的预拼装质量经检验合格 | 观察;检查预拼装及检验记录 |
| 主控项目 | 钢构件之间的连接方式、连接检验 | 钢构件之间的连接方式、连接检验等符合设计要求,组装应紧密牢固 | 观察;检查施工记录,检查螺栓连接的力学性能检验记录或焊接质量检验报告 |
| 主控项目 | 塔身各部位的结构形式以及预埋件、预留孔洞位置、构造 | 塔身各部位的结构形式以及预埋件、预留孔洞位置、构造等应符合设计要求,其尺寸偏差不得影响结构性能和相关构件、设备的安装 | 观察;检查施工记录、测量放样记录 |
| 一般项目 | 螺头平面与构件间 | 采用螺栓连接构件时,螺头平面与构件间不得有间隙;螺栓应全部穿入,其穿入的方向符合规范要求 | 观察;检查施工记录 |
| 一般项目 | 采用焊接连接构件时,焊缝表面质量 | 采用焊接连接构件时,焊缝表面质量符合设计要求 | 观察;检查焊缝外观质量检验记录 |
| 一般项目 | 钢结构表面涂层厚度及附着力 | 钢结构表面涂层厚度及附着力符合设计要求;涂层外观应均匀,无褶皱、空泡、凝块、透底等现象,与钢构件表面附着紧密 | 观察;检查厚度及附着力检测记录 |
| 一般项目 | 钢架及钢圆筒塔身施工的允许偏差 | 钢架及钢圆筒塔身施工的允许偏差应符合表6.42的规定 | |

## 表6.42 钢架及钢圆筒塔身施工允许偏差

| 检查项目 | | 允许偏差/mm | | 检查数量 | | 检查方法 |
|---|---|---|---|---|---|---|
| | | 钢架塔身 | 钢圆筒塔身 | 范围 | 点数 | |
| 中心垂直度 | | $1.5H/1000$,且不大于30 | $1.5H/1000$,且不大于30 | 每座 | 1 | 垂球配合钢尺量测 |
| 柱间距和对角线差 | | $L/1000$ | — | 两柱 | 1 | 用钢尺量测 |
| 钢架节点距塔身中心距离 | | 5 | — | 每节点 | 1 | 用钢尺量测 |
| 塔身直径 | $D_0 \leq 2$ m | — | $+D_0/200$ | 每座 | 4 | 用钢尺量测 |
| 塔身直径 | $D_0 > 2$ m | — | +10 | 每座 | 4 | 用钢尺量测 |
| 内外表面平整度 | | — | 10 | 每3 m高度 | 2 | 用弧长2 m的弧形尺量测 |
| 焊接附件及预留孔洞中心位置 | | 5 | 5 | 每件(每洞) | 1 | 用钢尺量测 |

注:$H$为钢架或圆筒塔身高度/mm;$L$为柱间距或对角线长/mm;$D_0$为圆筒塔外径。

## ◆钢丝网水泥、钢筋混凝土倒锥壳水柜制作监理巡视

(1) 施工材料应符合下列规定。

1) 宜采用普通硅酸盐水泥,不宜采用矿渣硅酸盐水泥或火山灰质硅酸盐水泥。

2) 砂要求细度模量为 2.0~3.5,最大粒径不宜超过 4 mm,含泥量不得大于 3%,云母含量不得大于 0.5%。

3) 钢丝网的规格应符合设计要求,其网格尺寸应均匀,且网面平直。

(2) 模板安装可按《给水排水构筑物工程施工及验收规范》(GB50141—2008)有关规定执行,其安装允许偏差应符合表 6.43、表 6.44 的规定。

表 6.43 钢丝网水泥倒锥壳水柜整体现浇模板安装允许偏差

| 项目 | 允许偏差/mm |
| --- | --- |
| 轴线位置(对塔身轴线) | 5 |
| 高度 | ±5 |
| 平面尺寸 | ±5 |
| 表面平整度(用弧长 2 m 的弧形尺检查) | 3 |

表 6.44 钢丝网水泥倒锥壳水柜预制构件模板安装允许偏差

| 项目 | 允许偏差/mm |
| --- | --- |
| 长度 | ±3 |
| 宽度 | ±2 |
| 厚度 | ±1 |
| 预留孔中心位置 | 2 |
| 表面平整度(用 2 m 直尺检查) | 3 |

(3) 筋网绑扎应符合下列规定。

1) 筋网的表面应洁净,无油污和锈蚀。

2) 低碳冷拔钢丝的连接不应采用焊接;绑扎时搭接长度不宜小于 250 mm。

3) 纵筋宜用整根钢筋,绑扎须平直,间距均匀。

4) 钢丝网应铺平绷紧,不得有波浪、束腰、网泡、丝头外翘等现象。

5) 钢丝网的搭接长度,环向不小于 100 mm,竖向不小于 50 mm;上下层搭接位置应错开。

6) 绑扎结点应按梅花形排列,其间距不宜大于 100 mm。(网边处不大于 50 mm)

7) 严禁在网面上走动和抛掷物件。

8) 绑扎完成后应进行全面检查。

(4) 水泥砂浆的拌制与使用应符合下列规定。

1) 水灰比宜为 0.32~0.10;灰砂比宜为 1∶1.5~1∶1.7。

2) 应拌和均匀,拌和时间不得小于 3 min。

3)应随拌随用,不宜超过 1 h,初凝后的砂浆不得使用。

4)抹压中砂浆不得加水稀释或撒干水泥吸水。

(5)钢丝网水泥砂浆施工应符合下列规定。

1)抹压砂浆前,应将网层内清理干净。

2)施工顺序应自下而上,由中间向两边(或一边)环圈进行。

3)手工施浆,钢丝网内砂浆应压实抹平,待每个网孔均充满砂浆并稍突出时,方可加抹保护层砂浆并压实抹平;砂浆施工缝及环梁交角处冷缝处应细致操作,交角处宜抹成圆角。

4)机械振动时,应根据构件形状选用适宜的振动器;砂浆应振捣至不再有明显下沉,有气泡逸出,表面出现稀浆时为止。

5)喷浆法施工应符合《给水排水构筑物工程施工及验收规范》(GB50141—2008)6.4.12 条的规定。

6)水泥砂浆表面压光应待砂浆的游离水析出后进行;压光宜进行三遍,最后一遍在接近终凝时完成。

7)钢丝网保护层厚度应符合设计要求;设计无要求时,宜为 3~5 mm。

8)水泥砂浆的抹压宜一次连续成活;不能一次成活时,接头处应在砂浆终凝前拉毛,接茬前应把该处浮渣清除,用水冲洗干净。

(6)砂浆试块留置及验收批。每个水柜作为一个验收批,强度值应至少检查一次;每次应在现场制作标准试块三组,其中一组作标准养护,用以检验强度;两组随壳体养护,用以检验脱模、出厂或吊装时的强度。

(7)压光成活后及时进行养护,并应符合下列规定。

1)自然养护应保持砂浆表面充分湿润,养护时间不应少于 14 d。

2)蒸汽养护温度与时间应符合表 6.45 的规定。

表6.45 蒸汽养护温度与时间

| 项目 | | 温度与时间 |
| --- | --- | --- |
| 静置期 | 室温 10 ℃以下 | >12h |
| | 室温 10~25 ℃ | >8 h |
| | 室温 25 ℃以上 | >6 h |
| 升温速度 | | 10~15 ℃/h |
| 恒温 | | 65~70 ℃,10~15 ℃,6~8 h |
| 降温速度 | | 10~15 ℃/h |
| 降温后进水或覆盖洒水养护 | | 不少于 10 d |

(8)水泥砂浆应达到设计强度的 70% 方可脱模。

## ◆钢丝网水泥、钢筋混凝土倒锥壳水柜制作监理验收

钢丝网水泥、钢筋混凝土倒锥壳水柜检验标准应符合表 6.46 规定。

表 6.46 钢丝网水泥、钢筋混凝土倒锥壳水柜检验标准

| 项目 | 检验内容 | 合格质量标准 | 检查方法 |
|---|---|---|---|
| 主控项目 | 原材料的产品质量保证资料 | 原材料的产品质量保证资料应齐全,每批的出厂质量合格证明书及各项性能检验报告应符合国家有关标准规定和设计要求 | 检查产品质量合格证、出厂检验报告和进场复验报告 |
| | 水柜钢丝网或钢筋要求 | 水柜钢丝网或钢筋的规格数量、各部位结构尺寸和净尺寸以及预埋件、预留孔洞位置、构造等应符合设计要求;其尺寸偏差不得影响结构性能和相关构件、设备的安装 | 观察;检查施工记录、测量放样记录 |
| | 砂浆或混凝土要求 | 砂浆或混凝土强度以及混凝土抗渗、抗冻性能应符合设计要求;砂浆试块的留置应符合《给水排水构筑物工程施工及验收规范》(GB50141—2008)第8.3.5第6款的规定,混凝土试块的留置应符合《给水排水构筑物工程施工及验收规范》(GB50141—2008)第6.2.8条的相关规定 | 检查砂浆抗压强度试块的试验报告,混凝土抗压、抗渗、抗冻试块试验报告 |
| | 水柜外观质量 | 水柜外观质量无严重缺陷 | 观察;检查加固补强技术资料 |
| 一般项目 | 钢丝网或钢筋安装 | 钢丝网或钢筋安装平整,表面无污物 | 观察 |
| | 凝土水柜外观质量 | 混凝土水柜外观质量不宜有一般缺陷,钢丝网水柜壳体砂浆不得有空鼓和缺棱掉角,表面不得有露丝、漏网、印网和气泡 | 观察 |
| | 水柜制作的允许偏差 | 水柜制作的允许偏差应符合表6.47的规定 | |

表 6.47 水柜制作的允许偏差

| 检查项目 | 允许偏差/mm | 检查数量 范围 | 检查数量 点数 | 检查方法 |
|---|---|---|---|---|
| 轴线位置(对塔身轴线) | 10 | 每座 | 2 | 钢尺配合、垂球量测 |
| 结构厚度 | +10,-3 | 每座 | 4 | 用钢尺量测 |
| 净高度 | ±10 | 每座 | 2 | 用钢尺量测 |
| 平面净尺寸 | ±20 | 每座 | 4 | 用钢尺量测 |
| 表面平整度 | 5 | 每座 | 2 | 用弧长为2 m的弧形尺检查 |
| 预埋管、预埋件中心位置 | 5 | 每处 | 1 | 用钢尺量测 |
| 预留孔洞中心位置 | 10 | 每洞 | 1 | 用钢尺量测 |

## ◆钢丝网水泥、钢筋混凝土倒锥壳水柜吊装监理巡视

(1)水柜中环梁及其以下部分结构强度达到规定后方可吊装。

(2)吊装前应在塔身外壁周围标明水柜底面的坐落位置,并检查吊装架及机电设备等,必须保持完好。

(3)应先作吊装试验,将水柜提升至离地而0.2 m左右,对各部位进行详细检查,确

认完全正常后方可正式吊装。

(4)水柜应平稳吊装。

(5)吊装水柜下环梁底超过设计高程0.2 m;及时垫入支座调平并固定后,使水柜就位与支座焊接牢固。

## ◆钢丝网水泥、钢筋混凝土倒锥壳水柜吊装监理验收

钢丝网水泥、钢筋混凝土倒锥壳水柜吊装检验标准应符合表6.48的规定。

表6.47 钢丝网水泥、钢筋混凝土倒锥壳水柜吊装检验标准

| 项目 | 检验内容 | 合格质量标准 | 检查方法 |
|---|---|---|---|
| 主控项目 | 预制水柜、水柜预制构件等的成品质量 | 预制水柜、水柜预制构件等的成品质量经检验、验收符合设计要求;拼装连接所用材料的产品质量保证资料应齐全,每批的出厂质量合格证明书及各项性能检验报告应符合国家有关标准规定和设计要求 | 观察;检查预制件成品制作的质量保证资料和相关施工检验资料;检查每批原材料的出厂质量合格证明、性能检验报告控有关的复验报告 |
| | 预制水柜 | 预制水柜经满水试验合格;水柜预制构件经试拼装检验合格 | 观察;检查预制水柜的满水试验记录,检查水柜预制构件经试拼装检验记录 |
| | 钢筋、预埋件、预留孔洞的规格、位置和数量 | 钢筋、预埋件、预留孔洞的规格、位置和数量应符合设计要求 | 观察 |
| | 水柜与塔身、预制构件之间的拼接方式 | 水柜与塔身、预制构件之间的拼接方式符合设计要求;构件安装应位置准确、垂直、稳固;相邻构件的钢筋接头连接可靠,湿接缝的混凝土应密实 | 观察;检查施工记录,检查预留钢筋机械或焊接接头连接的力学性能检验报告,检查混凝土强度试块的试验报告 |
| | 安装后的水柜位置、高程 | 安装后的水柜位置、高程等应满足设计要求 | 观察;检查安装记录;用钢尺、水准仪等测量检查 |
| 一般项目 | 构件安装 | 构件安装时,应将连接面的杂物、污物清理干净,界面处理满足安装要求 | 观察 |
| | 吊装完成后的水柜 | 吊装完成后,水柜无变形、裂缝现象,表面应平整、洁净,边角整齐 | 观察;检查加固补强技术资料 |
| | 各拼接部位 | 各拼接部位严密、平顺,无损伤、明显错台等现象 | 观察 |
| | 水、防腐、保温层 | 防水、防腐、保温层应符合设计要求;表面应完整,无破损等现象 | 观察;检查施工记录,检查相关的施工检验资料 |
| | 水柜的吊装施工允许偏差 | 水柜的吊装施工允许偏差应符合表6.49的规定 | |

表 6.49　水柜的吊装施工允许偏差

| 检查项目 | 允许偏差/mm | 检查数量 范围 | 检查数量 点数 | 检查方法 |
|---|---|---|---|---|
| 轴线位置（对塔身轴线） | 10 | 每座 | 1 | 垂球、钢尺量测 |
| 底部高程 | ±10 | 每座 | 1 | 用水准仪测量 |
| 装配式水柜净尺 | ±20 | 每座 | 4 | 用钢尺量测 |
| 装配式水柜表面平整度 | 10 | 每2 m高度 | 2 | 用弧长为2 m的弧形尺检查 |
| 预埋管、预埋件中心位置 | 5 | 每件 | 1 | 用钢尺量测 |
| 预留孔洞中心位置 | 10 | 每洞 | 1 | 用钢尺量测 |

# 第7章 监理文件资料管理

## 7.1 监理记录

### 【基　础】

◆**监理记录**

监理记录是监理人员工作的各项活动、决定、问题以及环境条件等的全面记录。

◆**历史性记录**

根据工程计划及实际完成的工程,逐步说明工程的进度与相关事项,其主要内容有:气象记录与天气报告;工程量计划与完成情况;所使用的人力、材料与机械设备;工程事项的讨论与决议记录;影响工程进度的其他事项。

◆**工程计量与财务支付记录**

工程计量与财务支付记录包括所有的计量及付款资料,例如计量结果、变更工程的计量、价格调整、索赔、计日工,月付款证书等方面的表格及基础资料。

◆**质量记录**

质量记录包括材料检验记录、现场施工记录、工序验收记录与隐蔽工程检查记录等。

◆**竣工记录**

竣工记录包括所有部分的验收资料与竣工图,绘出其完成时的状态,按实际说明原有状态和有关的操作的指示。

### 【实　务】

◆**《旁站监理记录》编写方法**

**1. 基本情况**

包括工程名称、编号、日期及气候、工程地点、旁站监理的部位或工序、旁站监理开始时间、旁站监理结束时间。

(1)编号应当合理确定,方便整理和查找。如采用2010102801,表示2010年10月28日发生在01部位或工序的一份旁站监理记录,这样便一目了然,不易混淆。旁站监理记录表最好定期(例如1个月)进行整理装订,方便日后使用和管理。

(2)气候包括晴、阴、雨、雪、风力和温度变化(最高气温与最低气温)。准确的天气情况,可以使监理人员判断旁站监理部位是否具备天气条件,或根据天气情况要求施工单位采取相应的作业措施。天气温度对混凝土及砂浆强度的增长速度有明显的影响,下雨会改变砂、石的含水率,影响混凝土、砂浆的配合比,进而影响其强度。因此,认真记录天气情况是监理记录中非常重要的内容。

(3)旁站监理的部位或工序应当写清所在部位的线、标高,或某一分部(子分部)工程、分项工程、检验批。

### 2. 施工情况

主要记录施工单位在该关键部位或关键工序的施工情况、试验情况、检验情况、机械设备使用情况、材料的使用情况及安全文明施工情况等。

### 3. 监理情况

主要反映项目监理机构在旁站监理过程中的"三控制"(投资控制、进度控制与质量控制)、"二管理"(合同管理与信息管理)、"一协调"(协调各方关系)的行为。

### 4. 发现问题

发现问题可以是监理人员,也可以是施工人员、设计人员或建设单位的人员发现提出的。

### 5. 处理意见

处理意见应是对问题作分析后而得出的一个结论意见。(不一定是最终结论,如项目监理机构将问题的分析意见转交设计或建设部门处理)

### 6. 备注

备注就是对问题与处理的跟踪记录,是问题处理后的最终结论记录,也就是对整个问题处理完后的"闭合"。

### 7. 施工人员、监理人员签字确认

按时签字确认是旁站监理记录的重要环节之一,没有施工质检员、旁站监理人员签字的旁站监理记录是无效的。建议旁站监理人员在旁站监理结束后24 h内写好、确认签字,并送到施工质检员手里;施工质检员在收到旁站监理记录后24 h内确认签字,并送还给旁站监理人员。如果中间有任何疑问,也应在24 h内双方商议解决。

## ◆《旁站监理记录表》范例

**表 7.1　旁站监理记录表**

工程名称：××大桥一期工程　　　　　　　　　　　编号：××2010102801

| | |
|---|---|
| 日期及气候：20101028 晴 | 工程地点：×××× |
| 旁站监理的部位或工序：××大桥一期工程钢筋笼制作制作 | |
| 旁站监理开始时间：8:00 | 旁站监理结束时间：17:00 |
| 施工情况：××大桥一S期工程钢筋笼制作制作 | |
| 监理情况：<br>1. 施工单位的专职安全员和管理人员在场旁站。<br>2. 钢筋笼制作符合相关规定,主筋间距允许偏差≤±10 mm,箍筋间距允许偏差≤±20 mm,钢筋笼直径允许偏差≤±10 mm,钢筋笼整体长度允许偏差≤±10 mm,且钢筋笼底端高程允许偏差≤±50 mm。<br>3. 制定《钢筋笼监理实测检查记录表》,进行100%检查验收,验收合格。<br>4. 电焊接头进行100%检查验收,验收合格。 | |
| 发现问题：　　　　　　　　　　　　无 | |
| 处理意见：　　　　　　　　　　　　无 | |
| 备注： | |
| 施工企业：＿＿××××＿＿<br><br>项目经理部：＿＿＿＿＿＿＿＿<br><br>质检员(签字)：＿＿＿＿＿＿＿<br><br>　　　　　　　　年　月　日 | 监理企业：＿＿××××＿＿<br><br>项目监理机构：＿＿××××＿＿<br><br>旁站监理人员(签字)：＿＿＿＿＿＿<br><br>　　　　　　　　年　月　日 |

## 7.2 监理资料

## 【基　础】

### ◆监理资料

施工阶段的监理资料应包括下列内容。
(1)施工合同文件及委托监理合同。
(2)勘察设计文件。
(3)监理规划。
(4)监理实施细则。
(5)分包单位资格报审表。
(6)设计交底与图纸会审会议纪要。
(7)施工组织设计(方案)报审表。
(8)工程开工/复工报审表及工程暂停令。
(9)测量核验资料。
(10)工程进度计划。
(11)工程材料、构配件、设备的质量证明文件。
(12)检查试验资料。
(13)工程变更资料。
(14)隐蔽工程验收资料。
(15)工程计量单和工程款支付证书。
(16)监理工程师通知单。
(17)监理工作联系单。
(18)报验申请表。
(19)会议纪要。
(20)来往函件。
(21)监理日记。
(22)监理月报。
(23)质量缺陷与事故的处理文件。
(24)分部工程、单位工程等验收资料。
(25)索赔文件资料。
(26)竣工结算审核意见书。
(27)工程项目施工阶段质量评估报告等专题报告。
(28)监理工作总结。

## ◆ 监理月报

施工阶段的监理月报应包括以下内容。
(1)本月工程概况。
(2)本月工程形象进度。
(3)工程进度。
1)本月实际完成情况与计划进度比较。
2)对进度完成情况及采取措施效果的分析。
(4)工程质量。
1)本月工程质量情况分析。
2)本月采取的工程质量措施及效果。
(5)工程计量与工程款支付。
1)工程量审核情况。
2)工程款审批情况及月支付情况。
3)工程款支付情况分析。
4)本月采取的措施及效果。
(6)合同其他事项的处理情况。
1)工程变更。
2)工程延期。
3)费用索赔。
(7)本月监理工作小结。
1)对本月进度、质量、工程款支付等方面情况的综合评价。
2)本月监理工作情况。
3)有关本工程的意见和建议。
4)下月监理工作的重点。
监理月报应由总监理工程师组织编制,签认后报建设单位和本监理单位。

## ◆ 监理工作总结

监理工作总结应包括以下内容。
(1)工程概况。
(2)监理组织机构、监理人员和投入的监理设施。
(3)监理合同履行情况。
(4)监理工作成效。
(5)施工过程中出现的问题及其处理情况和建议。
(6)工程照片。(有必要时)
施工阶段监理工作结束时,监理单位应向建设单位提交监理工作总结。

## 【实 务】

### ◆ 监理资料的管理

（1）监理资料必须及时整理、真实完整、分类有序。
（2）监理资料的管理应由总监理工程师负责,并指定专人具体实施。
（3）监理资料应在各阶段监理工作结束后及时整理归档。
（4）监理档案的编制及保存应按有关规定执行。

### ◆ 监理资料的归档与保管

根据《建设工程文件归档整理规范》(GB/T50328—2001)规定,与工程建设有关的重要活动、记载工程建设主要过程和现状、具有保存价值的各种载体的文件,均应收集、整理、归档。

归档文件必须完整、准确,能够反映工程建设活动的整个过程,并经过分类整理,按要求组成案卷。

# 参考文献

[1] 国家标准.GB50268—2008 给水排水管道工程施工及验收规范[S].北京:中国建筑工业出版社,2008.
[2] 国家标准.GB50141—2008 给水排水构筑物工程施工及验收规范[S].北京:中国建筑工业出版社,2008.
[3] 行业标准.CJJ1—2008 城镇道路工程施工与质量验收规范[S].北京:中国建筑工业出版社,2008.
[4] 行业标准.CJJ2—2008 城市桥梁工程施工与质量验收规范[S].北京:中国建筑工业出版社,2008.
[5] 行业标准.CJJ28—2004 城镇供热管网工程施工及验收规范[S].北京:中国建筑工业出版社,2005.
[6] 俞宗卫.监理工程师实用指南[M].北京:中国建材工业出版社,2004.
[7] 天津市市政工程局.道路桥梁工程施工手册[M].北京:中国建筑工业出版社,2003.
[8] 黄兴安.道路桥梁工程施工监理手册[M].北京:中国建筑工业出版社,2003.
[9] 王华生.怎样当好现场监理工程师[M].北京:中国建筑工业出版社,2002.
[10] 黄兴安.市政工程施工监理使用手册[M].北京:中国建筑工业出版社,2002.
[11] 邓学钧.路基路面工程[M].北京:人民交通出版社,2001.
[12] 杨春风.道路工程[M].北京:中国建材工业出版社,2000.